AF559307

Der Autor dankt für die Förderung seiner Arbeit an diesem Manuskript durch ein Stipendium der VG WORT im Rahmen von NEUSTART KULTUR.

Andreas Weber – Essbar sein
Versuch einer biologischen Mystik
Mit einem Vorwort von Báyò Akómoláfé

1. Auflage 2023

thinkOya ist ein Imprint der Drachen Verlag GmbH, Klein Jasedow

Umschlagmotiv: Paul Klee, »Ad Marginem«, Kunstmuseum Basel
Foto des Autors: Annett Melzer
Layout, Satz und Herstellung: www.drachenverlag.de
Druck und Bindung: Finidr, s.r.o., Český Těšin
Printed in Czech Republic

ISBN 978-3-947296-09-5

www.think-oya.de

ANDREAS WEBER

ESSBAR SEIN

Versuch einer biologischen Mystik

Mit einem Vorwort von Báyò Akómoláfé

thinkoya

In order to arrive at what you do not know
You must go by a way which is the way of ignorance.
In order to possess what you do not possess
You must go by the way of dispossession.
In order to arrive at what you are not
You must go through the way in which you are not.
T.S. Eliot, »Four Quartets«[1]

INHALT

ESST MICH; ODER: KOMPLIMENT AN DIE KÜCHE

Vorwort von Báyò Akómoláfé

Nehmt und esst, dies ist mein Leib für euch; tut das zu meinem Gedächtnis.•

In Nächten wie dieser, wenn das sirrende elektrische Licht erlosch, das Summen des Kühlschranks vorübergehend verstummte, das Schnurren des rasant rotierenden Deckenventilators sich zum faulen Gurgeln und schließlich zum Stillstand verlangsamte und die ganze Nachbarschaft plötzlich unter lautstarkem Protest in elektrische Dunkelheit getaucht wurde, dann scharten wir uns um die flackernden Heiligenscheine der brennenden Kerzen auf unserem Esstisch – die Gesichter beschienen vom Leib des Lamms.

Wir sangen, beteten, hörten meiner Mutter zu, wie sie ein, zwei Verse aufsagte, und reichten dann auf einem Plastiktablett Stücklein von Menschengottesfleisch und kleine Becher voller Blut herum, so dass wir alle sie uns einverleiben konnten.

Die Eucharistiefeier. Ein Gedächtnis-Sakrament – ins Leben gerufen, kurz bevor Christus abgeführt, gekreuzigt und durch die römischen Machthaber unschädlich gemacht wurde –, bei dem der gepeinigte Prediger der schriftlichen Überlieferung zufolge seinen »Leib« und sein »Blut« darbot, damit seine Jünger es äßen und tränken. »Tut das zu meinem Gedächtnis«, sagte er. Esst mich.

Der Bischof unserer Pfingstkirche drängte uns, dieses Ritual, bei dem der Leib Christi gegessen und das Blut Christi getrunken wird, so oft wie möglich zu feiern. Alles, so sagte er, tauge als Ingredienzien für diesen Ritus: etwas Wein oder ein alkoholfreies Getränk als das Blut; Kekskrumen als das Fleisch; oder eine Scheibe Weißbrot sorgfältig in fluffige Würfel zerteilt (so mochten wir es am liebsten). Wir sollten unser Herz vor Zweifel bewahren, ermahnte er uns, denn das Wichtigste sei unser Glaube daran, dass das, was gerade zum Ritual gereicht werde, wirklich Teile der leiblichen Verkörperung Christi seien. Seinen Leib zu essen und sein Blut zu trinken würde uns Gesundheit, ein langes Leben und Wohlstand bescheren – wenn wir es nur hingebungsvoll und häufig täten.

Für viele christliche Mittelklassefamilien, die, wie die unsere, in der unsagbar baufälligen, energiehungrigen Megastadt Lagos in Nigeria, dem bevölkerungsreichsten Land Afrikas, lebten, war die Eucharistiefeier eine Palliativmaßnahme, eine hilfreiche Zutat im dicken Sud der Zerstreuungen, die uns eine Geschichte mit Erklärungen von weit, weit weg anbot: weit weg von den Fehlentscheidungen unserer Anführer, weit weg von den Schlaglöchern, die in unseren Autobahnen klafften, weit weg von der sengenden Hitze, die uns während häufiger Stromausfälle quälte.

Die Eucharistie war für mich eine faszinierende Idee. Wenn meine verwitwete Mutter das Abendmahl gesegnet hatte, indem sie, während sie ein paar Gebetsworte wisperte, ihre Handflächen über das Tablett hielt, mühte ich mich oft, einen Blick auf eine spektakuläre Szene erhaschen zu können: ebenjenen Augenblick, in dem die Brotstücke sich in Fleischbrocken verwandeln würden. Aber nichts von dem, was meine lebhafte Teenager-Phantasie sich ausmalte, geschah. Und bald schon verlor die Vorstellung, dass Christus sich wiederverkörperte, indem er seinen Leib mit uns teilte, ihre Anziehungskraft für mich. Ich entglitt dem Glauben meiner Kindheit, oder vielleicht sollte ich richtiger sagen: mein Glaube entglitt mir. Es gab nun andere Welten zu vermessen, andere Gedanken zu entwirren, andere Universen zu durchqueren – andere Philosophien jenseits von Himmel und Hölle.

In einem verwobenen, sich beständig weiter verwebenden Universum ist es jedoch nicht – oder nur bedingt – möglich, etwas ein und für alle Mal hinter uns zu lassen. Es gibt keine klaren Brüche, keine endgültigen Auswege. Wir sind nie ganz getrennt von den Dingen, die wir vermeintlich überwunden haben. Durch jede Begegnung werden wir gezeichnet, bilden Allianzen in Territorien unkontrollierbaren Mit-Werdens und werden auf eine Art zugeordnet, die sich unserem Verstand entzieht. Die Welt steht niemals still, ist viel zu wandelbar, um sich in einem Bild einfangen zu lassen, bleibt ihrer Ausgangsprämisse nie ganz treu, ist aufrührerisch flüchtig auf mäandernden, autistischen Pfaden unterwegs.

Allmählich kam die Eucharistie in mein Leben zurück, samt ihren perversen Einladungen: die Essbarkeit, die den Raum zwischen den Objekten überbrückt, ernstzunehmen; ebenso wie die poröse Durchlässigkeit, die jeden Anspruch auf

Unabhängigkeit und Souveränität zunichte macht; und die In(tra)karnation, die (gegenseitige) Einverleibung, jenes fleischgewordene Durcheinander, das nahelegt, dass wir nur in und durch einander leben und beständig durch Andere wiedererinnert und neu zusammengegliedert* werden. Diesmal erschien mir das eucharistische Wunder nicht in Form fluffigen Weißbrots, auf dem Silbertablett serviert, sondern meldete sich als Ruf, mich an die Ränder vorzuwagen, zur Seite zu treten, vom Weg abzukommen, eine Welt mitzu(er)leben,* die durch und durch lebendig und auf geheimnisvolle Weise mit Intelligenz begabt ist – ein Ruf, der mich aufforderte, zu Füßen einer Gottheit zu sitzen, die ungleich wilder ist, als ich es mir in meinen von Kerzenlicht erfüllten Kinderjahren je hätte ausmalen können.

Ein paar Jahre darauf wurde ich zum zweiten Mal Vater – und unser Sohn Kyah wurde mit schweren Autismus diagnostiziert. Er sprang von hier nach da und wild umher, machte Dinge kaputt, schrie laut auf, reihte seine Spielsachen feinsäuberlich in einer Linie auf, lernte die Namen aller Dinosaurier auswendig, mied Gesellschaft, ging auf Zehenspitzen und wich hartnäckig unserer elterlichen Begleitung aus. Als klinischer Psychologe hatte ich vermutet, dass er autistisch sein könnte, als er sich weigerte, auf die feste Route entlang der entwicklungspsychologischen Meilensteinen, die seine ältere Schwester abgesteckt hatte, abzubiegen. Kyah scherte sich keinen Deut um »entwicklungspsychologische Meilensteine«; er schlenderte in seinem eigenen Tempo dahin, nahm den biologischen Wachstumspfad im Zickzack, wollte sich unseren kartografischen Erwartungen nicht fügen.

Ich muss zugeben, dass ich im Alltag ganz schön mit seiner Flüchtigkeit, mit seiner Verweigerung zu ringen hatte. Ich wollte ihn einhegen. Ich war wie besessen von dem Wunsch, ihn dem Rest der Familie anzugleichen, seine Wildheit zu zähmen. Ich recherchierte in jede nur erdenkliche Richtung: wie Vitamin D3, K2 und Magnesium Autismus beeinflussen; wie sich ein bestimmtes Bakterium namens *Lactobacillus reuteri* positiv aufs Sozialverhalten auswirkt; und die Hypothese, dass das Darmmikrobiom eine zentrale Rolle bei Autism and ADHD spiele. Während ich mit Kyahs Autismus lebte, nach seiner Genese forschte, nach Antworten und guten Fragen suchte, wurde ich auf eine grandiose Erkenntnis gestoßen, die nicht mir allein zuzuschreiben war: Mir wurde eine Erklärung angeboten, die ungleich überzeugender als diejenige war, dass Kyahs Autismus seine rein persönliche Angelegenheit sei; stattdessen erkannte ich darin ein Beziehungsfeld oder, wie ich es später ausdrücken sollte: ein Pakt zwischen verschiedenen Spezies; ein Parlament der Körper in andauernder Bezogenheit; Deleuz'sche Assemblagen, die sich nicht auf chemische und mentale Verfasstheiten reduzieren ließen.

Doch damit nicht genug.

Im Zentrum des Gastmahls, jenes vielstimmigen Symposiums, zu dem wir anlässlich von Kyahs Heimsuchung geladen waren, gab es noch mehr, noch anderes zu entdecken. Und dieses Andere kam eines schönen Tages, als ich gerade mit meiner Familie durch ein Einkaufszentrum in der wie ein Bienenstock summenden indischen Stadt Chennai schlenderte. Kyah erlebte einen Moment der Überwältigung; ich hielt seine Hand, als er plötzlich außer sich geriet – aufgewühlt durch ein Gefühl, das ich beim besten Willen nicht verorten konnte, krümmte er sich gepeinigt von innerem Schmerz. Er war kaum vier Jahre alt. In diesem Moment fühlte ich mich als miserabler väterlicher Begleiter und Beistand. Ungeachtet all dessen, was ich meinte, über Autismus als Netzwerk irrender und wirrender Körper – als Schauplatz von Implosionen, die die Standardmuster neurotypischer Wahrnehmung aushebeln – gelernt zu haben, konnte ich ihm gerade nicht das geben, was er brauchte. Ich zischelte ihm zu, er solle ruhig sein, solle versuchen, still zu sein, solle warten, bis wir uns dem strafenden Blick der Öffentlichkeit entzogen hätten, solle nur noch ein klein wenig durchhalten. Aber Kyah war das völlig gleichgültig.

Als seine Pein immer dramatischere Züge annahm, ließ meine liebe Frau unsere große Tochter zurück und wandte sich uns zu. Sie hatte nur zwei Worte zu sagen, und die überbrachte sie mir mit gewinnender Wärme: »Geh weg.« Sie wusste, dass ich die Situation nicht in den Griff bekommen würde, zumindest jetzt nicht. Ein paar Augenblicke darauf ging sie in die Knie, rollte sich neben Kyah auf dem Boden zusammen, lag einfach nur bei ihm, ohne ein Wort zu sagen oder zu flüstern.

Aus wenigen Schritten Entfernung beobachtete ich die beiden und schämte mich. Was ich sah, war nicht irgendein mehr oder weniger erfolgreich eingesetztes psychologisches Werkzeug; was ich gerade mit(er)lebte, war eine Leibwerdung, eine Inkarnation, oder besser: eine Einverleibung, eine In(tra)karnation – ein exquisites Mit-Werden-in-Gemeinschaft. Indem sie nicht versuchte, ihn einzuhegen, sondern ihn begleitete, aß sie ihn und aß er sie, und beide wurden dabei wiedererinnert und neu zusammengegliedert. Dieser Anblick, wie Mutter und Kind beieinander lagen, sich inmitten der weitreichenden Konsumtempel mit ihren kapitalistischen Kaufzwängen in autistischer Agonie krümmten, sich jeder Lesbarkeit durch die Marktkräfte ebenso wie den gängigen westlichen Wahrnehmungsweisen verweigerten – dieser Anblick ist mir seitdem als eindrucksvollstes Bild der Eucharistie präsent: als Ruf, lebendig zu sein – bis an die Ränder unseres Seins, bis an die Ränder der Welten, die sich unseren Einhegungen und Begrenzungen tänzerisch entziehen.

♣

Dieses Buch ist eine eucharistische Intervention. Eine animistische Abendmahlsfeier. Eine Einladung zu einem Festmahl. Und die besten Mahle lassen das Essen selbst ebenso satt und glücklich zurück wie uns Essende.

Dieses Buch handelt von Ritualen, von autistischen Entrückungen, von der Intelligenz wilder Stofflichkeit, vom eigensinnigen Handeln der Mikroben, vom theologischen Raunen des Pilzmyzels, von Tod, Plastik und Flüssen, welche jene, die von ihren Wassern kosten, mit Erinnerungen und Liedern begaben, die weit seltsamer sind, als alles, was Menschenlippen und Menschenzungen je vermitteln könnten. Dieses Buch ist ein Festmahl – eine Vision, die davon erzählt, wie wir besessen sind und gegessen werden von jenen mitschöpfenden Mitgeschöpfen,* die wiederum wir essen; davon, wie wir von jenen Gedanken heimgesucht werden, die sie in unseren Venen verströmen.

Andreas schreibt wie ein heidnischer Priester, wie ein zaubrisch murmelnder Poet, wie ein Alchemist mit verbotenen Gaben. Ich durfte ihm einmal, in einem unerhört schmucken Dorf irgendwo in den Schweizer Bergen, begegnen. Er hatte mich dorthin eingeladen, um mich von meinen philosophischen Ideen erzählen zu lassen. Ich war augenblicklich beeindruckt von seiner Körpergröße und der eleganten Figur, die er mit seinem legeren Haarschopf und der kleinen schwarzen Pudeldame abgab, die ihn durch die gepflasterten Gassen von Pontresina zerrte. Er erzählte mir gleich Geschichten von den Bergen – davon, wie sie atmen und wie schlichtweg alles, was uns umgibt, schier zum Bersten angefüllt mit eigenem geheimem Leben und flüchtigem Forschen ist. Andreas' Worte waren nicht leicht und flüchtig; sie hatten Gewicht, fühlten sich geradezu wie eine schwere Bürde an – in diesem Buch, das nun in Ihren Händen liegt, ist diese Gravität trotz der federleichten Sprache fleischgeworden.

Seine These gleicht einem dicht gewebten Lebendigkeitsnetz: So schreibt Andreas etwa davon, »wie untrennbar innen und außen verwoben sind«; immer wieder beharrt er: »Wir haben Bewusstsein, weil wir Körper sind. Und wir sind Körper, weil wir uns beständig mit der Welt mischen, weil wir offen zu allem Übrigen sind, weil Körper sein heißt, sich immer wieder in diese Offenheit zu begeben«; durch eine Beugung des gedanklichen Vektors siedelt er Kognition und Intelligenz, anknüpfend an Deleuze und Guattari, entlang rhizomatischer Netzwerke an, anstatt sie in feinsäuberlich angelegte essenzialistische Kategorien einzuordnen; und wie ein Theologe des Kribbelns lädt er uns zu weitreichenden Meditationen ein: »Um wirklich zu werden, muss Lust Materie sein. Das ahnen wir, weil wir Materie sind, die Lust empfindet – Lebenslust, Lust, von der Lebendigkeit berührt zu werden und diese weiterzugeben. Und wir sehen es, indem wir auch in den unendlich vielen

Ausdrucksweisen anderer die gleiche Lust empfinden, die in den Spielarten der Materie steckt. Sie macht sich erfahrbar, wenn es uns bei ihrem Anblick kribbelt.«

Dieses Mahl – zubereitet durch die Hände meines guten Bruders, Andreas – ist nahrhaft, vielfältig, anregend und lebendig. Es spricht mit einer eigenen Stimme. Es sagt: Esst mich. Genießt mich. Doch seid euch bewusst: Wenn ihr mich erst einmal gegessen habt, dann werde auch ich euch gegessen haben. Kindheitserinnerungen von Eucharistiefeiern und Stromausfälle werden euch heimsuchen; vielleicht wird euch künftig anstelle einer klar umrissenen pathologischen Benennung eine wilde autistische Gottheit erscheinen; ihr könntet eure Konturen, eure liebgewonnenen Begrenzungen, eure hochgeschätzten Eigenschaften verlieren. Dadurch aber werden sich unbezähmbare Kräfte eurer bemächtigen, eure Gewissheiten werden sich auflösen, werden ausgestrichen, ausradiert – während ihr mit dem wilderen Teil eurer Verwandtschaft vertraut werdet: den Krumen des Wunderbaren, die in den Zwischenräumen weilen.

Aus dem Englischen übersetzt von Matthias Fersterer.

♥ Vgl. 1. Korinther 11,24; Lukas 22,19; Matthäus 26,2. A. d. Ü.

♦ Báyò Akómoláfé zergliedert hier das Wort *re-member,* so dass es sowohl als »erinnern« wie auch als »Einzelteile neu zusammenfügen« gelesen werden. A. d. Ü.

♠ Die hier im Englischen verwendete Wortneuschöpfung *with-nessing* ist eine Melange aus *becoming with* (mit-werden) und *witnessing* (bezeugen). A. d. Ü.

♣ Im Original *critters,* ein Begriff, den die Wissenschaftstheoretikerin Donna J. Haraway in ihrem Buch »Staying with the Trouble« in Abwandlung von *creature* (Geschöpf) für die Vielfalt an Lebensformen verwendet. In der deutschsprachigen Fassung, »Unruhig bleiben«, hat es Karin Harrasser als »Kritter« übersetzt. A. d. Ü.

1 RIO GELATO

Es gibt einen Bach in den italienischen Bergen, zu dem ich stets zurückkehre. Ich besuche ihn voller Erwartung, sobald ich in meinem Dorf im Apennin angekommen bin. Ich wandere seine Schlucht hinauf zum Oberlauf, wo das schmale Wasser über gerundete Blöcke springt. Aber selbst, wenn ich fort bin, kann ich zu ihm zurückkehren. Ich kann meinen Bach besuchen, wann immer ich will. Ich muss nur einen Schluck Wasser trinken. Dann schmecke ich ihn. Ich befeuchte meine Lippen mit dem kleinen Bach, spreche mit einer Zunge, die von seinen munteren Wassern benetzt ist.

Während ich langsam die Flüssigkeit schlucke, denke ich an das Gebirgsgewässer. Ich verfolge seine springenden Kaskaden mit dem inneren Auge, quellwärts den Berg hinauf, unter schlanken Erlen, entlang der im Herbstrot verfärbten Wildkirschen und der schon entblätterten Esskastanien, bis zum Oberlauf mit seinem Geruch nach Feuchte und Granit. Ich schlucke das Wasser langsam und spüre, wie der Bach durch mich hindurchrinnt.

Es ist eine zärtliche Berührung, die mir Zuversicht gibt und die mich daran erinnert, dass alles Wasser dieser Welt ein einziges Wasser ist, von dem auch die Flüssigkeiten meines Körperinneren nicht getrennt sind. Im Gegenteil. Der Bach umarmt mich von innen, verästelt sich in die Blutgefäße meines Körpers und mündet in die Nervenenden, die ihn durchtasten. Ich selbst bin der Bach. Ich kann mich seinem Fließen ganz und gar anvertrauen; es weiß mehr über mich als ich selbst.

Wenn ich das mal muntere, dann wieder stille kleine Gewässer besuche, dann auch, um ihm diese Ehre zu erweisen: Ich lasse ihm den Vortritt. Ich will nichts mehr besser wissen. Ich pfeife überhaupt auf mein Wissen, auf all das, was ich über die vermeintlichen Dinge dieser Welt an Fakten kenne. Ich besuche den Bach, um ihm all dieses vermeintliche Wissen zu schenken, um nichts mehr zu wissen als er, um mich ganz leer zu machen und mich mit nichts als dem Fließen der klaren Flüssigkeit zu füllen. Das Erstaunliche ist, dass ich in ihr nicht untergehe, sondern an Form gewinne. Aber es ist eine Form, über die ich nicht Herr bin. Es ist eine Form wie die, in der auch alle anderen Formen sich konkretisieren und dann wieder verrinnen. Ich werde vom Bach gerufen, ich werde zur Welt. Ich darf ich sein, weil ich dem, was nicht ich ist, vertraue.

Der Bach kommt aus den Bergen. Er entspringt unterhalb des Monte Gottero, mit gut 1600 Metern die siebthöchste Erhebung des ligurischen Apennins. Die Menschen, die diese Landschaft vor den Römern bewohnten, verehrten den Berg als Gottheit. Von meinem Bach aus gesehen, zeigt sich sein Gipfel als flacher Rücken, der sich mit einer Reihe bewaldeter Felsgrate wie mit Rippen im Tal abstützt. Jetzt im Frühherbst sind die nach oben strebenden, engen Täler zwischen den Graten mit den warmen Tönen des sich verfärbenden Laubs gefleckt. Die Kuppe des Bergs beginnt, ihre Farbe von einem stumpfen Grün in ein stilles Braun zu verwandeln.

Die Luft ist still. Sie schmeckt nach Leere, nach elementaren Dingen; in ihr liegen Feuchtigkeit und ein Hauch von Granit, als hätten sich die winzigen Kristalle aufgelöst und in die Atmosphäre hinein verwandelt. Hier und dort löst sich ein gelbes Blatt von einer Erle oder einem wilden Nussbaum und fällt mit leisem Rascheln zu Boden. Hier, am Fuß des Monte Gottero, ein kleines Stück oberhalb meines Bachs, liegt der Ort mit dem tiefsten Schweigen, das ich in Europa je erfahren habe. Hinter einer Kurve des Fahrwegs ist das Rauschen des Wassers nicht mehr wahrnehmbar, und plötzlich ist nichts mehr zu hören, absolut nichts, außer dem leisen Singen des Bluts in den Ohren.

Wenn kein Wind weht wie jetzt, ist die Stille so umfassend, dass es mir vorkommt, als wären meine Ohren mit einem festen Stoff verschlossen. In der Stille stößt die Welt wie ein gewaltiger Körper an mein Gehör; ich höre kein Geräusch, sondern fühle die Massivität der Welt an mich anstoßen. Es ist eine physische Erfahrung, die einer Umarmung gleicht. So wie mich das Wasser des Bachs von innen umarmt, wenn ich einen Schluck davon nehme, so umarmt mich die Stille von außen. Diese Erfahrung erfüllt mich jedesmal mit einem intensiven, nicht leicht zu beschreibenden Glück, dem Gefühl, dass etwas ganz wahr ist und dass ich daran teilhabe. Es ist eine Umarmung durch das Schweigen, durch das Nichts, das mich begrüßt.

Der Bach hat einen lakonisch schlichten Namen. Die Menschen hier nennen ihn »Rio Gelato«, eisigen Fluss. Die Falte im Mantelsaum des Berges, durch die der Rio Gelato zu Tal stürzt, ist so steil und eng, dass selbst im Sommer dort fast immer Schatten herrscht. Selbst in den vergangenen, auch für das gemäßigte Klima des inneren Apennins erdrückend heißen, Sommern blieb es dort unten kühl. Das Licht ist gedämpft. Es wird durch die steilen Wände abgehalten. Die Felsen splittern in spitze Blöcke, zwischen die sich Erlen, Eichen, Kirschen und Esskastanien krallen, vermischt mit Weißdorn und Schlehen, die im März die Schlucht mit dem Weiß ihrer Blüten aufhellen.

Das Wasser des Rio Gelato ist klar, als flösse es direkt aus der Quelle, und rötet die Haut mit eisiger Kälte. Der Bachgrund besteht aus kleinen und großen rundgeschliffenen Kieseln. Schiefer und Granit, zu murmelgroßen, faustgroßen, brotlaibgroßen Formen gewalkt. Keine Algen trüben den Fluss, keine Wasserpflanzen schwingen hin und her. Rein mineralisch scheint das Fließen hier, anorganisch, kein belebtes Ökosystem, sondern eine Welt, reduziert auf ihre einfachsten, stillsten Elemente, die Atome, aus denen alles Spätere aufgebaut wird. Wasser und Stein, das Flüssige und das Feste. Und in Wahrheit ist auch das Licht in der Bachklamm ähnlich kontrastiert und reduziert: Licht und Schatten, hell und dunkel, Sein und Nichts. Ein Anfang aus der Leere.

Meine Ankunft dort am Bach ist einem Zufall geschuldet, einer ziellosen Suche, als ich vor vielen Jahren in dieser Landschaft angekommen war. Es war Februar, die Jahreszeit von Schwarz und Weiß, Schatten und Schnee. Wir hatten beschlossen, ein halbes Jahr im inneren Apennin zu verbringen, und ich war vorausgefahren, um das schmale Haus im Kern eines alten Orts zu säubern und die fehlenden Möbel und Haushaltsgeräte zu beschaffen. Das Haus ist nicht sehr hell, weil es auf beiden Seiten von anderen Gebäuden eingefasst wird. Darum zog es mich immer wieder nach draußen. Ich suchte nach Licht. Ich rollte langsam im Auto über die schmalen, vor langer Zeit rauh asphaltierten Straßen, kroch um Kurven unter dem schütteren Dach winterlich kahler Maronen, wich dem nachlässig gespannten Flatterband an Straßenrändern, die ins Tal gerutscht waren, aus, schaltete die Scheibenwischer ein, wenn plötzliche Schauer die Fenster mit Schlackerschnee verklebten.

Alles erschien grau, verlassen, im Sterben begriffen. Ich war oft ein wenig niedergeschlagen, wenn ich mich so durch die winterliche Landschaft treiben ließ. Was suchte ich eigentlich hier? Wo die Sträßchen sich zu einem Seitenpfad öffneten, der mir für eine kleine Wanderung passend erschien, hielt ich an und ging ein Stück durch diese stille, reduzierte Welt. Am Nachmittag, an dem ich meinen Fluss entdeckte, hatte ich in einem verlassenen Weiler gehalten. Ich stellte den Wagen unter zwei immergrünen Eichen ab, von deren polierten Blättern das Wasser tropfte. Sie rahmten das Portal einer Barockkirche in verwaschenem Rosa, durch das sich Risse zogen. Fast alle Häuser waren verfallen, die Fenster leer, die Dächer eingesunken. Ich hörte nichts als das Rascheln der Tropfen auf dem Untergrund, das leise Gurgeln kleiner Ströme, die sich ihren Weg bahnten.

Ich folgte der Straße, die jetzt zu einer Fahrspur geworden war, zu Fuß hinab ins Tal. Aus der Ferne hörte ich Wasser rauschen. Dort zog es mich hin. Was war das für ein Fluss, der sich im Tal versteckte? Gruppen von nassen Stämmen, behangen mit wasserglänzendem Efeu und verwelkten Ranken von Waldrebe, versperrten mir die Sicht. Ich ging weiter hinab, folgte den Kurven des Wegs ins Tal. Nach einer Biegung führte die Fahrspur zu einer Furt. Das Wasser kam aus einer Rechtskurve geschäumt, zerschellte an runden Blöcken, verbreiterte sich zum Durchlass, an dem ich nicht trockenen Fußes weitergehen konnte, wo aber ein Fahrzeug das Wasser problemlos zu durchfahren vermochte.

Mir gelang es, den Bach zu überqueren, indem ich über die größten Blöcke balancierte, schwankend, mit den Armen rudernd, das letzte Stück im Sprung. Ich verließ die Fahrspur, die jetzt wieder bergan kletterte. Ich folgte stattdessen dem Fluss um die Kurve in sein schmales, steiles Tal. Kalte Luft, Feuchtigkeit, Geruch nach Stein und Nässe empfingen und umschlangen mich. Ich arbeitete mich durch ein Dickicht schlanker, grauer Stämme. Zweige zerrten an meiner Kleidung. Das Rauschen des Wassers füllte das Tälchen aus. Zuerst erschien es undifferenziert, aber bei näherem Hinhören löste es sich immer genauer in seine einzelnen Tonbestandteile auf, ein filigranes Miteinander unzähliger Plätscher- und Gluckertöne. Nachdem ich eine Weile zugehört hatte, schien es mir, als könnte ich jeden einzelnen Kiesel heraushören, als Echo, das der Aufprall des Wassers an seiner Oberfläche in die Luft sandte.

Ich setzte mich auf einen kalten Block nah am Ufer. Braunes Laub zwischen den Steinen, viele Blätter schon teilweise zerfallen, ruhig, duldsam. Ein feiner Sprühregen begann, die Luft zu erfüllen. Zuerst spürte ich ihn auf dem Gesicht. Er war nicht stark, eher eine Art grober Nebel, als sei der Luft daran gelegen gewesen, deutlich zu machen, dass sie kein anderes Element ist als das flüssige Wasser des Bachs, dass auch sie von Feuchtigkeit erfüllt ist.

Ich dachte daran, dass auch ich das Wasser um mich nur wahrnehmen kann, weil ich selbst aus Wasser bestehe. Ich bin Wasser, Wasser, das sich in Wasser bettet und von Wasser durchströmt wird. Erst durch Sphären von Flüssigkeiten sehe ich, was außer mir liegt: die von Feuchte benetzte Oberfläche der Augen, der gallertige Glaskörper, die zellulären Säfte und die Gewebssekrete der Nervenbahnen, die zum Gehirn führen, welches wiederum stoßgeschützt in einer mit salziger Lake gefüllten Schale schwimmt. Ich bin Wasser, das dem Wasser begegnet. Die feinen Bläschen in meiner Lunge sind Ausstülpungen feuchter Häute. Der Sauerstoff, den ich atme, tritt durch die gespannte Oberfläche einer Flüssigkeit in mich ein. Die Spannung meiner Fingerkuppen, mit denen ich den harten Stein betaste und die vom kalten Nass weich aufschwellen, ist dem Druck des Wassers im Inneren ihres Gewebes geschuldet. Ich bin die Welt, die sich betrachtet; ein Auge, das sich beim Sehen sieht.

♣

Während der letzten Jahrhunderte suchte die westliche Kultur, der ich entstamme, wie besessen nach immer neuen Beweisen dafür, wie sehr wir Menschen uns vom Rest der Welt unterscheiden. (Für diese westliche Kultur waren Menschen letztlich westliche, hellhäutige Menschen, und eigentlich im wirklichen Sinn sogar nur: westliche weiße Männer.) Denke ich an den Rio Gelato, weiß ich, wie wenig uns von der Welt trennt. Ich spüre dann, wie sehr uns die Welt enthält, ja, dass wir nicht nur Teil dieser Welt sind – jener vielbeschworene »Teil des Ganzen« –, sondern dass wir jeweils diese Welt in Gänze selbst sind. Ihr Wasser ist unser Fließen. Der Bach unterhalb des Apennin-Gipfels erkennt mich wieder, weil ich seine Existenz teile, nicht symbolisch, sondern in Fleisch und Blut, in Wasser und Mineral.

Dieses Erkennen hat wenig mit geistigen Konzepten zu tun. Es beruht auf einer Kommunikation zwischen der Materie in mir und der Materie außerhalb von mir. Diese Form der Wahrnehmung ist vermutlich sehr alt. Sie könnte die Art und Weise sein, wie Menschen das Verhältnis zwischen sich selbst und der Welt während der längsten Zeit unserer Existenz auf dem Planeten verstanden haben, nämlich als Verwandtschaft. Und auch heute noch erfahren indigene Kulturen ihre Beziehung zur materiellen Wirklichkeit des Orts, an dem sie entstanden, als eine profunde, wechselseitige, körperliche Identität.

Aus dieser Weltwahrnehmung speisen sich typische, immer wieder beschriebene Begebenheiten, etwa dass der australische Aborigine Tjilpi Bob Randall von den Yankintatjara einer Anthropologin zu erklären versuchte, während er mit der Hand einen großen Steinblock berührte: »Dieser Fels bin ich.«[2] Wissenschaftler haben solche Aussagen auf verschiedene Weise einzuordnen versucht: als naiven Irrtum, der die ganze Welt von Geistern besiedelt sieht, als rein metaphorische Sprechweise, als kulturelle Projektion, als von außen geliehenes Organisationsprinzip für das sonst chaotische eigene Denken. Aber erst heute beginnen manche Anthropologen sie als das zu nehmen, was sie ist: als die grundlegende Erfahrung der eigenen Identität, die sich den Körper mit der Welt teilt, die mit der Welt aus einer einzigen Schöpfung hervorgeht und die daher mit dieser Welt auf das Innerste vertraut ist.

Der Unfähigkeit, mit der anthropologisch Forschende lange den Weltbildern von Menschen gegenüberstanden, die mit Flüssen sprechen und Felsen als ihren Körper erfahren, liegt die Haltung der Trennung zugrunde, die sich in der europäischen Moderne herausgebildet hat. Sie geht davon aus, dass wir Menschen außerhalb konzeptueller Vorstellungen »von allein« nichts mit der Welt anfangen können. Während der zitierte Aborigine sich selbst aus der tiefen Verwandtschaft mit der Erde erfährt, haben in der westlichen Tradition Philosophen seit Jahrtausenden versucht, sich den – in ihren Augen unverständlichen – Umstand zu erklären, dass der abstrakte rationale Geist des Menschen überhaupt etwas von der restlichen Welt – die für sie aus der Antithese dieses Geistigen besteht, nämlich aus stumm und sinnlos daliegender Materie – wahrnehmen kann. Auf diesem Zwiespalt beruht das westliche, wissenschaftlich-technische Weltbild.

Unsere Sinne, unsere Haut, die Bäche und Wasseradern unseres Inneren aber sprechen eine andere Sprache. Sie flüstern mit der Stimme der Wahrheit ein Wissen, das uns jederzeit zur Verfügung steht, wenn wir uns nur darauf einlassen. Sobald wir das tun, heißen uns Wasser und Stein, Täler und Berge, das Gelb des Herbsts und das Blütenweiß des Frühlings willkommen. Was der Bach mich immer wieder lehrt, wenn ich ihn besuche, was er mir stets aufs Neue zuflüstert, sobald ich einen Schluck Wasser in meinen Mund nehme, mir die Lippen befeuchte und es durch den Hals in meinen Körper fließen lasse, ist das Gegenteil westlichen Denkens. Du darfst wissen, weil du diese Welt, die weiß, selbst bist, sagt er. Du darfst wissen, denn du bist verwandt. Du darfst wissen, weil du willkommen bist. Du darfst wissen, denn auch du bist Wasser. Dein Fleisch ist Bestandteil des Netzes aus Bächen und Flüssen, das bei La Spezia ins Meer mündet. Du bist Wasser, und darum bist du auch Wissen, bist selbst eine Quelle.

Um dieses Wissen, das wir uns nicht geistig erarbeiten, sondern das sich in unserem Körper ereignet, drehen sich die Geschichten und Gedanken dieses Buchs. Ich versuche zu ergründen, wie sehr wir selbst die Welt sind, die wir so oft immer noch als getrennt von uns wahrnehmen. Was passiert mit uns, wenn wir uns dieser Erfahrung öffnen? Was heißt es, ganz die Welt zu sein? Selbst ganz ihr Wasser zu sein? Sich selbst im Wasser der Welt aufzulösen? Was bedeutet es für uns, in diesem Ganzen jederzeit und immer schon willkommen zu sein?

Ich bin mit dem Bedürfnis, meinen Blick auf unsere Verwandtschaft mit der Welt zu richten, nicht allein. Die Idee, dass wir Menschen in einer Umgebung unbelebter Objekte existieren, beginnt überall zu bröckeln. Kulturkritik wie Wissenschafts- und Technikstudien haben in den letzten zwei Jahrzehnten zu erforschen begonnen, wie sehr Materie aus sich selbst heraus bereits handlungsfähig ist. Dort heißt das, etwas technisch, »materielle Agentialität«. »Materie zählt« *(»matter matters«),* meint die US-amerikanische Physikerin und Wissenschaftskritikerin Karen Barad.

Ihr Schüler Báyò Akómoláfé argumentiert, dass nicht nur (weiße, westliche) Menschen, sondern alle und alles auf dieser Welt mit Handlungsmacht *(agency)* begabt sind. Die politische Ökologin Jane Bennett geht davon aus, dass Materie »vor Lebendigkeit vibriert«. Der britische Philosoph Timothy Morton meint, dass die Biosphäre als »symbiotisch Reales« aufgefasst werden sollte – und sieht uns als Teilnehmer in dieser Symbiose. Der französische Soziologe Bruno Latour schlägt sogar vor, dass wir uns die Erde selbst – unter dem Namen der griechischen Göttin »Gaia« – als »politische Verbündete« vorstellen sollen.[3]

In diesem neuen Bild erhält vieles, was bisher als Objekt – oder gar als illusorische Vorstellung mit nichts dahinter – verstanden wurde, Handlungsfähigkeit und sogar Subjektivität. Viele dieser Standpunkte bleiben jedoch dort stehen, wo es darum ginge, sich in diese handelnde Materie einzufühlen; ihr Handeln als das eigene nicht nur konzeptuell einzuordnen, sondern fühlend mitzuvollziehen. Wenn Handlungsfähigkeit von »jemandem« – und sei es ein Atom – als sinnstiftende Perspektive innerlich erfahren wird, dann ist sie ein emotionaler Prozess. Dann ist die Welt voller Fühlen.

Dadurch erweitert sich der neue Blickwinkel zu einer revolutionären Doppelperspektive: Nicht nur sind wir – als Materie der Welt – auf das Intimste mit dieser Welt verwandt. Die Welt, als »handelnde Materie«, ist auch bis zum Rand mit Fühlen erfüllt, so wie wir selbst. Ja, als fühlende Materie sind wir geradezu der Inbegriff des neuen Blicks auf die Welt: Materie, die sich allem Stoff verwandt fühlt, Materie, die sich in ihrem Inneren als fühlend, als innerliche Erfahrung erlebt. Es geht somit nicht nur darum, die Agentialität von allem wiederzuentdecken, sondern zu sehen, dass nur das, was eine sensible, fühlende Innenseite hat, handeln kann, weil nur für ein solches zutiefst betroffenes Selbst die Dinge einen Unterschied machen. Ein solches Selbst sind wir. Ein solches Selbst ist auch die Wirklichkeit.

Diese Welt ist ein großes, umfassendes Ganzes. Sie ist das Eine, und sie ist die unzählbare Vielfalt der Individuen. Das Eine hat eine Außenseite, die wir als Körper erfahren, und eine Innenseite, an der wir ebenfalls teilhaben, weil wir uns innerlich als Selbste, als Subjekte mit einem Standpunkt erfahren, in unserem existenziellen Gefühl, das unser Leben begleitet. Die Außenseite kann nur existieren, weil sie nicht nur Einem allein gehört, sondern beständig wieder neu gemischt wird, weil alle Körper zerfallen, von anderen einverleibt werden, weil wir unsere Körper aus denen anderer aufbauen. Die verkörperte Welt kann nur sein, weil alles in ihr essbar ist.

Aber auch die Innenseite ist auf diese Essbarkeit angewiesen, weil sie immer die Innenseite, die fühlende Erfahrung eines Körpers ist. Ohne unsere Existenz als ganz der Welt gehörig zu verstehen, heißt das, ist auch die Innerlichkeit nicht möglich.

Ohne Wasser zu werden, ist Ich zu sein ausgeschlossen. Diesen Gedanken will ich auf den folgenden Seiten mit immer neuen Geschichten nacherzählen, entfalten, ergründen.

Freilich: Ein letztes Stück – ein ganz gehöriges sogar – von Rätsel bleibt auch in dieser revolutionären neuen Sicht. Wie kann ich selbst die Welt sein, wo ich doch ich bin und die Welt da draußen liegt? Wie kann die Welt sich dann in mir erfahren? Es ist nicht ganz einfach, sich diesen Fragen zu nähern. Aber das Ungewohnte, das Schwierige eines solchen Versuchs hat womöglich mehr mit unserer kulturell gelernten Art, über uns und die Welt nachzudenken, zu tun als mit der Welt selbst. Als Angehörige einer Zivilisation der Trennung denken wir beständig gegen das Zeugnis unseres Körpers an, der ja nur existieren kann, wenn er die Theorie der Trennung beständig dementiert, wenn er dieser zum Trotz aus dem Kohlenstoff anderer Körper sein eigenes Fleisch erschafft.

Durch das westliche Denken befinden wir uns in einem beständigen schmerzlichen Spannungszustand. Wir sollten ihn mit viel Behutsamkeit zu lösen versuchen. Darum werde ich die neue Sichtweise in diesem Buch immer wieder, von verschiedenen Richtungen kommend, umkreisen. Aber die Fragen bleiben stets die gleichen: Was ist das Innere der Welt? Was ist ihre flüssige Oberfläche? Wer bin ich selbst? Wer bist du? Warum erscheint das Ganze in Einzelnen, wenn es doch ein Ganzes ist und immer wieder ein Ganzes werden muss?

Dieses Du spricht zu mir aus dem glitzernden Rieseln des Rio Gelato, wo auch immer ich bin. Der Bach weiß mich, mehr als ich mich je zu wissen vermöchte. Er weiß mich, aber nicht in Worten, Konzepten und Urteilen, sondern von der Seite meines Flüssigseins her. Darum ist dieses Wissen auch ein Willkommenheißen, eine Art Umarmung. Eine Begrüßung im Herzen der Familie, zu der ich gehöre.

Ich erfahre den Rio Gelato dadurch, dass ich selbst Wasser bin, und er kennt mich, weil ich fließe wie er, weil ich aus glitzernden Tropfen immer neu zusammengesetzt werde. Diese geteilte Physis ist die Hülle einer geteilten Erfahrung. Wasser zu sein ist ein Sein, und wie alles Sein ist es die Erfahrung gefühlter Innerlichkeit. Flüssigkeit ist erst flüssig, indem sie sich als Du fühlen lässt, indem das Benetztsein mir etwas ausmacht, mich schaudern oder zurückschrecken lässt. Begegnung ist etwas, was zwischen Körpern geschieht, und es ist zugleich etwas, was uns zustößt. Wir begegnen uns zugleich außen und innen. Und das ist sogar der entscheidende Aspekt: Dass ein Außen als ein Innen geschieht.

Während das Denken unserer Kultur diese Erfahrung sofort in zwei Seiten sortiert (der Bach als Ding, der wahrnehmende Geist als die ordnende Macht, die Dinge durch Konzepte überhaupt erst in die Realität hebt), ist sie in Wahrheit eins. Ich und

Wasser begegnen sich, weil wir die gemeinsame Essenz des Flüssigen teilen. Wir begegnen uns in einem emotionalen Raum, der durch dieses Flüssige erst hervorgebracht wird. Die Wirklichkeit ist nicht nur Außen-, sondern auch Innenraum. Und weil sie Außenraum ist, ist sie Innenraum, oder vielmehr: Sie kann auch im Dinghaften nichts anderes sein als ein Innen.

Meine Freundschaft mit dem Rio Gelato war von Anfang an das: eine Reise auf die Innenseite der Haut. Was mit dem Empfinden einherging, das Wasser durch das Wasser zu sehen, dem Wasser zu begegnen, indem ich selbst mich als Wasser erfahre, war ein stilles Glück, in dieser Begegnung aufgehoben zu sein. Das Wasser sah mich durch sich selbst als Wasser. Ich spürte das Wasser durch mich selbst, als Wasser. Auf diese Weise gesehen zu werden, war kein physischer Prozess allein. Es war eine echte Begegnung. Ich akzeptierte, ganz durchlässig zu werden, ja, zu zerfließen, und konnte dadurch das Wasser treffen.

Und am Ende des Zerfließens stand das: Statt der Vernichtung durch die vollständige Auflösung löste ich mich in eine Realität hinein, in der wir einander immer schon begegneten, in der nichts als Begegnung herrschte. Die Erfahrung, aus einer Innenseite heraus zu erleben, war dieses Hineinlösen. Was in ihm übrigblieb, war nicht der Zerfall, sondern die Gemeinsamkeit. Die Welt nach Abzug der Körper erschien nicht als Leere, sondern als Fülle.

Die Erfahrung dieser Fülle ist die andere Seite des Wassers. Sie gehört zum Rio Gelato, zum feinen Regenstaub und zu den von Flüssigkeit durchpulsten Gefäßen meines Körpers. Aber sie ist nicht etwas, was mein Körper mit seinem Nervensystem hervorbringt, wenn er anderen Objekten (dem Bergbach, den vom Himmel fallenden Tropfen) begegnet. Sie ist vielmehr deren nichtkörperliche, innerliche Dimension, die sich zeigt, wenn wir einander begegnen. Die Wirklichkeit besteht aus Stoff, der sich zu Körpern zusammenballt, die sich eine gewisse Zeit in ihrer Individualität durch Raum und Zeit bewegen, bis sie auf Andere treffen, an ihnen zerplatzen, von ihnen verschlungen werden oder sich diese einverleiben.

Und ebenso besteht die Wirklichkeit aus der Erfahrung, die mit dieser Individualität einhergeht. Sie ist das entfaltete Fühlen, die existenzielle Fülle von Glück und Schmerz, während sie zugleich sich entfaltende Materie ist. Wir bewegen uns in beiden Welten, sind immer zugleich in beiden Dimensionen, weil Leben genau das ist: die Erfahrung einer Innerlichkeit durch die Erfahrung der eigenen Körperlichkeit.

Wenn wir diesem Leben genau zuhören, mit allen unseren Sinnen, dann zeigen sich beide Seiten in ihrer untrennbaren Verschränkung. Das Wasser auf dem feuchten Rund der Augäpfel ist nicht nur Stoff, dessen Auftreffen wir konstatieren, sondern es ist die Erfahrung einer Begegnung und der Verwandlung, die in dieser Begegnung geschieht. Wir sehen, weil wir Wasser sind. Wir sind erfüllt von Wasser, und im Wasser nehmen wir wahr, und durch uns wird das Wasser zu dem empfindsamen Raum, der es immer schon gewesen ist.

Die Erfahrung, die mich am Ufer des Rio Gelato bei unserer ersten Begegnung erfüllte und die mich immer wieder berührt, wenn ich zu seinen Kieseln zurückkehre, besteht darin, dass diese Welt, die wir gemeinsam bewohnen, uns nicht verschlossen ist. Weil wir ihr angehören, können wir den Weg in ihre Innenseite beschreiten. Ja, jede Empfindung, jede Erfahrung, jede Begegnung findet nicht nur als physische Berührung, sondern zugleich auch auf dieser Innenseite statt. Die Welt ist offen für uns, wir gehören ihr an, wir sind in ihr zuhause, nicht nur als Stoff, sondern mit dem Herzen. Das ist keine Projektion, sondern eine fundamentale Lebenserfahrung.

Die Seiten dieses Buchs zeichnen diese Erfahrung nach. Sie folgen ihr in meine eigene erlebte Erfahrung hinein, aber auch in das, was wir von Lebewesen wissen, von der geteilten Welt der Lebewesen, um diese Erfahrung genauer zu verstehen. Und sie lassen sich darauf ein, in dieser geteilten Erfahrung eines Innenraums das Erlebnis eines Ganzen zu suchen und zu ergründen, welches sich in unzähligen Individuen manifestiert, und doch ein Ganzes ist. Wir können es das Eine nennen.

Der Philosoph Hans Jonas begreift dieses Eine, das Innen und Außen zugleich ist, als »sich veräußernde Gottheit«, als Gott, der sich ganz in die Welt hinein gegeben hat.[4] Der indische Weise Radha Mohan Lal, von dem ich viel gelernt habe, nennt es »die absolute Wahrheit«.[5] Mein Sufi-Lehrer Llewellyn Vaughan-Lee spricht vom »Geliebten«.[6] Die australische Philosophin Freya Mathews sagt »das eine Subjekt«.[7] Der buddhistische Philosoph Nagarjuna benutzte im zweiten nachchristlichen Jahrhundert den Begriff der »Leere«, des »Grundlosen«.[8] All das versucht eine Wirklichkeit zu benennen, die sich nicht in Körper und Innerlichkeit getrennt hat; in der das Körperliche eine Erscheinungsform des Innerlichen ist und immer von ihm erfüllt bleibt.

Die Erfahrung der unmittelbaren Wirklichkeit heißt Mystik. Das Wort lässt sich mit »geheimnisvoller Einswerdung« übersetzen.[9] Mystische Erfahrung trägt alle großen spirituellen und religiösen Traditionen. Vor allem ist sie für animistische Kosmologien essenziell, wo das direkte körperliche Erleben der anzestralen Schöpferkraft ein fundamentales Element des eigenen und gemeinschaftlichen Lebens bildet.[10] Mystische Erfahrung verweist auf die geheimnisvolle Innenseite der Welt, die sich auftut, wenn sich die Trennung zwischen der eigenen Individualität und der Welt auflöst oder wenn die Schranken zwischen meiner inwendigen seelischen

Erfahrung und ihrer Verkörperung im Fleisch und Blut der Wirklichkeit fallen. Mystische Erfahrung ereignet sich, wenn das, was mein Inneres ist, plötzlich als greifbare Wirklichkeit materiell vor mir steht oder umgekehrt, wenn die lebende, atmende Welt als mein eigenes Inneres, als meine Seele erscheint. Mystische Erfahrung findet statt, wenn ich mich dabei erlebe, wie mein Atem, das flüssige Innere meines Körpers, als feine Tröpfchen in die Luft steigt, sich mit dem schwebenden Wolkendampf verbindet und beim Herabregnen den Wildbach bildet, aus dem ich trinke. Unser biologischer Körper, dieser behände und ständig zerfließende Teil des geologischen Wasserkreislaufs, ist selbst ein mystisches Geschehen. Er ist ein Prozess, durch den unsere Individualität sich immer wieder zum direkten Bestandteil der absoluten Wirklichkeit macht – und in dem wir diese Wirklichkeit als uns selbst erfahren können. Darum unternehmen ich in diesem Buch den Versuch einer »biologischen Mystik«. Die Voraussetzung für diese Erfahrung ist, sich »essbar« zu machen – verdaubar, trinkbar, atembar, also sich in selbstlosem Austausch an die übrigen Elemente unseres gemeinsamen Ganzen hinzugeben.

Aus heutigen Augen betrachtet, gehört eine solche Sichtweise lange vergangenen Zeiten an. Sie stammt aus dem Westen fremden Erfahrungssystemen oder jedenfalls Subkulturen, die auf der Suche nach einer spirituellen Welterfahrung sind. Unsere Zivilisation – das, was der portugiesische Soziologe Boaventura de Sousa Santos das »kognitive Imperium des Westens«[11] und die finnisch-nigerianische Autorin Minna Salami »europatriarchalische Perspektive« nennen[12] –, hat den Anspruch, dass wir etwas davon wissen können, was und wie dieses Ganze ist, dem wir angehören, lange verachtet. Das ist geradezu die Essenz des westlichen Weltbildes: Was außer uns ist, können wir nicht verstehen, außer mathematisch. Und auch, was in uns ist, bleibt uns verschlossen, ja, wird bei näherem Nachforschen zunehmend unbegreiflich. Die Welt sei demnach ein unerkennbarer, fremder Ort. Sowohl unsere Sinne als auch unsere Vorstellungskraft gaukelten uns Chimären vor. Allein die quantifizierende, wissenschaftliche Herangehensweise, so heißt es, vermag Verlässliches auszusagen – auch wenn diese Aussagen dann etwas beklemmend Indifferentes und Fremdes haben.

Die Wissenschaft hat die Welt entzaubert. Sie glaubte, damit einen Schleier der Illusionen von der Wirklichkeit zu zerren. Was aber, wenn die Welt in Wahrheit verzaubert ist? Was, wenn ihre zaubrische Natur – ihre innere Lebendigkeit – keine schöne Wunschvorstellung ist, sondern real, und wenn wir diese in unserer atmenden und fühlenden Individualität eigentlich in jedem Moment zu spüren vermögen? Was, wenn wir uns nach ihr sehnen wie ein gefangener Vogel nach dem Himmel? Und was erst, wenn wir sie selbst zu erzeugen vermögen wie eine Kröte die glitzernden Ketten ihrer Eier, aus denen einmal ihre Nachkommen schlüpfen werden?

Für nichtwestliche Weisheitstraditionen und vor allem für das oben schon angesprochene Denken animistischer Kulturen ist die Erfahrung eines kohärenten Ganzen weniger nebulöses Randgebiet der alltäglichen Lebenserfahrung als deren Schwerpunkt, der den Menschen und die Welt überhaupt erst zentriert. Die Welt zeigt sich uns als durchseeltes Ganzes, sobald wir uns dieser Erfahrung nicht länger verschließen. Was wir im Westen »die Natur« nennen, ist die körperliche Erscheinungsform dieses Ganzen. Es ist die Weise, wie es seine inneren Qualitäten in der Welt physisch erscheinen lässt. Darin liegt in meinen Augen der Grund dafür, dass die meisten Menschen die Nähe dieser Natur suchen und sich dort richtig und gesund fühlen. In der Natur kehren wir in die Gegenwart des beseelten Ganzen zurück, lassen uns von ihm empfangen und nehmen es in uns auf. Die Essenz der Natur ist Lebendigkeit: Die immer neue Geburt fühlender Individualität, die sich in andere fühlende Selbstheit hineingibt, sich in ihr auflöst und in anderer Gestalt neu geboren wird. Natur heißt, Selbst sein und das Ganze sein, heißt vor allem, innere Erfahrung auf der Innenseite der Wirklichkeit zu sein. Weil wir lebendig sind, stehen wir mit jeder unserer Bewegungen im Zentrum dieser Wirklichkeit.

Das Eine, aus dem die Gestalten sich abschälen, die wir alle für eine Weile sind, während wir uns ineinander mischen, einander durchdringen und durcheinander entfalten in dem, was wir Leben nennen, ist für uns somit nicht unsichtbar. Im Gegenteil. Das Eine ist die vielleicht tiefgreifendste und zugleich alltäglichste Erfahrung, die wir machen können. Es ist die Erfahrung mikroskopischer Wassertröpfchen in den Lungen und kühler Feuchte auf den Augen – in ihrer inneren Gestalt. Es ist die Erfahrung, die vermutlich fast alle früheren Kulturen als ein zentrales Element der Welt ansahen. Diese Welt war in ihrem Kern göttlich und konnte als dieses Göttliche erfahren werden, weil sie sich beständig als solches zeigt. Denn wir selbst sind dieser göttlichen Welt angehörig und können so dieses Göttliche erkennen. Die Erfahrung des Einen, des »Geliebten« der Sufi-Tradition, ist das, was unserer Welt heute am tiefsten fehlt. Dass der Westen vergessen hat, dass wir am Göttlichen der lebendigen Welt teilhaben müssen, um ihre Fruchtbarkeit nicht versiegen zu lassen, ist sein tragischer Irrtum.

Ich ging erst, als es dämmerte. Mir wurde plötzlich klar, wie sehr ich fror. Ich musste mir Mühe geben, meine Zähne nicht aufeinander klappern zu lassen. Es wurde dunkel. Ich folgte dem Fahrweg nach oben, der als nur wenig hellere Schneise durch die dunklen Bäume kurvte. Am Fuß der Bergkette gegenüber glitzerten die ersten vereinzelten Lichter wie Sterne. Sie lagen unter mir, und mir kam es vor, als bewegte ich mich durch einen Raum, der keine Grenzen und keine von mir unterscheidbare Gestalt hatte.

2 AKAZIE

Blüten sind eine Erfahrung der Wehrlosigkeit der Welt. Das Blühen kommt fast wie ein Gewaltakt über die sich zur Sonne hin entfaltenden Pflanzen und Bäume. Sie explodieren als Licht. Blüten sind eine Art von Hinnehmen, eine Akzeptanz der Ekstase, mit der nicht zu rechnen war. Blüten machen mich weich, weil etwas zugelassen wurde. Ich sehe sie selten als stolzen Schmuck. Ich sehe sie als Öffnung, als Überwältigung. Sie sind die denkbar extremste Nacktheit. Blühen ist ein Loslassen, gleich einem Lächeln, das ein Gesicht überwältigt, obwohl sich der Lächelnde vorgenommen hatte, gleichmütig zu bleiben. Blüte ist Hingabe. Zu blühen heißt, essbar zu werden. Die Blüte beinhaltet schon den Tod, setzt sich aber zugleich über ihn hinweg, in einer Ekstase von Licht.

Es sind die Akazien, deren Kelche mich in jedem Frühsommer am stärksten in ihren Bann schlagen: die überschäumenden, alles mit Helle übergießenden Blütentrauben der Akazien. Ich empfinde das Glück einer Überwältigung in ihren weißen Fluten, die jeden Mai mit einem Mal Parks, Waldränder und Alleen überziehen. Zur Überwältigung gehört, dass ich jedes Jahr aufs Neue überrascht von diesem Erlebnis bin. Was geht hier eigentlich vor? Was sagt mir diese plötzliche Lust aus Licht? Warum reagiere ich so auf sie, warum berührt sie mich? Zu jedem Frühjahr gehört, dass ich mir diese Fragen aufs Neue stelle, und sie doch nie ganz beantworten kann. Im Herbst stelle ich sie mir wieder, wenn sich die Blätter verfärben, wenn der Ahorn am Waldrand im Gegenlicht eines diesigen Samstagmorgens zu einer überdimensionierten Leuchte wird.

Die amerikanische Schriftstellerin Toni Morrison meinte einmal, dass man seine Reife als Autor erreicht habe, wenn man nicht jedesmal wieder versuchen würde, eine intensive Erfahrung in Worten festzuhalten, nicht immer wieder neu sich bemühte, in Worten die Rohmaterie des Lebens zu erfassen. Ich bin noch lange nicht an diesem Punkt. Ich versuche es immer wieder. Ich weiß, dass die Welt mit mir spricht, und ich möchte lauschen – und antworten. Ich stelle mir vor, dass dieser Moment der dichterischen Inspiration (wenn mich die Welt trifft, umarmt, und ich das Bedürfnis habe, diese Umarmung in einer veränderten Form zurückzugeben) nicht nur etwas für Schriftsteller ist. Er sagt vielleicht etwas über das Leben als solches aus: Existieren heißt, im Innersten so berührt zu werden, dass ich etwas zurückgeben möchte.

Vielleicht sind die Schaumwogen der Akazien auch deshalb eine Schlüsselerfahrung für mich, weil meine Mutter, als ich ein sehr kleines Kind war, mir öfter das Gedicht »Vorfrühling« von Hugo von Hofmannsthal vortrug. Der Frühlingswind »läuft durch kahle Alleen«, vorbei an »dämmernder Röte«, »schüttelte nieder Akazienblüten« und »kühlte die Lieder, die atmend glühten«. Akazien sind etwas Besonderes, denn sie verschwenden sich in solchen Massen. Und es eignet ihnen ein Hauch von Süden. In der Imagination tragen diese Bäume seit frühester Zeit etwas vom Adel der Welt.

Botanisch heißen unsere Akazien freilich Robinien, sind nur »Pseudo-Akazien«, und gar nicht in Europa heimisch. An Hofmannsthals Gedicht, das vor der Wende zum zwanzigsten Jahrhundert entstand, können wir sehen, dass die aus Nordamerika stammende Art bereits das Wien der k.u.k.-Monarchie bevölkerte. Heute haben sich die Bäume so verbreitet, dass Forstverwaltungen sie als schädliche eingeschleppte Spezies im Zaum zu halten versuchen. Landschaftspflege-Institutionen, staatliche wie private, setzen sich für die Erhaltung der heimischen Natur ein. Dabei entsteht das seltsame Paradox, dass sie das Blühen bekämpfen müssen, um einen »guten Zustand«, also die historisch gewachsene Gestalt eines Stück Landschafts, zu bewahren oder zu rekonstruieren: aus einer Zeit also, als das Leben auf der Erde noch nicht in den heutigen Strudel brachialer Veränderung geraten war. Sie engagieren sich für die Bewahrung eines Gegenstandes – der historischen Natur –, aber arbeiten sie wirklich immer daran, Leben zu ermöglichen? Und was ist dieses Leben eigentlich? Was ist der »Naturzustand«, auf den unsere Gesellschaft immer wie eine Referenz zurückkommt?

Bisher war es im westlichen Denken meist so: Die »schöne Natur«, die Natur in ihrer Blüte und im Gleichgewicht ihrer Diversität steht für einen Zustand des Heilen. »Mutter Natur« sorgt für uns; wenn man die Natur lässt, erzeugt sie Schönheit. Ein Blumenstrauß am Krankenbett übermittelt den Wunsch, der Hinfällige möge wieder zu seiner Vitalität zurückfinden, bitte, gute Besserung, hier ist schon einmal ein Vorgeschmack. Entsprechend teilt sich in einem solchen Denken die Welt in »natürlich« (gesund, heil, blühend) und »unnatürlich« (vom Menschen beeinflusst, aus Kunststoff, düster) auf. Demnach scheint es, als ob es einen Hort des Guten gäbe und der Schlüssel dazu die »Natur« sei. Diese ist Teil einer binären Welt aus Gut und Böse, in der wir uns entscheiden müssen. Wenn etwas den Kern westlichen Denkens repräsentiert, dann die polare Sichtweise, derzufolge wir uns, um erfolgreich zu sein, ja, um zu überleben, stets für eine Identität entscheiden müssen: Natur – Kultur; Technik – naturbelassen; guter, »natürlicher« Zustand – zerstört; (weißer, männlicher, westlicher) Mensch – die Anderen.

Die Akazien zeigen in ihrer haltlosen Blüte, dass alles in Wahrheit viel radikaler ist – und dass man sich auf keine Seite retten kann. Denn die Akazienblüten sind Schönheit als Überfall, sind die Fülle als Anschlag, das Licht nicht als Aufklärung, sondern als Destabilisierung der gewohnten Verhältnisse. Die Welt sortiert sich anders, als die Mehrheit der gängigen Meinungen es bislang angenommen hat. Sowohl »die Natur« der »Natur« als auch jene des Menschen sind etwas, das wir noch zu entdecken haben. »Natur« ist nicht das, was letztgültige Ordnungen produziert, ewige Gleichgewichte, die wir bewahren müssten. Sie ist das, was nach gegenseitiger Durchdringung begehrt, deren Ergebnis stets ungewiss ist, und die nicht einem Ziel, sondern immer nur einem Bedürfnis folgt: tiefere Fruchtbarkeit in Gegenseitigkeit.

Das zeigen mir die blühenden Akazien. Ich kenne ein bescheidenes Berliner Wäldchen, das im Mai von ihrem Blütenleuchten braust, ein paar Hektar voller Bäume und Blumen, die selber entschieden haben, was Natursein bedeutet. Der Schanzenwald im Westen Charlottenburgs war lange dem Zugriff der pflegenden Forstbehörden entzogen. Zwischen den heute überwachsenen Erdwällen übten einst Soldaten das Schießen. Bis vor wenigen Jahren trainierten in diesem innerstädtischen Sperrgebiet Polizisten den Waffengebrauch. Kein Förster kontrollierte, was hier wuchs. Obstgehölze und Kiefern vermitteln Gartenanmutung und einen Hauch von Urwald zugleich. Hier ereignet sich im Frühjahr eine Explosion weißer Blüten: Neben den Akaziendolden verströmen die duftenden Wellen der Kastanienkronen und die parfümierten Kerzen der Traubenkirsche ihr Leuchten – und ihren Duft – in der Atmosphäre.

Neben der Rosskastanie sind die beiden anderen blühenden Baumarten – Akazie und Spätblühende Traubenkirsche –, die zu Beginn der Vegetationsperiode den Wald mit ihren Blüten dominieren, erst vor wenigen hundert Jahren nach Deutschland eingewandert. Beide Gehölzspezies sind eigentlich auf der anderen Seite des Atlantiks heimisch. Die blühenden Bäume verströmen einen Duft, den es in Deutschland erst an wenigen Orten zu riechen gab, als die Dichter Goethe und Mörike ihre Frühlingslyrik schrieben. Im Schanzenwald hat sich eine neue Wildnis zusammengesetzt, die keinem Plan von Biologie oder Naturschutz entspricht, und deren Vielfalt die anderen Berliner Wälder doch oft übertrifft.

Ökologen verunsichert diese natürliche Selbstbestimmung. Denn sie entspricht – dominiert von Zuzüglern – nicht mehr dem, was sie hier an »standorttypischer« Natur erwarten. Jede geographische Region habe ihre typische »Klimax-Gesellschaft«, hatte der US-Ökologe Eugene Odum behauptet und damit die Denkrichtung des Fachs bis heute geprägt.[13] Von nun an glaubte man, dass es für jeden spezifischen Standort ein perfektes Ökosystem gäbe, das nicht zu verbessern sei – und nicht verändert werden dürfte. Als Klimax-Typen galten für die jeweiligen Witterungs- und Bodenverhältnisse optimierte Artengesellschaften. Nach dieser Auffassung gibt es »die richtige« Natur mit ihrem je genau passenden Besatz an Pflanzen, Pflanzenfressern und Raubtieren. Umweltschützer versuchen seitdem vielerorts, diesen vorgeblichen Gleichgewichtszustand je nach geographischer Lage zu bewahren: den Buchenwald in Deutschland, die Bisonsavanne in Nordamerika.

Heute, in der Zeit des Anthropozäns, des Durcheinanders, der Zusammenbrüche, toten Enden und ungeahnten Geburten, beginnt sich freilich zu zeigen: Es kann an jedem Standort unzählige Typen von stimmiger Wildnis geben. Sie organisieren sich selbst aus dem, was da ist. Ökosysteme streben offenbar nicht so geradlinig auf Gleichgewichte zu, wie es der ökologische Mainstream im Gefolge von Odum für gesichert hielt. Vielmehr sind sie darauf aus, immer neue Rezepte des Zusammenlebens auszuprobieren. Die Biosphäre macht wie eine kreative Köchin oder innovative Künstlerin das Beste aus dem, was sie vorfindet. Daran sehen wir: Die Natur ist kein perfektes Objekt, sondern eine Akteurin, die sich nach Neuheit, nach immer neuem Ausdruck ihrer Lust zur Lebendigkeit sehnt und dabei Zerstörung in Kauf nimmt. Zugleich zeigt sich, dass die Ordnung der Biosphäre mehr mit Glück und Zufall zu tun hat als mit Passung und Optimierung. Natur ist in vielerlei Hinsicht experimentierfreudiger als die Menschen, die sie bewahren wollen. Die Ordnung, die Menschen über die Biosphäre legen, wird von dieser immer wieder gesprengt. Und gerade dieses Unbotmäßige könnte eine zentrale Naturkraft sein.[14]

Radikal innovativ und traditionell muss dabei kein Widerspruch sein. Im mittelamerikanischen Puerto Rico, das bis vor wenigen Jahrzehnten durch zerstörerische Abholzung fast vollständig entwaldet worden war, bestehen die neu gewachsenen Sekundärforste zu mehr als sechzig Prozent aus botanischen Migranten. Unter deren schützendem Blätterdach aber, so beobachten Forschende, keimen die Bewohner der einstigen Primär-Baumbestände wieder empor. Das Neue und das Ursprüngliche gehen eine Mischung ein, die kein Naturschutzkonzept vorhersehen konnte.[15]

Wie wir heute wissen, versorgen sich diese Bäume gegenseitig mit Nahrung – im offenen Widerspruch zur dogmatischen Interpretation der Selektionstheorie sogar über Artgrenzen hinweg. Verbunden über das Wood-Wide-Web der Pilzmyzelien im Boden, tauschen die Pflanzen Nachrichten und Nahrungsstoffe aus. Und hierzulande sind auch die Neuankömmlinge von der anderen Seite des Atlantiks in dieser Allmende willkommen. Kein Baum fragt einen Keimling nach seiner Herkunftsnation. Der eigentliche Klimax-Zustand bedeutet also nicht eine fest definierte Artengemeinschaft, quasi einen ökologischen »Nationaltypus«, aus dem Naturschützer die Fremden (die eingeschleppten Spezies) entfernen müssten. Wahre Klimax heißt im Gegenteil maximiertes Miteinander. »Neuartige Ökosysteme« nennen Forscher, was die Natur heute erschafft, wenn der Mensch nichts dagegen tut:[16] Schmelztiegel der Spezies, die niemand geplant hat. Griffen Ökologen nicht ständig als Gärtner ein, würde sich selbst in Naturreservaten die Natur mit der Gewalt eines Erdrutsches zum neuen Klimax-Stadium eines intensiveren Miteinanders wandeln. Wo keiner aufpasst, wie im Berliner Schanzenwald, tut sie es längst.

Die Lektion, die wir daraus lernen können, besteht im Umsturz unserer menschlichen Bilder vom Sein anderer Wesen. Natur ist nicht harmonisch, sondern fruchtbar. Und fruchtbar, das heißt: Sie schließt keine Mitspielenden aus, sondern verwandelt die Beiträge aller in ein großes Gemeingut. Das ist nicht auf eine feste, lokal typische Zahl von Teilnehmenden festgelegt. Und es behandelt diese auch nicht wie eine mutmaßlich perfekte Mutter mit unbegrenzter Fürsorge: Am früher oder später eintretenden Ende ihres Lebens müssen sich alle Mitspielenden wieder als Beitrag an die Fruchtbarkeit des Ganzen hingeben.

Notieren wir diesen kurzen ökologischen Zwischenstand, bevor wir uns der spezifischen Rolle des Menschen zuwenden. Denn was die Natur, also der Zusammenhang des Lebens auf dieser Erde, dem Wesen nach ist, spielt eine zentrale Rolle bei der nächsten Frage: der nach unserem eigenen Wesen. Halten wir also fest: Es könnte sein, dass das Leben auf diese Erde nicht in erster Linie »rot an Zahn und Klaue« ist, wie es im oft zitierten Gedicht von Alfred Lord Tennyson heißt, aber auch nicht die prinzipiell heimatvoll geordnete, gute Mutter.[17] Eher ließe sich sagen: Die Natur, also die Gemeinschaft des Lebens, ist die gemeinsame Verwirklichung eines tiefen Begehrens nach Fruchtbarkeit in Gegenseitigkeit. Der Raison der Natur liegt weder begütigende Harmoniesucht noch fundamentale Erbarmungslosigkeit zugrunde, sondern vielmehr das Begehren nach der Vermischung mit dem Anderen, aus dem Fülle und Neuheit erwachsen.

Diese Art von dynamischer Harmonie ist möglicherweise nicht das, was romantisches Denken sich vorgestellt hat. Sie ist nur bedingt bewahrend, dafür aber sehr stark transformierend. Die Natur selbst ist somit keine Naturschützerin. Das Aussterben von Spezies ist für sie nicht Problem, wie der Schriftsteller Richard Powers anmerkt, sondern Gestaltungsmittel.[18] Dieses brachiale Schöpfungsmittel bringt beständig sein eigenes Gegenteil hervor. Es ermöglicht Geburt. Es gibt Raum für neue Arten, neue Verhaltensweisen, neue Nischen, neuen Sinn, neue Erfahrungen, neue Poesie.

Als »natürlich« kann demnach alles gelten, was Gemeinschaft in Verwandlung und Wandel in Gemeinschaft ermöglicht. Zu diesem »Mit-Werden« (Donna Haraway) und »Durch-Einander« (Ina Praetorius) gehört, dass alles seinen Raum erhält, dass alles das gleiche Recht auf Sein hat und die gleiche Verpflichtung, sich wieder an den Kreislauf hinzugeben, dass alles in den Reigen der Gegenseitigkeit einbezogen wird, mit Haaren und Haut, mit Borsten, Blättern, Borke und Kutikula. Ökologie ist erotisch, sie ist kreativ, sie ist egalitär, und sie drückt all das mit Leib und Seele, mit Gesang und Blätterwispern, mit Regenprasseln und den Ockertönen der späten Dämmerung aus.

Immer schlechter passt dieses neue Bild der Natur zu den beiden großen Denkströmungen, die unser europatriarchalisches Weltverständnis seit Jahrhunderten prägen: der romantischen und der technokratischen Auffassung. Doch wir sehen: Natur ist keine Idylle – wie Romantiker zu hoffen geneigt sind. Sie ist aber auch keine erbarmungslose Maschine, wie Technokraten gern immer wieder ins Feld führen. In psychologischen Metaphern beschrieben: Natur ist weder die verzeihende Mutter noch der gestrenge Vater eines abhängigen Kindes; sie ist erwachsen und fordert Erwachsenheit, was bei uns Menschen sowohl die Fähigkeit zu empfangen als auch die Bereitschaft zu geben voraussetzt.

Diese Feststellung hat weitreichende Auswirkungen auf die Meinung über uns selbst. So wie die Natur keine zärtliche Amme ist, aber auch kein gefahrenvolles Jammertal, dessen Zuständen man den Kampf ansagen muss, um es technologisch einzuhegen, erweist sich auch der Mensch seiner Natur nach als zweideutig. Er ist weder ein rücksichtsloser Egoist (wie die Konservativen glauben) noch ein zutiefst egalitärer Architekt von Gemeinschaft (wie die Progressiven meinen). Sowohl Rousseau (der Mensch ist gut) als auch Hobbes (der Mensch ist böse) lagen höchstwahrscheinlich falsch. Was aber sind wir dann?

Der anarchistische Kulturanthropologe David Graeber (1961–2020) und der Archäologe David Wengrow kritisieren: Unser Denken kreise immer noch um die Positionen, die man auch im Schottland oder Frankreich des siebzehnten oder achtzehnten Jahrhunderts haben konnte.[19] Damals nämlich kamen die beiden Versionen des angeblichen »Naturzustands« auf, in dem sich angeblich die menschlichen Gesellschaften vor dem Beginn der Zivilisation und ihrer Institutionen befanden. Der französische Aufklärungsdenker Jean-Jacques Rousseau (1712 – 1778) meinte, der Mensch sei ursprünglich ein »guter Wilder«, auf Gleichheit bedacht, und im Gleichgewicht mit der ihn tragenden Erde (Naturzustand 1).[20] Der englische Philosoph Thomas Hobbes (1588 – 1679) hingegen sah im Naturzustand den »Leviathan«, das Ungeheuer des brutalen Kriegs aller gegen alle, einen blutigen Wettstreit, in dem die Teilnehmer wenig Freude haben und viel Grund, sich einer autoritären Macht unterzuordnen, die per Staatsgewalt für Frieden zwischen ihnen sorgt (Naturzustand 2).[21]

Naturzustand 2 steht in der Geburtsakte aller modernen Staaten. Er legalisiert das Hohnlächeln gegenüber rückwärtsgewandten Natur-Freaks. Er ist seit Jahrhunderten der Mega-Mainstream: Zivilisation bringt uns die Segnungen, ohne die niemand leben wollte (Dentalanästhesie, Eierkocher, Vintage-Hifi, Spotify), und dazu muss die – im Grunde schlechte – Natur des Menschen eingehegt und kontrolliert werden. Naturzustand 1 hingegen ist die Version der Idealisten, die glauben, oder wenigstens hoffen, der Mensch sei von Natur aus kooperativ und anständig – oder habe das natürliche Bedürfnis zu geben, wie es der Psychologe und Erfinder der »gewaltfreien Kommunikation«, Marshall Rosenberg, formulierte.[22]

Entsprechend diesen beiden Denkrichtungen gibt es zwei fundamental unterschiedliche Narrative, wie die Geschichte der Menschheit bis zu unserer Zivilisation verlaufen sei. Den einen kennen wir alle aus dem Schulunterricht: Er macht die »neolithische Revolution«[23], die Erfindung des Ackerbaus, zur Wiege der Zivilisation. Der Mensch verwandelte sich vom Wilden zum Hüter der selbstgeschaffenen Ordnung. Er lernte es, Pflanzen und Tiere für sich arbeiten zu lassen, war in der Lage, Vorräte anzulegen, und konnte so Zeit gewinnen für Kultur, Schrift, Wissenschaft und Poesie – für alles »Höhere« mithin.

Nach diesem Narrativ, das sich auf Naturzustand 2 stützt, ist unsere Geschichte eine der Ausfädelung aus der »Natur«. Die Kultur begann, als der Mensch gelernt hatte, das Wilde im Zaum zu halten – so der Tenor der Erzählung. Sie enthält das traditionelle Bild der Natur als blutiges und brutales Schlachtfeld, das gezähmt gehört. Der Aufstieg des Menschen geht einher mit seiner Befreiung von der restlichen Welt. Immer noch bestimmt diese Haltung zu guten Teilen unser konventionelles Selbstverständnis: Seit der neolithischen Revolution war die Welt latent zweigeteilt, in unsere Sphäre, die es zu schützen gilt, und in die Wildnis, die uns bedroht. Der Dualismus war geboren. Und wer die Zivilisation will, muss ihn verteidigen. »Agrilogistik«, nennt der britische Philosoph Timothy Morton eine solche Haltung spöttisch.[24]

Doch schon seit einer Weile bleibt diese Sicht nicht mehr unwidersprochen. Denn immer mehr archäologische Befunde zeigen, dass die neolithische Revolution kein Triumph war, sondern eine Katastrophe. Das Leben in der vermeintlichen Versorgtheit war entbehrungsreich: Skelettfunde belegen, dass die Bauern der frühen Steinzeit eine geringere Körpergröße und schlechtere Zähne hatten als ihre frei lebenden, jagenden und sammelnden Genossen. Weil die frühen Bauern dicht mit ihren Haustieren zusammenlebten, entstanden aus deren Erregern neue Krankheiten wie Masern und Grippe, die uns heute noch plagen, und die es vorher, in der Altsteinzeit, nicht gegeben hat.[25]

Die von Historikern so stolz »Revolution« genannte Umbruchszeit, vermuten heute immer mehr Forscher, war in Wahrheit nicht der Beginn des zivilisatorischen Wohlstands, sondern das Gegenteil: der »größte Fehler der Menschheitsgeschichte«, wie der Evolutionsbiologe Jared Diamond schrieb.[26] Er hält den Beginn des Ackerbaus für den Beginn einer Versklavung, an deren Ende in logischer Konsequenz unsere Leistungsgesellschaft mit ihren massiven Ungleichheiten steht, die Kolonialisierung der die Erde bewohnenden Subsistenzvölker seit dem späten Mittelalter, und letztlich die Zerstörung der Lebensgrundlagen.

Schon in den 1960er Jahren hatte der Anthropologe Marshall Sahlins (1930 – 2021) in seinem Buch »Stone Age Economics« von der »ursprünglichen Überflussgesellschaft« der nomadischen Kulturen gesprochen.[27] Er zeigte, dass ein Angehöriger der namibischen Ju/'hoansi in der Woche 17 Stunden damit beschäftigt war, seinen Lebensunterhalt zu sichern, und sich 19 Stunden mit Arbeiten für die Familie und die Unterkunft beschäftigte. Durchschnittliche Amerikaner arbeiteten hingegen, so wiesen zeitgenössische Statistiken nach, 40 Stunden für den Lohn und 36 im Haushalt.

Die Agrilogistiker, so lautet die derzeit auf viel Zustimmung stoßende Kurzversion, haben die egalitären Jäger- und Sammler-Gruppen unterjocht und versklavt. Damit habe die Zerstörung der Commons und der ökologischen Gegenseitigkeit begonnen, die sich bis heute in immer rasanterem Tempo fortsetzt. Der Politikwissenschaftler James C. Scott ist entsprechend der Überzeugung, dass die Sesshaftwerdung nicht einmal ein freiwilliger Prozess war.[28] Die ersten Bauern liefen nicht begeistert zum Landbau über, sondern wurden zur Ackerbaurevolution gezwungen. Sie war die erste große globale Kolonialisierungswelle. Und weil sich die Versklavten wehrten, ging der Prozess nicht zügig vonstatten, sondern versandete immer wieder. Über 4000 Jahre in der Jungsteinzeit hinweg tauchten immer mal wieder Kulturen mit Feldbau auf und verschwanden wieder. Landbau war eine Option, keine Lösung.

Solche Befunde verändern den Blick auf unsere Geschichte: Was seit Jahrhunderten als Errungenschaft gilt, entlarvt sich plötzlich als das über Generationen weitergetragene Narrativ einer Selbstunterdrückung. Der Anthropologe James Suzman, der viele Jahre bei den namibischen Ju/'hoansi lebte, folgert: Je mehr Überschuss eine Gesellschaft produziere, desto größer sei in ihr die Ungleichheit.[29] Heute, im Jahr 2022, bedeutet diese Ungleichheit, dass auf der Welt eine Handvoll Einzelpersonen mehr materiellen Besitz ihr eigen nennt als die ärmere Hälfte der Menschheit zusammen.

Und dieses unvorstellbare Gefälle erstreckt sich in unserer Zivilisation weit über die menschliche Gesellschaft hinaus: Es manifestiert sich auch darin, dass eine einzige Spezies (unsere) gerade dabei ist, die meisten anderen zu vernichten, in einem Massensterben, das dem Asteroideneinschlag von Yucatan, der den Großteil des irdischen Lebens auslöschte, in nichts nachsteht.

Heißt all das demnach, dass eine soziale und naturverträgliche Gesellschaft einzig mit der Lebensform der Jäger und Sammler möglich ist? Dass wir als Agrar- und Industriegesellschaften also nicht nur das Paradies unwiderruflich verloren haben, sondern es sogar systematisch vernichten müssen? Und dass die einzige Hoffnung einer gerechten und nicht zerstörerischen Zivilisation im Aufgeben der Kontrolle über die Natur, über die anderen Wesen, liegt? Sollten wir also mit aller Kraft versuchen, unsere Zeitgenossen davon zu überzeugen, der Agrilogistik abzuschwören, um den heilen Kern unserer sozialen Fähigkeiten wieder zutage treten zu lassen?

Hinter diesen Erwägungen wartet eine tieferliegende Frage. Sie lautet: Stimmt das Narrativ der ökologisch-Progressiven, dass es unser ursprünglicher Abschied aus der Harmonie der guten Mutter Natur war, der alles verdarb? Gibt es tatsächlich keinen anderen Weg als zurück? Dieser Schluss ist verführerisch. Er bietet die Hoffnung, dass wir dem guten Naturzustand (Naturzustand 1) vertrauen dürfen, dass wir bloß unsere Augen öffnen müssen, um das Paradies zu finden, in dem die Harmonie des Lebens sich von alleine einstellt. Rousseau hat noch eine Chance. Und während der weiter fortschreitenden Zerstörung bleibt der Trost (heimlich von manchen ersehnt), dass – wenn sich in unserer zerstörerischen Zivilisation schon nichts ändert –, nach einem künftigen Kollaps zwangsläufig der gute Naturzustand 1 die Oberhand gewinnen wird.

Es ist verlockend, der Agrilogistik-These zu folgen. Dann gäbe es eine zentral falsche Weichenstellung in der Zivilisationsgeschichte, die für alle weiteren Fehler verantwortlich wäre. Wer die Natur für seine Zwecke einspannt, muss sie sich automatisch zum Gegner machen, den es zu bezwingen gilt. Von den ersten Feldsklaven führt ein direkter Weg zu Descartes' Spaltung der Welt in menschlichen Geist und tote Materie. Es würde vieles vereinfachen, wenn wir die falsche Mär vom brutalen und kriminellen Naturzustand durch das schöne neue Narrativ von der guten Prähistorie ersetzen könnten. Vielleicht könnte ein solcher Wandel Anhaltspunkte einer anderen Politik liefern. Das denken Rousseauianer und Romantiker freilich schon seit 250 Jahren.

Denn so einfach ist es nicht. Die Vorgeschichte, und was von ihr übrig blieb, ist nicht linear, sondern vielfach widersprüchlich. Den tiefsten Dorn im Fleisch des Traums von der egalitär-friedlichen Jäger-und-Sammler-Natur des Menschen bildet der Befund, dass auf jedem Kontinent, den Menschen nach ihrem Auszug aus Afrika neu besiedelten, die urtümlichen großen Säugetiere ausgerottet wurden (nur ausgerechnet in der Heimat von *Homo sapiens*, in Afrika, nicht).

Wo Menschen auftauchten, veränderten sie die Natur radikal. Vieles spricht dafür, dass die »Native Americans« die Megafauna Nordamerikas, elefantenähnliche Mastodonten und gewaltige Faultiere, über die Klinge haben springen lassen. Damit wären auch die Ureinwohner Amerikas, die oft als Beispiele für die Möglichkeiten perfekter Harmonie mit der Natur herhalten mussten, entlarvt als Nachfahren eines ersten Aktes ökologischer Dominanz, einer brutalen Grenzziehung zwischen dem, was Menschen nützt, und dem, was das Ganze reicher macht.

Die ökologisch folgenreichste Technologie, die oft nicht in Betracht gezogen wird, war das Feuer. Schon der *Homo erectus* kochte mit dessen Hitze vor sechshunderttausend Jahren seine Nahrung. Vor allem aber legte er Ökosysteme in Asche. Er brannte Wälder ab, um auf der offenen Steppe besser jagen zu können – und vielleicht auch, um auf den nährstoffreichen Holzkohleresten erste Gärten zu kultivieren. Die Menschen der Vorzeit schufen somit bereits »neuartige Ökosysteme«.

Der Geograph Erle Ellis von der University of Maryland in Baltimore glaubt, dass sich Büffelherden im Mittleren Westen verbreiten konnten, sei überhaupt erst die Folge massiver indigener Brandrodungen gewesen. Die heute als verschwundene Wildnis betrauerte Büffelsavanne sei eine ökologische Nische, die vom Menschen geschaffen wurde. Sogar im Amazonasregenwald, beobachtete der Geograph, herrschte keine Jungfräulichkeit, seit der Unruhestifter Mensch einmal eingerückt war. Mit Holzkohle vermischte fruchtbare Erde tief im Dschungel des Amazonas und die Konzentration von Früchte tragenden Baumarten Tausende von Kilometern tief im Wald zeigten seiner Meinung nach: Der Dschungel ist teils von Menschenhand gemacht.[30]

Unberührte Natur – hat der Mythos nie gestimmt, so wenig wie der vom Paradies? Nein, meint Ellis. Die Erde zu verändern, sei nichts Neues, sondern ein alter Hut, weil nämlich arttypisch für *Homo sapiens*. Wir sind jene Spezies, die den

Planeten umbaut. Wir sind Ökosystem-Ingenieure, ähnlich wie die Biber, auf deren Konto ganze Feuchtgebiete gehen können, mit der entsprechenden Artenvielfalt. Seit es den Menschen gibt, provoziere er ökologische Revolutionen. Wir lebten schon immer, meint Ellis, auf einem *»used planet«*, einer Gebrauchterde.[31]

Das aber sollte uns nicht dazu verleiten, dem Projekt einer Koexistenz mit anderen Wesen frustriert unsere Solidarität aufzukündigen und den in derBiosphäre entstandenen Schaden mit Hilfe von Kultur (also durch technologische Dominanz) eindämmen zu wollen. Es sollte uns vielmehr dazu inspirieren, zu erkennen, dass Ökologie das »Ordnen des Vergänglichen« ist, wie der Dichter und Ökophilosoph Gary Snyder einmal sagte.[32]

Aus der Sicht der Ökosphäre ist das Ordnen des Vergänglichen die Gebürtigkeit – das ständige Neuarrangement des Lebens, sein andauerndes Hervorquellen in neuen Formen und Beziehungen. Unser Anteil an der Ökologie kann also gar nichts anderes als ein Ordnen des Vergänglichen sein. Und für uns heißt ein solches Ordnen, in die Vergänglichkeit die Fürsorge für das Leben einzubringen, der Verletzlichkeit das Engagement für die Fruchtbarkeit entgegenzusetzen und diese zu nähren und zu pflegen. Ordnung der Vergänglichkeit, von der Warte des Menschen aus gesehen, heißt somit Fürsorge. Gerade diese sollten wir als die Aufgabe von Kultur erkennen.

Weil wir uns in der Sphäre des Vergänglichen bewegen, kann es keine perfekte Antwort auf die ökologische Krise geben, so wenig, wie es eine perfekte Gesellschaftsform geben kann. Aber wir vermögen einen fruchtbaren Umgang mit dem Imperfekten – dem, was vergeht – zu finden. Leben ist das, was sich als das imaginiert, was noch nicht ist, aber sein soll. Das Natürliche ist das Unvollständige – und es erschafft so die Bewegungen, die sich formen, um – das Neue antizipierend – den Mangel auszufüllen.

Graeber und Wengrow machen sich für die Haltung stark, dass es keine perfekte Gesellschaftsform gebe, die aus sich selbst heraus Gewalt und Ungerechtigkeit einhege, und schon gar nicht eine, die gewaltfrei durch ihren Einklang mit »der Natur« sei.[33] Damit sprengen die beiden das neu gewonnene romantische Paradigma der Anthropologie gleich wieder. Für das Zweierteam aus Kulturanthropologen und Archäologen gibt es keine eindeutige Verbindung zwischen Ackerbau und Gewalt, zwischen Städtebau und hierarchischer Gesellschaftsordnung oder zwischen Jagen und Fairness.

Auch Ackerbau könne aus einer Haltung der Naturverehrung und -schonung heraus betrieben werden. Zudem sei die Bestellung der Felder oft nicht von anderen Formen gemeinschaftlicher Kultur getrennt gewesen. Was zähle, so Graeber und

Wengrow, sei nicht die Produktionsform, sondern ihre soziale Einbettung. Und, so geben sie zu bedenken: Es gebe gewalttätige Jäger- und Sammlerkulturen und egalitäre Agrargesellschaften.[34]

Für die Auffassung des Duos Graeber und Wengrow sprechen einige archäologische Details. Diese zeigen, dass es in der Geschichte immer wieder zu Bewegungen gegen die vorgeblich agrilogistische Fortschrittsrichtung kam. Für Jahrhunderte verschwand der Landbau und wich wieder mehr dem Jagen und Sammeln angenäherten Lebensweisen. Hochkulturen, die oft auf der organisierten landwirtschaftlichen Ausbeutung von Mais oder Getreide beruht hatten, verwandelten sich wieder in lockerere Zusammenschlüsse von Menschengruppen, die gemeinsam eine Gartenlandschaft bestellten. Das geschah etwa um 200 vor Christus in Südamerika, als sich die Stadt Teotihuacan für die nächsten 400 Jahre in eine Ansammlung von einzelnen Villen mit waldartigen Gärten verwandelte.[35]

Viele Archäologen sind mittlerweile überzeugt, dass Ackerbau und Nomadentum über Jahrtausende (und vielleicht sogar noch länger) koexistierten. In manchen paläolithischen Wäldern wurden rund um Obstbäume Lichtungen geschlagen. Vieles spricht dafür, dass solches Waldgärtnern – also das behutsame Verbessern der Lebensbedingungen der genutzten Spezies in einem natürlichen Ökosystem – uralt ist. Menschen haben möglicherweise weit vor der Zeit um zehntausend vor Christi Geburt, in der offiziell die Erfindung der Landwirtschaft verortet wird, hier und dort gejätet, niedergebrannt und geschnitten, damit beliebte Pflanzen es leichter hatten; sie haben mal einen Keimling an eine günstigere Stelle gesetzt oder ein paar Samen verstreut.

Ähnlich ist es mit der Verbindung zu Haustieren: Die ersten wilden Schweine kamen, wie vermutet wird, von allein zu den Lagern der Menschen, weil es dort zu essen gab und man sich gut miteinander verstand. Auch der Wolf könnte sich auf diese Weise den Menschen angeschlossen haben. Das Einander-Zähmen ist ebenso ein Motiv in der Geschichte von Mensch und Tier wie dasjenige der Ausrottung. Möglicherweise sehr früh standen hier und dort auch schon ein paar Streifen Getreide, damit man die Getränke brauen konnte, die es leicht machen, die Geister zu rufen.

Die Landwirtschaft begann, folgt man diesem Bild, für das viele archäologische Befunde sprechen, als Gartenkultur – und deren Übergänge zum Jagen und Sammeln waren fließend. Dann wäre es umgekehrt als bislang angenommen: Despotische Regime entstanden nicht aufgrund eines vorgeblich neuen bäuerlichen Mindsets, sondern Machthaber zwangen zuvor halbnomadische Waldgärtner zur Ausbeutung des Landes, um ihren Herrschaftsapparat zu versorgen.

Das findet heute noch statt; wir nennen es jetzt »Landgrabbing«. Wir sehen also an diesem Fall: Nicht die verzerrte Welt erzeugte das verzerrte Bild, sondern die – durch Gewalteinwirkung – gestörte Sicht auf die Welt verbog vielmehr das Gefüge des Lebens.

So wie die Ökologie gerade auf den Kopf gestellt wird, so durchmischt sich derzeit auch die Anthropologie. Folgt man den Einsichten von Graeber und Wengrow, dann gibt es gar keine kausalen Beziehungen zwischen gesellschaftlicher Organisationsform und Gerechtigkeit gegenüber anderen Menschen und anderen Lebewesen, sondern nur bessere und schlechtere Weisen, um mit dem schlimmsten Erbe der menschlichen Primatenvergangenheit – dem Neid, dem Alphamännchentum – umzugehen.

Das heißt dann auch: Es gibt keinen Naturzustand. Nicht einmal in der Natur gibt es einen Naturzustand! Es gibt nur ein dynamisches Regime von Änderungen aufgrund der Interessen der Einzelnen, fruchtbar zu werden, aufgrund des intrinsischen Interesses von allem, in Kontakt zu treten und darin lebensstiftende Verbindungen zu erfahren. Dieses intrinsische Interesse, fruchtbar zu werden, ergibt in seiner Mannigfaltigkeit – die Wissenschaftshistorikerin Anna Lowenhaupt Tsing sagt dazu »Multitude«[36] – die Stabilität von Ökosystemen. In letzter Konsequenz ist die ökologische Stabilität ein physisch niedergelegter Pakt zur Machtbegrenzung und zur gegenseitigen Zähmung.

Teilnehmen an der Sphäre des Lebens heißt Veränderung: Nehmen und Geben. Teilnehmen heißt nicht, eine prästabilisierte Harmonie zu bewahren, sondern dynamischen Wandel zu verursachen. Die Stabilität der Ökosysteme beruht nicht auf der Abwesenheit von Veränderung – es gibt eben keine fertigen, statischen Klimax-Lebensräume –, sondern auf dem Ausbalancieren der Dynamik. Sie beruht auf dem negativen Feedback durch die Gegenwart einer Vielzahl von abweichend orientierten Interessen, die den jeweils anderen Grenzen setzen. Das heißt auch, dass die Stabilität des Ökosystems auf Individuen angewiesen ist; nur indem die Biosphäre aus Individuen mit eigenen Interessen und Perspektiven besteht, kann ein negatives Feedback auf breiter Ebene wirksam werden. Es funktioniert nicht mit »lebloser Materie«. Das Ökosystem setzt freilich der Dynamik des einzelnen Wesens keine Barriere entgegen. Es bremst aber davongaloppierende Dynamik, weil die gebündelten Dynamiken der Einzelnen für die Gesamtheit schnelle und einseitige Wechsel erschweren und so im Kollektiv Zähigkeit und Resilienz ermöglichen.

Zwei Weisen der Wildnis

»Wild« als Naturzustand gemäß Hobbes	**»Wild« als Wandel in Gemeinschaft**
regellos	*auf Regeln gründend*
egoistisch	*der Gegenseitigkeit verpflichtet*
mit dem Tod drohend	*lebensspendend*
dem Menschen gegenüber stehend	*den Menschen umfassend*
emotional distanziert	*von Fühlen erfüllt*
erhaben	*ernährend*
Fremde	*Familie*
dem menschlichen Verstehen unzugänglich	*transparent für Denken, Spüren, Fühlen und Intuition*
besser gestellt ohne Menschen	*des Menschen bedürftig*
erfordert Kontrolle	*verlangt Dankbarkeit*

Das ökologische Gefüge ist somit ein Gesellschaftsvertrag *avant la lettre.* Dieser besagt freilich nicht wie der von Hobbes vorgeschlagene, sich einer Obrigkeit unterzuordnen, sondern er verlangt, das eigene Ego stets der Notwendigkeit allgemeiner Essbarkeit zu opfern. Es gibt keinen idealen Naturzustand, nur ein Ausgreifen auf das Andere, das dieses einverleibt, und zugleich volle Abgrenzung nötig macht: eine Dialektik des Ich-bin-durch-Dich. Diese spielt sich in den verschiedensten Formen aus. Die ökologische Stabilität ist eine Weise, wie dieses Paradox gelöst wurde; egalitäre Kultur ist eine andere.

Die pleistozänen Ökozide, auch die Ausrottungen der fantastischen Großfauna durch die Native Americans, sind ein Indiz dafür, dass auch die frühesten Gesellschaften nicht zwangsläufig den ökologischen Ist-Zustand stützten, sondern dessen Balance verfehlen konnten. Daraus lassen sich zwei Schlüsse ziehen. Der eine, der uns wohlbekannt vorkommt, lautet: Es kommt darauf an, der Stärkere zu sein, der im kriegerischen Chaos siegt. Der zweite, an den wir uns erst herantasten müssen, heißt: Wir können das Chaos fruchtbar machen, nicht durch Sieg, sondern durch Bescheidenheit. Diese kann im Prinzip das Zentrum gleich welcher Kulturform sein. Nur unsere Zivilisation sperrt sich dagegen, denn ihre Anführer halten an der Behauptung fest, dass allein der individuelle Egoismus – die Kriegführung als individuelles Telos – das kollektive Glück erzeugte.

Die Frage, warum der Mensch das Paradies, in dem er lebte, gegen die Sklaverei seiner bewussten Trennung aus den lebenden Zusammenhängen eintauschte, bleibt ein Rätsel – außer, man stellt sie gar nicht erst, weil man wie Graeber und Wengrow davon ausgeht, dass der Mensch nie im Paradies gelebt habe. Nicht weil er im Grund schlecht ist (Naturzustand 2), sondern vielmehr weil diese Welt nirgendwo Paradies ist (also auch nicht dem Naturzustand 1 gehorcht), sondern stets ein schöpferischer Prozess, gegenseitige Durchdringung wie eine sommerliche Blumenwiese, deren Kehrseite der Humus ist und deren Licht und deren Duft dem Umstand geschuldet sind, dass alles auf ihr essbar ist und alles einander isst.

Der Abschied von der Idee, dass alles gut sein könnte, wenn man nur die richtige Perspektive auf die heile Ordnung der Dinge einzunehmen vermöchte, fällt zugegebenermaßen schwer. Aber viel interessanter ist vielleicht der Versuch, die Welt weder als Tal der Tränen noch als Eden zu denken, sondern als Begehren nach Verwandlung, das unserer Unterstützung bedarf, damit es Fruchtbarkeit hervorbringe! Dann gölten nicht die fatalen Alternativen der Wirklichkeit – als Krieg aller gegen alle oder als verkanntes Idyll –, sondern dann läge es in unserer Hand, mit der unstillbaren Kreativität so umzugehen, dass sie fruchtbar bleibe.

Man sagt immer wieder: Der Mensch sei das Tier, das weiß, dass es sterben wird. Vermutlich wissen das auch die anderen Tiere in verschiedenem Maße (auch sie versuchen, ihren Tod zu vermeiden), schicken sich aber in diese Erkenntnis und akzeptieren, dass es den Tod als Teil des Lebens gibt. Das macht ihre Größe und ihre Friedlichkeit aus, selbst wenn sie riesige Zähne haben. Der durch die westliche Zivilisation geprägte Mensch aber ist das Tier, das einen Ausweg dafür sucht, dass es sterblich ist. Es versucht der Gegenseitigkeit, deren tiefste Ausprägung die Komplementarität von Geburt und Sterben ist, zu entgehen, indem es seine Umwelt so stark wie möglich kontrolliert.

Zwar kreist die westliche – überwiegend von weißen Männern erdachte – Philosophie seit ihren frühesten Anfängen um das Faktum der Sterblichkeit, deshalb ist das todeszentrierte und todesverneinende Denken jedoch noch lange kein artspezifisches und alternativloses Charakteristikum »des Menschen«, sondern eine Donquichotterie, ein verstiegener Sonderweg mit den heute beobachtbaren fatalen Folgen, den »wir« – bestimmte durch die westliche Zivilisation geprägte Menschen – eingeschlagen haben. Die postpatriarchale Theologin Ina Praetorius setzt dieser Philosophie der Sterblichkeit ein »geburtliches Denken« entgehen, das nicht vom Tod her, sondern vom gemeinsamen Anfang aller Menschen – dem Geborenwerden – und der damit verbundenen Sorgebedürftigkeit und Fürsorgetätigkeit im Kreislauf des Lebens her gedacht ist.[37] Sterblichkeit und Geburtlichkeit sind nichts voneinander Getrenntes, sondern zwei untrennbar ineinander verflochtene Aspekte des Umstands, dass wir andere nur deshalb wahrnehmen, schmecken, fühlen können, weil auch diese uns wahrnehmen, schmecken, fühlen können – weil wir selbst essbar sind.

Vielleicht kann man es so fassen: Der durch die westliche Zivilisation geprägte Mensch bläht sein Ego auf als Bollwerk gegen den Tod. Die ökologische Besonderheit des durch die westliche Zivilisation geprägten Menschen besteht darin, dass er sich gegen das Sterben wehrt. Nicht wie ein Hase in der Feldflur, der dem Fuchs ein Schnippchen schlägt, um zu entkommen. Sondern als Gefangener der Besessenheit, dass die eigene Individualität überdauern müsse, dass sie größer sei als die Fruchtbarkeit der Welt, die doch am Ende jedes noch so aufgeblähte Ich verschlingt, um neue Selbste zu gebären. Der zivilisierte Mensch weigert sich zu sterben. Genauer: Er weigert sich, essbar zu sein. Das ist seine ökologische Besonderheit – und das ist seine ökologische Bestialität.

Der Plastikmüll, der sich in gigantischen schwimmenden Teppichen in den Zentren der großen Ozeane um sich selbst dreht und noch viele tausende Jahre drehen wird, erfasst somit den Charakter des durch die westliche Zivilisation geprägten Menschen am besten. Unsere derzeitige Kultur gründet auf der Behinderung der gegenseitigen Verwandlung, die allein durch den Tod möglich wird. Nichts ist unökologischer als Unsterblichkeit. Nichts ist weniger egalitär in einer Welt der Sterblichen, in einer Welt, die davon zehrt, dass sie essbar ist und nur so sich jeden Tag neu gebären kann. Das eigene Ego in den Vordergrund zu stellen, heißt Anspruch auf Unvergänglichkeit zu erheben. Das ist die ökologische Todsünde.

Und hier liegt ein interessanter Punkt. Schauen wir auf archaische Gesellschaften, so finden wir etwas, das dem romantischen Blick – der Idee von Freiheit aus sich selbst heraus und ohne anderen Verletzungen zuzufügen – extrem widerstrebt. In diesen Gesellschaften sind die Rechte des Egos oftmals extrem reguliert. Die sozialen Regeln – wen man heiraten darf, mit wem man die Jagdbeute teilt, was man von seinem Besitz abgibt, wie sehr man sich als Führer hervortun kann – sind alle darauf ausgerichtet, das Ego zu brechen. Kein Stolz, das ist die Konsequenz der strengen Prinzipien der ersten Völker.

Das beobachtete der Anthropologe James Suzman eindringlich bei den indigenen Völkern Namibias.[38] Suzman beschrieb, wie die Dorfbewohner die Beute der Jäger herabsetzen, wenn diese nach einer glücklichen Pirsch mit Fleisch beladen ins Dorf zurückkehren. Statt den besonders guten Jäger über den grünen Klee zu loben – und ihn vielleicht zu einem besonders mächtigen Mann zu erheben –, machen sich die anderen über ihn lustig. Dabei erwarten sie einen Anteil der Beute, denn das Jagdwild wird bei den Ju/'hoansi unter allen Mitgliedern des Dorfs verteilt. Der Anthropologe Richard B. Lee ließ sich den Sinn dieser »Fleischbeleidigung« erklären. Ein Mitglied der Gruppe erläuterte ihm die kulturellen Hintergedanken: »Wenn ein junger Mann eine große Beute macht, dann hält er sich selbst für einen Anführer oder einen großen Mann – und den Rest von uns für seine Diener oder Untergebenen. Darum tun wir stets so, als wäre seine Beute wertlos. Auf diese Weise kühlen wir sein Herz und machen ihn sanft.«[39]

Wer sich in luftige Höhen aufschwingt, wird in einem solchen Volk auf den Boden zurückgeholt. Um den gleichen Anspruch aller auf Beteiligtsein aufrechtzuerhalten, gibt es dort Regeln, die uns fast brutal erscheinen. Solche Regeln könnten unter den Völkern der Vorzeit weit verbreitet gewesen sein – denn sehr viele von ihnen hatten keine formale Regierung und schon gar keine Oberhäupter. »Die Ju/'hoansi der Kalahari sind seit jeher streng egalitär. Sie hassen Ungleichheit und Angeberei, und sie lehnen hierarchische Institutionen ab. Gerade das hat sie zur erfolgreichsten nachhaltigen menschlichen Zivilisation gemacht«, schrieb Suzman.[40]

Seit 160 000 Jahren leben die Ju/'hoansi in der Halbwüste des südlichen Afrikas. Von ihnen führt eine direkte Linie zum Ursprung unserer Art auf dem afrikanischen Kontinent. Aber auch andere Subsistenzkulturen haben sich sehr lange im Einklang mit der sie umgebenden Natur gehalten – und diese dabei erhalten. Von den australischen Aborigines wird ebenfalls angenommen, dass sie seit Zehntausenden von Jahren ihren Kontinent besiedeln. Ihre Regeln sind ähnlich streng wie die der Ju/'hoansi. So ist in vielen traditionellen Aborigine-Gesellschaften das Heiraten nur außerhalb der eigenen sozialen »Hälfte« gestattet[41] – ganz gleich, wohin die Liebe fällt. Symbolisch-rituell bewahren solche strikten Regeln den ewigen Kosmos. Praktisch verhindern sie, dass sich Einzelne zu Machthabern aufschwingen. Sie setzen soziale Gleichheit durch, die letztlich auf ökologische Gerechtigkeit hinausläuft. Weil die Menschen, von uralten Regelsystemen im Zaum gehalten, nichts besitzen können, nehmen sie niemals zu viel.

Dieses Gleichgewicht ist kein Naturzustand, der sich finden oder wiederfinden ließe. Es muss immer wieder neu angestrebt werden. Das ökologische Auffangen der Dynamik, das in der Sphäre des Lebens durch das Netz der Wesen und die Kreisläufe der Atmosphäre realisiert ist, muss sich der Mensch als Kultur neu geben. Das ökologische Auffangen der Dynamik ist kulturell die in Kultur festgelegte Gemeinschaftlichkeit und Bescheidenheit: das systematische Brechen des Egos wie bei den Ju/'hoansi. Alte Kulturen zeichnen sich durch die Übung dieser Egalität aus. Es ist gesellschaftliche Gepflogenheit, Egoismus nicht zu dulden. Sie wird zur rituellen Feier, indem Opfer gebracht werden. Besitzlosigkeit ist ein ökologisches Prinzip.

Die statische Welt der Kosmen der ersten Völker, über die sich der moderne Philosoph kopfschüttelnd amüsiert (»Ich möchte in einer Welt leben, in der Veränderung zum Besseren möglich ist!«), beruht auf der Erniedrigung des aufgeblähten Egos. Wenn diese Welt ewige Fruchtbarkeit schenkt, wenn sie Individualität gebiert, auch die eigene, um diese Fruchtbarkeit zu hüten und zu nähren, was kann dann an ihr verbessert werden? Jede Änderung ist in dieser Perspektive nur eine Verzerrung, ein Verbiegen der vollkommenen Welt zum eigenen Nutzen. Und das muss unterbunden werden.

Das vielzitierte Prinzip des Laozi bildet diese Sicht ab. Anders als die Wurzeln westlicher Religionen reichen jene des Daoismus, den Laozi im 6. vorchristlichen Jahrhundert lehrte, tief in die ursprüngliche kosmische Spiritualität, in die animistischen Urkulturen Asiens. Laozi sagte: »Das Universum ist vollkommen. Es kann nicht verbessert werden. Wer es verändern will, verdirbt es. Wer es besitzen will, verliert es.«[42]

Zwischen der Haltung, dass der Einklang mit den anderen (Menschen und allen Lebewesen) durch die Befreiung (und Heilung) des in der Tiefe guten eigenen Egos (Naturzustand 1) geschehen müsse, und der Demut, ja der Ego-Feindlichkeit in vielen egalitären Gesellschaften, die auch in Laozis Einsicht zum Ausdruck kommt, liegen freilich Welten. Eine Politik zu erahnen, die diese vereint, ist die wahre Herausforderung der Zukunft. Aber werden wir ihr jemals gewachsen sein? Und ist sie überhaupt denkbar? Vielleicht schenkt nur das Unvollkommene Fruchtbarkeit. Diese Fruchtbarkeit lässt sich nicht lehren. Sie lässt sich aber leben und – in der Gestalt des erwachsenen Lebens, des Lebens, das ich mir ganz zu eigen gemacht habe, so dass ich frei bin, gute Nahrung zu werden – anderen schenken.

3 HAUT

Im späten März bin ich morgens in den Grunewald gegangen. Ich bin durch den niedrigen Eingang geschlüpft, der vom Gehweg ins Unterholz führt und sich dann zu einem vielfach beschrittenen Pfad verbreitert. Es war ein unbestimmter Tag, diesig, grau, aber mit einem Versprechen von Sonne in der Luft, so wie sich viele Berliner Vorfrühlingstage zeigen. Es war noch winterlich, aber die Luft fühlte sich schon leicht an.

Die Büsche und Bäume harrten noch in ihrer Winterstarre. Die Stämme waren auf ihrer Westseite von Schichten grüner Algen bezogen. Auf ihrem dem Osten zugewandten Rund waren sie blank, grau und braun. Ich legte meine Hand auf die grüne Schicht. Die Borke mit den Algen stieß kalt und feucht an meine Haut, ungerührt, und doch mit einer seltsamen Form von unterschwelliger Nachgiebigkeit, wie sie nur die Oberflächen lebendiger Wesen an sich haben. Ich bin immer wieder fasziniert davon, dass sich auch der schwerste Baumstamm, berühre ich ihn, immer irgendwie leicht anfühlt. Holz hat etwas Schwebendes, ganz anders als etwa eine Säule aus Marmor, Beton oder Stahl.

Ich schlenderte weiter zwischen den Bäumen durch das Zwielicht des Vorfrühlings. Dann blieb ich wieder stehen. Aus der glatten, grauen Rinde eines Ahorns hatte sich ein hellgrüner Trieb einen Zentimeter vorgeschoben. Alle anderen Bäume erschienen starr, aber dieser hatte begonnen, sich ins Licht auszubreiten. Nicht etwa auf die konventionelle Weise, indem sich die im Herbst minutiös vorbereiteten Knospen zu Blattlaub entfalteten, sondern in der Mitte der harten, schützenden Borke. Warum gerade an dieser Stelle? Die Rinde, die den ganzen Winter wie eine geschlossene Wand geschwiegen hatte, war dabei sich aufzutun.

In diesem Moment schoss es mir durch den Kopf, wie wir Leben beschreiben können: Eine Wand, die eine Pforte ist. Ein Lebewesen wie dieser Ahorn ist zur restlichen Welt geschlossen – und zugleich öffnet es sich ihr an bestimmten Punkten und auf gezielte Weise so, dass es vollkommen für sie durchlässig wird. Es ist beides: Hermetisch mit sich selbst beschäftigt – und ekstatisch nach außen gebreitet. An diesem Baum, an diesem unbestimmten Vorfrühlingstag, konnte ich das eine und das andere ablesen, und auch sehen, dass nicht entweder das Eine oder das Andere gilt, sondern beides zugleich und durcheinander. Leben ist ein geschlossenes Gefäß. Leben ist die bedingungslose Öffnung nach außen. Die Art und Weise, wie sich diese beiden diametralen Gegensätze gemeinsam realisieren lassen, ist der hinreißende und furchterregende Tanz der Lebendigkeit.

Die Borke des Ahorns ist die Grenzfläche, an der sich der Baumkörper mit den Körpern außerhalb berührt – mit meinem zum Beispiel, der auch eine Grenzfläche hat, meine Haut nämlich, die ebenso ein Organ der Geschlossenheit und der Öffnung darstellt. Jede Körperoberfläche eines lebenden Wesens ist ebenso Schutzwall wie Umarmung. Das Leben, das sich dahinter – ja, genau genommen gerade dadurch – entfaltet, kann nur existieren, weil es sich verschließt, und es kann nur sein, indem es sich öffnet. Beides zugleich unter einen Hut zu bekommen, ist unmöglich. Und doch ist es zugleich das Wunder, das sich immer wieder ereignet, mit jedem Atemzug, mit jedem Wimpernschlag, mit jeder Kontraktion unseres Herzens.

Ich stand vor dem Ahorn und wagte den saftig grünen Spross, der sich durch die harte Rinde drängte, nicht zu berühren. Vielleicht würde ich ihn irritieren? Ein Buchfink schmetterte hinter ein paar Reihen kahler Bäume sein triumphales Frühlingslied. Es hatten also noch andere Wesen bemerkt, dass sich etwas tat. Ich wurde von der Flut des Frühlings emporgetragen. Der Frühling ereignet sich immer plötzlich, und vielleicht nur einmal in jedem Jahr, in dem Moment, in dem wir das erste Mal spüren, dass sich das Blatt gewendet hat. Was sich aber auch wendete, war das Leben; es kehrte sich von innen nach außen.

Weil die Oberfläche eines Wesens eine Grenze und ein Durchlass zugleich ist, kann sie die Welt in die innere Erfahrung eines eigenen Selbsts übersetzen. Wäre unsere Oberfläche nur Abgrenzung, ließe uns alles dahinter gleichgültig. Wäre sie gänzlich durchlässig, verschmölzen wir mit der Welt und lösten uns in ihr auf: Nichts spielte mehr eine Rolle. Aber weil die Haut beides ist, Behälter und Öffnung, kann sie die Begegnungen mit anderen in Bedeutung übersetzen.

Jede Oberfläche eines Wesens ist somit bereits ein Nervensystem: Es verwandelt die Begegnung in eine Botschaft. Die Ausbildung spezieller Sinneszellen und Neuronen ist nichts prinzipiell Neues mehr, sondern dient nur dazu, ein grundsätzliches Verhältnis zu raffinieren und mehr Auflösung zu gewährleisten. Die grundsätzliche Konstellation ändert sich nicht. Diese Konstellation beruht darauf, dass der Materie, aus der wir (alle lebenden Wesen) bestehen, etwas geschieht, und dass dieses Geschehen für uns einen Unterschied macht. Denn für eine Grenze, die eine Tür ist, bedeutet es eine Menge, ob die Tür ganz geschlossen, halb geschlossen oder weit aufgerissen ist. Wie es um den Stoff bestellt ist, der unsere Grenzfläche zum Stoff der Welt bildet, daraus geht das ursprüngliche Gefühl hervor, auf dieser Welt zu existieren. Als ich dem Ahorntrieb begegnete, stand ich vor einer Manifestation des Lebens selbst.

Ich stand in der kühlen, diesigen Luft unter dem Baum, der sich so überraschend neu gebar, und dachte nach. Weil es die Grenze zur restlichen Welt verschieben, öffnen und schließen kann, ist ein Wesen in der Lage, seinen Kontakt zu dieser Welt selbst zu bestimmen. Es erfährt die Welt als Bedeutung für das, was hinter der Oberfläche liegt, und regelt den Kontakt je nachdem, wie sich diese Bedeutung zeigt. Etwas Zartes wird eingelassen, etwas Hartes bleibt draußen. Weil das Leben eine Oberfläche hat, hat es eine Innenseite.

Hier sah ich plötzlich die gleiche seltsame Verkettung von Gegensätzen wie auf der Haut: Eine Grenze mit einer Pforte ist von der strukturellen Logik her nichts anderes als eine (materielle) Außenseite mit einer (erfahrungshaften) Innenseite. Daraus geht ein doppeltes Paradox hervor: Weil das Leben sich abgrenzen kann, vermag es sich zu öffnen. Weil das Leben aus Materie gemacht ist, vermag es sich zu erfahren. Es ist also essenziell, den Stoff zu betrachten, aus dem wir gemacht sind. Aber nicht, um dann (wie der heute noch dominierende Strom der Wissenschaft) festzustellen, es gebe nichts als den Stoff und seine Mechanik. Sondern um zu sehen, wie dieser Stoff in eine Innenseite umschlägt. Materie wird zu Bedeutung, *weil* sie Materie ist, nicht ihrer Stofflichkeit zum Trotz.

Viele Jahrhunderte grübelten Philosophen und Naturforscher darüber nach, wie es sein kann, dass etwas so Starres und Schweres wie die Materie sich mit etwas so Flüchtigem und Abstraktem wie unseren Gedanken, Vorstellungen und Gefühlen verbinden kann. Denn offensichtlich hängen diese inneren Zustände mit der Materie zusammen, in der sie stattfinden. Das ist mit einem Glas Islay-Whisky auch dem Skeptiker schnell zu beweisen. Wenn sich unsere Materie verändert, verändern sich auch unsere inneren Zustände. Nach einem Schluck des brennenden Destillats ist mein Empfinden ein anderes. In den Pheromon-Sturmfluten des Frühlings bleibt kein Vogel der gleiche; vorher stumme Gäste versteckter Büsche präsentieren sich plötzlich als extrovertierte Sänger.

Bis heute stellt sich das, was in unserer eigenen Erfahrung auf natürliche Weise zusammengehört – Körper, also Materie zu sein und gleichzeitig Geist, also innere Erfahrung zu sein, – als undurchdringliches Rätsel dar. Nicht, dass das Gehirn komplexe Schaltvorgänge durchläuft, ist das Mysterium (wie das funktioniert, lässt sich mit Modellen massiv paralleler Computerberechnungen möglicherweise nachvollziehen), sondern dass sich dabei der Kosmos einer innerlichen Empfindung entfaltet. Der Hirnforscher David Chalmers nannte dieses Rätsel im Gegensatz zum technischen Verständnis von Regelvorgängen im Gehirn (dem »milden Problem«) das »heftige Problem«. Wie kann es sein, dass in diesen kognitiven Vorgängen alles immer eine bestimmte, mir selbst gehörende subjektive Qualität hat? Warum schmeckt ein Apfel und verzaubert meine Zunge mit der Empfindung einer inneren Welt? Und wozu ist das gut?

Biologie wie auch Kognitionsforschung sind über das »heftige Problem« von Chalmers, das er 1995 formulierte, noch nicht hinaus. Sie stecken im Grundverständnis der Wirklichkeit fest, wie es seit der Neuzeit herrscht und sich seit der Antike in Griechenland vorbereitet hat: Es gibt zwei Sorten von Substanzen, nämlich die stumme und dumme materielle Substanz der Körper, und die beredte und intelligente geistige Substanz der bedeutungshaften Innerlichkeit. Wie aber kommen beide zusammen? Im Grunde besteht das »heftige Problem« nicht nur allein darin, wie und warum die »Körpermaschine« ihre inneren Zustände produziert, sondern warum die Welt selbst überhaupt solche inneren Zustände kennt. Was bringt es der Welt, dass in ihr Gefühle existieren? In unserem gängigen Weltbild ist das ein unerhörtes, kaum zu lösendes Rätsel, ja beinahe ein Skandal. Die Materie dürfte gar keine Innerlichkeit kennen. Sie ist »bloß Materie«. Und nicht nur das: Im Effizienzkalkül scheint innere Erfahrung eher etwas Umständliches zu sein, das mehr Kosten als Nutzen bringt. Hätte der liebe Gott nicht auf sie verzichten können? Ist sie, da eh sinnlos, in Wahrheit einfach eine Illusion?

Aber mit jedem Atemzug beweisen wir diesem Weltbild, dass Materie und Innerlichkeit ein und dasselbe sind, eine gemeinsame Lebendigkeit, ein pulsierendes Ich, mit einer anfassbaren Außen- und einer existenziell durchfühlten Innenseite. Wir treten diesen Beweis mit jedem Atemzug an – und doch sind wir zutiefst verunsichert, ob die fundamentale Erfahrung, die wir allein in unserem Auf-der-Welt sein beständig machen, wahr ist oder eine Illusion. Das »heftige Problem« sind eigentlich wir selbst. Unsere Kultur erlaubt einer fundamentalen Seinsweise der Wirklichkeit nicht zu erscheinen. Wir halten uns für abgekoppelt, obwohl wir das gar nicht sind.

Wir quälen uns heute entsprechend damit, dass wir nicht wissen, was Fühlen wirklich ist. Doch ich glaube, dass das »heftige Problem« eigentlich kein Problem ist – im Gegenteil. Dass wir unsere Existenz gefüllt mit Angenehmem und Unangenehmem erleben, bis zum Rand voll mit Farben, Gerüchen, Melodien, mit Zärtlichkeit, Grazie und Brutalität, liegt daran, dass die Welt nicht eine Verkettung von blinden Ursachen ist, sondern immer zugleich mit ihrer Materialität auch ein inneres Erleben. Das »heftige Problem« ist heftig nur für eine Spielart der Wissenschaft, die sich schon vorab entschieden hat, die Welt ihres Fühlens zu entleeren. Insofern ist unser Fühlen ein Organ, um mit der Wirklichkeit in Kontakt zu treten. Fühlen ist die Wirklichkeit selbst, die sich in uns, ja als wir selbst, zeigt. Damit ist es ist eigentlich das Auftreten des Allerobjektivsten in uns.

Als ich vor dem Baum stand, dessen Rinde sich aufgetan hatte, um ein Stück neues Leben hindurchzulassen, zeigte sich mir, wie untrennbar Innen und Außen verwoben sind. Und es zeigte sich mir, dass Innen und Außen keine polaren Gegensätze sind, sondern im Gegenteil überhaupt erst durcheinander erscheinen können, und auch nur gemeinsam verstehbar werden. Das gilt sowohl für das Zusammenspiel von Innen und Außen in einem physiologischen Sinn: Damit eine Zelle existieren kann, muss sie sich mit einer schützenden Wand von der Welt abgrenzen. Bei einem Organismus aus vielen Zellen wie einem Baum ist die gemeinsame schützende Wand für alle Zellen die Borke. Zugleich muss sich die Zelle nach außen öffnen können, also diese Wand oder Borke durchbrechen, um sich für jeden neuen Lebensschritt wieder mit dem Stoff und der Energie der Welt zu füllen, also sich zu ernähren, und auch um zu wachsen und sich mit anderen zu verbinden.

All diese Tätigkeiten sind von existenzieller Wichtigkeit für die hinter ihrer Wand geschützte Zelle. Sie sind immens bedeutungsvoll, ja sie bedeuten Leben oder Sterben. Darum tut sich durch das Wechselspiel des physischen Innen und Außen noch eine zweite Polarität auf. Diese besteht diesmal nicht zwischen dem physischen Raum vor und hinter der Borke, sondern zwischen den Prozessen und Strukturen, die im Raum und in der Zeit stattfinden, und der inneren Erfahrung, wie sich die Bedeutung dieser Prozesse dem Standpunkt des Lebewesens darstellt, dass weiter existieren möchte, dass sich zu entfalten und mit anderen zu verbinden wünscht. Der Ort, an dem diese Polaritäten auseinander hervorgehen, ist die Haut – die Borke der Bäume, die Rinde der Sträucher, die wächserne Kutikula der Kräuter, der Chitinpanzer der Insekten, die Membranen der Weichtiere und Würmer, die halbdurchlässigen Membranen der Blut-Hirn-Schranke aller Landwirbeltiere. An dieser Grenze finden zwei entscheidende Prozesse statt: Das physische Außen verwandelt sich in die eigene Körpersubstanz (etwa durch Fressen und Atmen). Damit transformieren sich die Körper der anderen Wesen zugleich in die Innerlichkeit der eigenen Erfahrung. Der Körper der Welt wird zu meinem Erleben. Das Ich, der innerste Punkt der Erfahrung zu sein, wird aus dem anderen geboren, aus dem, was gerade nicht ich ist.

Beide Seiten, Außen und Innen, sind untrennbar. Damit ein Innen sich entfalten kann, braucht es eine Haut: eine Oberfläche, durch die es sich aktiv vom Rest der Welt abgrenzt, mit der es in der Tiefe ja eigentlich identisch ist. Jede innerliche Erfahrung ist auf die Haut angewiesen, die sie umgibt und erst entstehen lässt. Unsere Wände sind nicht unsere Grenzen. Sie sind die Sinnesorgane, mit denen wir uns selbst fühlen, weil wir in ihnen den anderen, die nicht wir selbst sind, begegnen – indem wir sie spüren. Sie hinterlassen eine Bewegtheit in dem Stück der Welt, das wir selbst sind. Unser Bewusstsein und die Welt sind miteinander verwoben.

Der Mediziner und Kognitionsforscher Antonio Damasio hat sich seit Jahrzehnten damit beschäftigt, wie sich unser emotionales Erleben aus den Erfahrungen des Körpers bildet – und erst so Kognition und Bewusstsein ermöglicht, aus dem Fühlen, das ein Fühlen im Fleisch ist, das anderem Fleisch begegnet. Damasio meint: »Bewusstsein bildet sich aus, wenn die Wahrnehmungsorgane eines Organismus ein ganz bestimmtes Wissen ausdrücken: das Wissen, das der Seinszustand des Organismus durch ein Objekt verändert worden ist.«[43] Unser Bewusstsein ist die Erfahrung, wie wir uns mit der Welt verwandeln. Unser Bewusstsein ist der Moment, in dem die Wand, die wir der übrigen Welt gegenüber sind, zu einem Tor wird. Bewusstsein beginnt, wo ich die Einsamkeit aufgebe und mich öffne.

Wir haben Bewusstsein, weil wir Körper sind. Und wir sind Körper, weil wir uns beständig mit der Welt mischen, weil wir offen zu allem übrigen sind, weil Körper sein heißt, sich immer wieder in diese Offenheit zu begeben. Wir können nicht anders: Wir müssen atmen und die Luft in unser Fleisch verwandeln – essen –, müssen die Körper anderer Lebender zu unserem machen, müssen ausatmen und ausscheiden und unseren eigenen Körper an den der anderen zurückschenken. Letztlich ließe sich darum sogar sagen: Wir haben Bewusstsein, weil wir die Welt sind.

In uns kommt die Innerlichkeit der Welt selbst zum Vorschein, in Jedem neu, in Jeder immer wieder auf die gleiche Weise. Das geht nur, weil wir Körper sind, sich selbst behauptende, den Anderen rufende Haut, fest und zärtlich, geschlossen und von Poren durchsetzt. »Es scheint mir, dass alle Poren meiner Haut wie eine Million kleiner Münder sind, die sich nach dem deinen sehnen«[44], sagt im Buch »Begehren« des italienischen Schriftstellers Gabriele D'Annunzio eine Liebende.

Wir sind Bewusstheit, weil wir Haut sind. Die Materie ist Geist, weil sie sich als Haut darbietet, begrenzt und berührbar. Bewusstheit und Haut: Beides ist im Innersten durch das Fühlen verkettet. Übrigens gehen in der Embryonalentwicklung der Wirbeltiere (zu denen auch der Mensch gehört) das Nervensystem und die Haut aus einem gemeinsamen Urgewebe, dem sogenannten Ektoderm hervor. Das Gehirn, das am Tiefsten im Inneren liegende Organ unseres Körpers, das sich nur mit Reizen beschäftigt, die aus der Ferne zu ihm geleitet werden, ist eigentlich eine sonnenbeschienene Oberfläche.

Für den Hirnforscher Antonio Damasio war es 1999 ein Schock, als er sich anhand der überwältigenden Datenlage seiner Experimente eingestehen musste, dass es kein rationales Bewusstsein gibt, das vom Fühlen unabhängig ist. Damasio sah, dass es somit nicht das nach linguistischen Regeln aufgebaute Zeichensystem der Sprache ist, das unserem Verstandesbewusstsein zugrunde liegt. Damit stellte er sich gegen die überwältigende Mehrheit seiner Kollegen in Geistes- und Naturwissenschaften. Der Mainstream-Glaube war, dass der Geist sprachlich, jedenfalls zeichenhaft ist. Damasio erinnert sich: »Der Beitrag der Sprache zum Kern des Bewusstseins war nirgendwo zu finden.«[45] – »Bewusstsein beginnt als ein Fühlen.«[46] Der Geist ist Fleisch.

Dieser Geist – die empfindende Vergegenwärtigung, dass die Welt sich aus Unterschieden zusammensetzt, die mir in einem unmittelbaren Sinn etwas bedeuten – ist nicht in einem konzeptuellen Vakuum angesiedelt, sondern ist eine Erfahrung, die sich zutiefst im Körper verankert. Dieser Körper aber gehört nicht mir allein. Er gehört der Luft, die ihn umspielt und als Sauerstoff an seinem Bau teilnimmt, er gehört dem Wasser, das ich trinke, das rund von den Rändern der Rispen kullert, das mit meinem Atem die Oberfläche des Eises mit Reif empor wachsen lässt, die kalten Wangen ganz nah am gefrorenen Spiegel eines Wintersees; er gehört den Spelzen des Grases im Frühling, die von den neuen Halmen in der Dunkelheit leise raschelnd beim Wachstum nach oben gedrückt und schließlich abgestoßen werden.

Das leise Rieseln der Spelzen ist also auch ein Bewusstseinsprozess. Aber es ist nicht einer, weil das Rieseln jemand »denkt«, nicht, weil ich es in Worte fassen kann, und schon gar nicht, weil ich meine Erfahrung auf die Gräser projiziere. Auch nicht, weil das Gras oder die Bäume dächten wie wir. Das Rieseln ist Bewusstsein, weil es der Prozess ist, wie sich das Fleisch auf der Suche nach anderem Fleisch durch Raum und Zeit tastet, weil es einer Sehnsucht der Körper nach Berührung folgt. Weil etwas ein körperliches Phänomen ist, ist es ein geistiges. Diese Welt ist insgesamt ein Raum, der Wände hat, die zugleich Pforten sind. Er ist die Oberfläche einer Haut, die zugleich die Außenseite eines Inneren ist, um uns und in uns.

Damasio schreibt, dass er sich zu einem bestimmten Zeitpunkt nicht mehr gegen diese Einsicht wehren konnte – gegen diesen »unausweichlichen und bemerkenswerten Umstand, der diese drei Phänomene betrifft – Emotionen, Fühlen, Bewusstsein –, nämlich dass sie aus dem Körper hervorgehen«.[47] Damasio versuchte sich anfangs zu wehren, weil er als Wissenschaftler etwas ganz anderes gelernt hatte. Im

Studium hatte man ihm beigebracht, dass Denken auf Informationsverarbeitung beruhe, dass der Körper eine »Hardware« sei, auf der die »Software« des Geistes laufe, und dass innere Erfahrung eigentlich eine raffinierte Illusion sei. Und nun musste der Forscher mit ansehen, dass der erste Schritt jedweder Kognition darin besteht, dass Materie eine Empfindung dafür entwickelt, wie es um sie bestellt ist. Damasio sah: Kognition ist eigentlich die Innenerfahrung der Materie.

Diese Welt ist als ganze Fühlen. Sie ist Fühlen, weil sie Materie ist. Materie als Erfahrung ist Fühlen. Weil wir Materie sind – Körper –, fühlen wir. Zugleich geht es in dieser fühlenden Erfahrung nicht allein um »meine eigene« Materie, also meinen von allen anderen separierten Körper. Denn dieser Körper ist nur im Miteinander mit anderen realisierbar. Fühlen heißt somit immer auch zu erfahren, wie sehr ich mich zum Anderen öffne, und wie innig ich dabei ein ganz eigenes Individuum sein kann. Damasio schrieb dazu entsprechend: »Die Erfahrung von Gegenwart ist das Gefühl, was geschieht, wenn unser Sein durch die Akte etwas zu erfahren verwandelt wird.«[48] Fühlen ist die Erfahrung der Welt ohne Worte. Die Erfahrung der Welt liegt darin, ihr Teil zu sein, ihr anzugehören und sie zu verwandeln. Es ist ein inklusives Wissen, und es ist ein Wissen, das im Teilen geschieht. Es ist ein Wissen, in dem sich die Welt selbst weiß – aber nicht als Begriff oder als Konzept, sondern als eine Erfahrung der Materie.

»Ich« kommt zustande, weil etwas berührt wird, das fortzubestehen begehrt, wie die Körper der Bäume, deren feine Wurzeln auch im Winter unsichtbar unter der Erde auf Wanderschaft sind, um Wasser zu trinken und Phosphor und Stickstoff in sich hinein zu verwandeln. »Ich« kommt zustande, weil ich ein Stück Welt bin, das sich ausdehnen und aufrechterhalten möchte. An den Rändern dieser Ausdehnung begegne ich dem, was ich nicht bin und was ich doch brauche: fremder Haut, dem Licht der Augen eines Anderen, dem Licht des verblassenden Himmels an einem frühen Frühlingsabend, der sauerstoffreichen Kühle, die aus dem Boden strömt. Wir erfahren uns als Ich, wenn wir erfahren, dass »der Seinszustand des Organismus durch ein Objekt verändert worden ist«, schrieib Damasio.[49] Und der Primatenforscher Frans de Waal ergänzte: »Emotionen sind der Weg unseres Körpers uns zu zeigen, was das Beste für uns ist.«[50]

Fühlen ist ein Aspekt der Selbstherstellung. Es ist die innere Erfahrung der verkörperten Subjektivität, und somit des Begehrens nach immer neuer Verkörperung von Individualität. Aber dieses Verkörpern ist niemals etwas, das ganz allein vom Individuum bewerkstelligt werden könnte, im Gegenteil: Das Individuum ist eine Funktion des Ganzen. Der Stoffwechsel, der das Individuum ermöglicht, vernäht es zugleich unablöslich mit der Welt. Alle Prozesse, die zur Herausbildung des Individuums führen, sind zugleich Prozesse, die dieses Individuum mit der Welt verschränken.

Das Gefühl für das Ich und sein Bewusstsein entsteht nicht in uns, sondern an der Grenze, durch die wir von der Welt durchdrungen werden, an der Grenze, die zugleich eine Öffnung ist, durch die wir die Welt hereinbitten. Bewusstsein heißt, sich als ein Selbst zu erfahren. Es ist das Gefühl, ein einzelnes Individuum zu sein, also der fühlende Innenzustand eines Individuums. Bewusstsein ist somit zuerst ein Selbstgefühl: ein Selbstgefühl nach Innen – so wie die Topographie der winzigen Riefen auf der Rinde der Traubenkirsche ein Selbstgefühl als Außen darstellt. Diese beiden Perspektiven des Selbstgefühls sind zwei Seiten einer einzigen Erfahrung. Ohne die winzigen Abgründe der ganz und gar eigenen Individualität eines anderen Wesens, die meine Finger in der Rinde ertasten, ohne die Erfahrung meiner eigenen Grenze, die sich dabei erst ausbildet, kann es kein Selbstgefühl geben.

Bewusstsein ist ein Fühlen. Bewusstsein ist eine Erfahrung des Körpers. Die tschechische Philosophin Elena Koubová schrieb: »Die Seele ist ein reines Äußeres des Körpers ohne das Innere – ein Ausdruck davon, dass sich der Körper als Medium ganz ins Außen wendet. Die Seele ist der Name für die Erfahrung, welche der Körper ist.«[51] Bewusstsein ist die Erfahrung, wie sich der Körper, durchdrungen von anderen, überhaupt erst realisiert. Bewusstsein ist also ein innerer Sinn, ein Sinn, mit dem wir uns selbst als Einheit fühlen. Und mit dem wir fühlen, wie diese Einheit dem geschuldet ist, was wir selbst *nicht* sind. Wir fühlen mit diesem inneren Sinn unsere lebendige Einzigartigkeit, so wie wir mit dem Tastsinn – und auch dem Tastsinn im Inneren unseres Körpers, der »Propriozeption« – unsere räumliche Einzigartigkeit erfassen. Nicht nur für den Tastsinn und die Erfahrung unseres eigenen Raumes ist die räumliche Gegenwart von anderen Körpern im Raum essenziell, sondern auch für unseren inneren Sinn, für das fühlende Bewusstsein. Wir fühlen unsere räumliche Ausdehnung durch die Ausdehnung der Anderen, als Berührung und partielle Durchdringung und als das, was uns diese Begegnungen bedeuten.

Darum ist die Grenze unseres Körpers für unser Bewusstsein entscheidend. Es ist das Spüren, dass wir eine sensible Oberfläche sind. Ohne eine solche Oberfläche zerflössen wir. Das, was die verschiedenen Begriffe für diese innere Erfahrung meinen, Begriffe wie Bewusstsein, Selbstgefühl und auch Seele, umfasst somit alles die gleiche Erfahrung. Es ist die Erfahrung, dass sich unser Körper zugleich abgrenzt und verbindet. Unsere Oberfläche ist unser Inneres, nicht, weil Inneres Oberfläche ist, sondern weil die Oberfläche der Schauplatz der Transaktionen ist, aus denen Innen hervorgeht. Mein Selbstgefühl erblüht zwischen meinem Begehren, ganz Ich zu sein, und der offenen Tür, durch die du eintrittst.

Unser Ich ist immateriell, und es ist zugleich vollkommen physisch, und ohne diese Physis sofort in Auflösung begriffen. Das zeigt sich besonders an unserem Gesicht, das ja für uns Menschen in vieler Hinsicht sichtbarer Sitz der Seele ist und die Konzentration unserer Individualität erfahrbar ausmacht. Forscher haben in den letzten zwei Jahrzehnten eine Unmenge an Erkenntnissen über die psychologische, biologische und soziale Rolle unseres Angesichts zu Tage gefördert. Unser Gesicht, diese sensible Landschaft aus Fleisch und Haut, die so zarte Regungen unseres Empfindens zeigt, dass wir uns vieler von ihnen gar nicht bewusst sind, ist dabei mehr als der »Spiegel der Seele«, als der es oft beschrieben wird. Denn in dieser gängigen Formulierung gibt es zwei Dinge, eine Seele, und ein Körperobjekt, das Gesicht, wobei das materielle Körperding die abstrakte Seele repräsentiert.

Aber in Wahrheit ist das Fleisch des Gesichts selbst die Seele. Das Antlitz ist das Zentrum unserer Identität: nicht nur ein Schauplatz, der etwas zeigt, sondern einer, der etwas bewirkt, auf dem unsere Innenwelt in der Tat entsteht – nämlich dadurch, dass sie für die Außenwelt sichtbar wird. Wir haben das Gesicht nicht, um anderen Gefühle zu zeigen. Wir brauchen es, um überhaupt Gefühle empfinden zu können. Ohne unser Minenspiel sind unsere Emotionen nicht nur unsichtbar – sie kommen nicht zustande. Das Antlitz ist der Ort, auf dem sich Gefühle erst erzeugen. Unser Gesicht ist darum nicht nur für andere das Tor zu unserer Seele – sondern vor allem für uns selbst.

Diese radikale Umkehr der bisherigen Vorstellung über das Verhältnis von Körper und Seele haben Mediziner und Kognitionsforscher in den letzten Jahren anhand einer seltenen, aber schwerwiegenden Störung erforscht: Der Gesichtslähmung. Wer daran leidet, verliert die Fähigkeit, die Muskeln seines Antlitzes zu bewegen. Nicht die Kau- oder Augenmuskeln, sondern die winzigen Fasern, die unserem Gesicht den Schmelz des Ausdrucks geben. Dieser Verlust hat eine unheimliche psychische Komponente, die darin liegt, dass die Betroffenen immer weniger fühlen.

Jemand, dessen Antlitz nichts ausdrücken kann, ist somit nicht allein in sich selbst eingesperrt, seelisch »locked in«, und kann seine inneren Zustände bloß nicht mehr kommunizieren. Er beginnt vielmehr, dieses Selbst zu verlieren, sobald es sich einerseits nicht mehr Anderen zeigen (und ihre Reaktionen hervorrufen) und andererseits er selbst seine emotionale Identität in der im Fleisch seines Gesichts verkörperten Anwesenheit selbst nicht mehr empfinden kann. In dem durch die Gesichtslähmung abgeschlossenen Zimmer hört diese Identität allmählich auf zu existieren. So beobachtete der Arzt Jonathan Cole, der seine Forschung diesem Krankheitsbild gewidmet hat: »Der Verlust der Gesichtsbewegung führt nicht nur dazu, dass die Kommunikation mit Anderen gestört wird, sondern, dass die Gefühle in einem selbst verblassen. Das Gesicht erlaubt uns Ausdruck, und Ausdruck hilft dabei, das Selbst zu artikulieren.«[52]

Ist das Gesicht gelähmt, bleiben es auch die eigenen Emotionen. Zugleich aber ist auch die Fähigkeit, die Gefühle Anderer mitzuempfinden, gestört. Auch hier schließen sich wieder Innen- und Außenwelt zusammen und berühren sich an der Grenzfläche der eigenen empfindsamen und ausdrucksvollen Haut. Es besteht also eine doppelte Dialektik – zwischen dem Innen der eigenen Empfindung und dem Außen der eigenen Haut einerseits und den eigenen Emotionen und den Emotionen der Anderen, die darauf reagieren und dadurch neue eigene Emotionen auslösen.

Wertvolle Anhaltspunkte, um dieses existenzielle Widerspiel zu verstehen, können Patienten mit dem sogenannten Möbius-Syndrom beisteuern. Ihnen ist ein mangelndes Gefühl für das eigene Gesicht angeboren. Solche Menschen haben oft Schwierigkeiten, den emotionalen Ausdruck anderer zu verstehen. Zugleich fällt es ihnen schwerer, Klarheit über die eigenen Gefühle zu erlangen.[53] Erst das als Bewegung des eigenen Körpers spürbare und für andere sichtbare Zurschaustellen der Emotionen in unserem Gesicht ermöglicht es uns somit, diese Emotionen auch in unserem Inneren bewusst zu fühlen – und so überhaupt Bewusstsein zu ermöglichen.[54]

Schon seit Längerem ist etwa erwiesen, dass, wer viel lächelt, sich damit selbst glücklicher macht.[55] Emotion und Ausdruck sind somit kein Zweistufenprozess, bei dem wir erst ein Bild erkennen und dann seine Bedeutung interpretieren, und bei dem die Pigmente, Linien und Schattierungen, aus denen sich das Bild zusammensetzt, von der abstrahierbaren Bedeutung letztlich getrennt bleiben. Wir erfassen einen Ausdruck unmittelbar als ein Gefühl. »Ein Lächeln wahrzunehmen heißt, dadurch unweigerlich bestimmte Dinge zu fühlen,«[56] schrieb der Mediziner Peter Hobson, ein Kollege Coles, der sich ebenfalls mit Lähmungsstörungen im Gesicht beschäftigt. Sein eigenes Lächeln wahrzunehmen – und sei dieses unbewusst – heißt sich selbst innerlich als lächelnd zu erleben. Sich selbst zuzulächeln.

Das heißt in der Konsequenz: Die Wahrnehmung des Lächelns ist bereits die innere Erfahrung des Lächelns, wenn wir dieses Lächeln auf dem eigenen Antlitz oder dem eines Gegenübers spüren. Das wahrgenommene Lächeln ist bereits das Gefühl der Leichtigkeit und Freude. Mit einem lächelnden Gesicht sind Leichtigkeit und Freude in der Welt; nicht als ihre materielle Möblierung, aber auf der von allen Körpern geteilten Innenseite.

Das Gesicht ist eine Grenzfläche, eine Fläche der Begegnung, an der sich das eigene Innen zeigt und wo sich durch ebendieses Zeigen das Außen der Anderen –

wahrgenommen in Bild und Berührung, als Geruch, als Poren der Haut, als Feuchte der Lippen – in ein Innen verwandelt. Ohne jene Grenzfläche, die den körperlichen Austausch in eine Identität destilliert, verflüchtigt sich diese wieder. Der Austausch ist nie nur »geistig«, konzeptuell, rein abstrakt, er braucht eine atmende Grenzfläche, die in ihm, durch ihn, erst entsteht. Die Wand der Grenzfläche erschafft das Ich-Gefühl, weil die Fläche selbst, und darum die Berührung durch sie, verwundbar ist. Alles, was mit ihr geschieht, tritt als unser Selbstgefühl hervor. Das Selbstgefühl ist die innere Seite eines Austausches aus Fleisch und Blut. Es ist nicht allein »innen«, nichts Konzeptuelles, Abstraktes, sondern der Geist, der aus dem Austausch hervorgeht – »eine nichtverbale Beschreibung wie der eigene Zustand des Organismus davon berührt wird, wie der Organismus ein Objekt behandelt«, wie Antonio Damasio schrieb.[57]

Erst indem wir diese Grenzfläche erfahren, erfassen wir uns als abgegrenzt und machen die innerliche Erfahrung der eigenen Kohärenz, die immer als Glück über diesen eigenen Zusammenhalt erfahren wird. Das Sich-selbst-Spüren ist, wenn nicht gestört, ein Genuss, eine im Fleisch vibrierende Freude. Zugleich aber ist diese Grenzfläche, an der diese Freude sich ereignet, ein Vehikel des Austauschs. Sie gehört nicht uns allein. Das Fühlen findet dazwischen statt. Es ereignet sich als unser Selbstgefühl, aber es umgreift immer das, dem wir begegnen. Darum ist unser Selbstgefühl auch nicht nur »hier drinnen«. Es ist ebenso das Gefühl für die Begegnung wie das Spüren des eigenen Selbst. Losgelöst spürt dieses sich nicht, erlischt. Das Selbst ist somit die Spur einer Berührung. Das Bewusstsein ist ein Berührtsein. Das Gesicht, in dem sich dieses Bewusstsein-Berührtsein abzeichnet, ist ebenso meines wie deines. Es ist ebenso meine Wange wie die Rinde der Traubenkirsche.

Der innere Sinn, in dem wir uns fühlen, umgreift das Innere der anderen Körper. Wir fühlen sie in unserem inneren Sinn ebenfalls, denn wir könnten, fühlten wir diese anderen Körper nicht als das Antlitz unserer Grenze, gar nicht fühlen. Weil wir eine Innenseite haben, hat die ganze Welt eine Innenseite. Wir erfassen alles als mit dieser Dimension der Innerlichkeit beseelt, denn dieses »Alles« ist mit uns an der Grenzfläche unseres Antlitzes geteilt. Es ist nicht »out there«, »dort drüben«, sondern »an mir«, »als ich«. Fühlen heißt zu erfahren, dass Materie Innerlichkeit hat. Diese Innerlichkeit kommt zu ihrem eigenen Leben durch das Begehren lebender Wesen, fortzuexistieren, sich zu entfalten, zu wachsen, sich zu verwandeln. Dieses Begehren macht aus der ganzen Welt einen gigantischen Innenraum. Die Welt wird zur *inscape,* zur »inwendigen Landschaft«, wie der irische Dichter Gerald Manley Hopkins sagte, zu einem Raum aus Körpern, die zugleich gefühlte Bedeutung ausstrahlen. Diese ist, durch die Körper, die deren andere Seite sind, immer sichtbar. Die

Innerlichkeit ist in Wahrheit der am deutlichsten sichtbare Aspekt jedes Körpers. Seine reine Sichtbarkeit ist Innerlichkeit.

Der Körper der Welt ist in unserem inneren Sinn – dem aus unserer emotionalen Berührtheit entstehenden Bewusstsein – präsent. Die Welt selbst präsentiert sich unserem inneren Sinn. Sie ist präsent als berührender Körper, als berührender Leib, und damit als Fühlen. Für Damasio ist es noch die »unbeantwortbare Frage: Woraus sind Gefühle gemacht? Wovon sind Gefühle die Wahrnehmung? Wie weit hinter Gefühle können wir noch zurückgehen?«[58] Doch wir können jetzt weiter als Damasio gehen. Wir können uns so weit in die Verwurzelung mit dem Fleisch der Wirklichkeit zurücktasten, dass wir wissen, dass wir im Fühlen deren Materie von innen sind. Die Welt ist Materie und darum ist sie Fühlen. Sie ist Fleisch und damit Durchdringung. Sie ist endlose Grenzfläche, und an ihr, immer wieder, in Myriaden von Formen: Fühlen. Alle Formen sind Erscheinungsweisen dieses Fühlens.

Alle Grenzflächen sind Botschafterinnen eines inneren Sinns, nicht eines inneren Sinns dort *drinnen,* sondern eines inneren Sinns der Welt, in dem wir aufgehoben sind, dadurch, dass wir ihn erspüren und auskosten. Dieser innere Sinn ist ebenso ganz innen wie ganz außen. Unser Fühlen bringt das Fühlen der Welt für uns ans Tageslicht. Aber dort ist es schon die ganze Zeit, indem es sich als Körper, als unendliche Vielfalt von Formationen der Materie, zeigt. Und in dieser Vielfalt spielen die Oberflächen der nichtmenschlichen Körper für unsere eigene Selbsterfahrung die gleiche Rolle wie der Ausdruck auf dem Gesicht anderer Menschen, wenn sie unseres sehen und das, was sie sehen, wieder auf uns zurückspiegeln. Wir können uns nur als lebende Individuen erfahren, indem wir uns in der Lebendigkeit der Welt spiegeln. Jeder einzelne ihrer lebenden Körper ist ein winziger Splitter in einem gigantischen Mosaik und spiegelt uns eine Facette unseres eigenen Fühlens zurück. Die Bäume sind unser Gesicht, mit dem wir uns selbst sehen.

Ohne das Antlitz der Bäume könnten wir unser Antlitz nicht empfinden – und damit auch nicht unsere Seele. Das Antlitz der Bäume, das ist die je eigene Biegung der Stämme, Äste, Verzweigungen und Stiele, der eigene Stil jeder einzelnen Art und jedes einzelnen Individuums, die sich in den Kronen treffen. Das Antlitz der Bäume ist ihre lebende Gestalt, ist die Geste des Lebens, die aus ihrem Wachstum spricht. Wir schauen, das Knistern des erwachenden Frühjahrs kribbelnd auf den eigenen Poren, nach oben und sehen, wie die unendlichen Möglichkeiten, Antlitz zu sein, im zögernden Tasten die Leere mit Verbindungen füllen. Astwerk als Antlitz, unsere eigenen Körper in den sich durch die Leere webenden Zweigen als beständiges Suchen nach Durchlass und Gemeinschaftlichkeit: ein Tasten, durch das Raum sich als Beziehung enthüllt und anbietet. Wir schauen durch die entleerten Fluren, und auf unserem Antlitz breitet sich Leere aus und Lähmung lässt unseren inneren Sinn ersterben.

Für unser Gefühl besteht die Welt selbst aus Fühlen, genau in dem Maß, wie sie Körper ist. Wir verlernen es nur so leicht wieder, ihr als solcher zu begegnen. Die Begegnung, die jeden der in ihr verwickelten Partner erst hervorbringt, ist das Grundmoment dieser Welt. Ich atme aus, der Baum atmet ein; ich verströme mich, der Baum baut sich auf: Wir atmen einander. Dieses Atmen ist das Innen der Welt, das in mir zu meinem eigenen Innen wird. »Geist erscheint dann nicht länger als exklusive oder private Substanz, sondern als Kaleidoskop von Wegen, auf denen die selbsterschaffene Erde über Äonen der Evolution gelernt hat, sich selbst zu organisieren. Geist ist Erde, die im Verlauf von 4,5 Milliarden Jahren Evolution über sich selbst reflektiert, durch eine schier unvorstellbare Zahl von empfindenden Körpern«, schrieb der Philosoph und Autor Martin Lee Mueller.[59] Dieser Geist ist zutiefst sinnlich. Er lebt. Zerstören wir dieses Leben – was derzeit die Hauptbeschäftigung der menschlichen Zivilisation zu sein scheint –, dann zerstören wir den Geist; wir zerstören das Innere der Welt. Wir vereiteln das, wonach die Welt aus sich selbst heraus begehrt.

Fühlen ist die lokale Erfahrung, wie sich das Begehren, ein ganzes Selbst zu sein, das allem zugrunde liegt und das alles vereint, realisiert. Gefühle sind der Prozess, durch den die Sehnsucht des Ganzen, bei sich selbst zu sein, transparent wird. Der Ort dieser Transparenz ist unsere je individuelle Erfahrung. Der Ort dieser Transparenz ist die stumme Feuchtigkeit in einer kleinen Vertiefung der Rinde. Der Ort dieser Transparenz ist der beschleunigte Rhythmus eines fremden Herzschlages, der in meinen Schläfen pocht. Berührung ist die ursprüngliche erotische Erfahrung. Berührung ist die Erfahrung, wie ein individuelles Stück Materie das andere, außer ihm liegende, empfängt und sich von ihm verwandeln lässt. In der Berührung empfinden wir die Lust des Wasserstoffs, sich vom Sauerstoff empfangen zu lassen und sich mit ihm zu vereinigen. Berührung ist die Urerfahrung, Welt zu sein: betroffene Schwere, die sich scheidet und zu finden begehrt.

Unsere Oberfläche, unsere Haut, ist unverzichtbar dafür, dass wir einen Innenraum, also die Erfahrung eines Selbsts, haben. Zugleich ist diese Oberfläche aber auch der Beginn all dessen, was wir nicht sind. An der Oberfläche trifft sich das Individuum mit dem Rest. Deshalb ist dieser ganze Rest ebenso sehr dafür verantwortlich, dass ein einzelnes Wesen die Erfahrung hat, es selbst zu sein. Ohne dieses Alles, das meine Grenzfläche ist, gibt es nicht dieses Selbst. Das Selbst als innere Erfahrung ist somit der Kontrapunkt im Ganzen der materiellen Welt. Es ist sein Fluchtpunkt, seine heimliche Essenz, und letztlich ist dieses kleine, individuelle Selbst identisch mit dem Selbst der Welt. Ohne die Grenzfläche der gesamten materiellen Wirklichkeit kein Selbst. Ohne dieses Selbst keine materielle Wirklichkeit.

Wir sehen mit den Augen der Welt. Unsere Oberfläche ist nicht nur die harte Grenze, an der wir enden, sondern sie ist zugleich der weiche Beginn des Anderen. Wir erfahren uns selbst durch die Berührung des Anderen und den Anderen durch seine Verwandlung in uns selbst. Auch unser Immunsystem funktioniert nach diesem Prinzip: Ein Antigen – etwa ein Virus – wird erst als solches erkannt, wenn eine eigene Körperzelle es auf ihrer Oberfläche anderen Immunzellen präsentiert. Wir sehen nicht nur durch unsere Augen, sondern durch die Augen der Welt. Wir fühlen nicht nur mit unserer Haut, sondern mit der Haut der Welt. Indem wir uns in unserer Haut fühlen und die Haut der Welt berühren, spürt sich die Welt in dieser Berührung. Sie spürt sich, indem stoffliche Veränderungen vorgehen, und sie spürt sich, indem die Erfahrung dieser Berührung sich als existenzielle Empfindung entfaltet. Ich bin mir sicher, dass in manchen Momenten, wenn uns die Welt berührt und uns mit ihrer Schönheit hinreißt, nicht wir allein es sind, die diese Berührung empfinden, sondern das Innere der Welt durch uns hindurch diese Erfahrung macht. Das intensive Ziehen, das mit der Erfahrung von Schönheit verbunden ist, ist die Welt, die sich auf unsere Wahrnehmung einschwingt, durch sie hindurch sich selbst erfährt. Wir sind Haut am Körper der Welt, die sich an anderer Haut treibt, die sich über deren Wärme, deren Feuchte, deren Glanz schiebt.

Ich erinnere mich an einen Abend im Spätsommer im selben Wald, der mir ein paar Jahre vorher im Frühling gezeigt hatte, wie Knospen durch die feste Wand der Borke platzen und sich Leben von innen erneuert. Die Sonne stand schräg über den Bäumen, kurz davor, hinter ihren Wipfeln zu verschwinden. Ihr spätes Licht gab dem Himmel einen Pfirsichschein, wie er nur um diese späten Sommernächte herum zu sehen ist, wenn das Licht bereits einen Hauch von Abschied enthält. Das weiche Waldgras blühte. Die Kiefern standen weit auseinander und gaben in ihren Zwischenräumen dem Gras Raum. Die Stengel mit den feinen, gefiederten Blüten hatten sich über die Spreiten erhoben und ihr dichter Bestand sah im Gegenlicht aus wie eine Energiewolke. Das Gras fing den Abglanz der Sonne und interpretierte ihn um, es glühte von innen, wie unter Strom gesetzt, so dass der ganze Waldboden eine Übersetzung der sinkenden Sonne war, die sich auf diese Weise in der Erde verankerte.

Ich saß im Gras, meine Ellenbogen berührten die feinen Rispen und ließen Funken stieben. Ich saß im Gras und sah die Sonne mit den Augen des Grases. Ich war selbst eine Rispe, die unter Strom gesetzt war und leuchtete. Mein Leuchten war innen, ich glühte nicht wie das Gras im Widerschein, sondern sah diesen Widerschein und lächelte innerlich. Mein Innen war das, was mein Außen war, ein Leuchten, ein In-Brand-gesetzt-Sein, ein Nicht-aufhören-Können, nach dem Empfang des ersten Funkens selbst zu glühen. Das Innen war das Außen, meine Grenzfläche, die das Gras berührte, war meine ganze lebendige Existenz. Die Sonne erschien nicht länger als Himmelskörper, der sich in der Drehung der Erde hinter dem Horizont langsam verlor, sondern als ein inneres Prinzip, das mir Leben spendete, und von dem ich zugleich ein deutlich sichtbares Echo überall um mich herum finden konnte. Die Sonne selbst enthüllte sich in ihrem Charakter als übermateriell, oder vielmehr: Sie verriet, dass ihre Materialität ein inneres Bedeutungsleben hat, nämlich Lebendigkeit und damit innere Erfahrung zu spenden – ja, innere Erfahrung zu sein, Licht als innerer Zustand, nicht nur als energetisches Phänomen.

Als die Sonne untergegangen war und diesige Schleier die Luft füllten, sah ich den Fuchs. Er stand nah am Rand des gegenüberliegenden Waldstücks und starrte mich an, ein Feuermal im verschwimmenden Abend. Sein Fell, in Flecken grau und rötlich flackernd, erschien wie elektrisch aufgeladen, ein Echo auf die verschwimmenden Farben der Sonne. Das Tier stand vielleicht zwanzig Schritte entfernt, und doch kam es mir vor, als sähe ich jede einzelne weiße Haarspitze. Alle bildeten zusammen einen Schleier von Licht um das Tier, ein mit den Augen sichtbares magnetisches Feld, ganz ähnlich wie die Rispen des weichen Waldgrases um meinen Sitzplatz. Der Fuchs blickte zu mir, ich blickte zum Fuchs, für ein Paar Augenblicke, in denen wir ganz das Bild erfüllten, gemeinsam.

Dann begann er zu bellen. Der Fuchs starrte mich an und bellte, in seiner hohen Fuchsstimme, die klingt wie ein langgezogenes und überartikuliertes WAUUUU – WAUUU – WAUUU. So kreischte er mich ein paar Mal aus der Nähe an, sprang dann ein paar Galoppschritte in den Wald hinein, drehte sich um und bellte wieder. Das wiederholte er ein paar Mal. Erst dann wendete er sich endgültig ab und trabte bellend in den Wald, immer wieder den Kopf wendend. Seine helle Stimme verschwamm zwischen den Bäumen, wie ein Faden lichter Farbe sich in einem Becken Wasser auflöst, aufgesogen und immer weiter verdünnt von der Feuchtigkeit und der Kühle, die vom Boden aufstiegen und sich zwischen den leeren Ästen ausbreiteten.

Eine Weile sah ich noch das Fell zwischen den Stämmen, orange und grau wie das sinkende Licht, dann war der Fuchs verschwunden wie eine flüchtige Eingebung. Bald war er nur noch ein unsichtbarer Gedanke. Gleichwohl hatte er das stumme Gleichgewicht der Stämme verändert, als hätte in ihm der ganze Wald eine andere Balance gefunden.

4 ERDE

Als Heranwachsender habe ich meine besten Stunden mit den Fingern in der Erde verbracht. Mit zwölf habe ich einen Gemüsegarten gepachtet. Eine Zeit lang hatte eine Familie aus der Nachbarschaft das dreieckige Stück Land zwischen der Straße, einem Kornfeld und dem Parkplatz bewirtschaftet. Ich schaute öfters hinüber, wenn ich sie im Garten arbeiten sah. Ich wünschte mir so etwas auch, obwohl ich nicht genau wusste, was dabei eigentlich zu tun war.

Meine Eltern hatten hinter ihrer Terrasse Büsche, Sträucher und ein paar Bäumchen gepflanzt und ansonsten vor allem Rasen gesät, wie alle anderen Reihenhausbewohner auch. Die einzige Art von Gartenarbeit, die ich kannte, bestand darin, den ratternden Handmäher über die Grasflächen in der Mitte der Siedlung zu schieben, für fünfzig Pfennig pro Einsatz. Aber dennoch war ich mir sicher, dass die Arbeit in der Erde und zwischen den wachsenden grünen Leibern etwas Köstliches sein musste.

Als die Nachbarn überraschend wegzogen, lag der Garten brach. Die Erde der Beete wucherte zu. Drei Reihen Erdbeeren verschwanden unter hohem Queckengras. Ich konnte ihre Früchte zwischen den Halmen schimmern sehen, als der Sommer kam. Vielleicht war das der Auslöser. Jedenfalls brachte ich meinen Vater dazu, den Garten für mich zu pachten. Der Zins erschien sogar mir als Kind lächerlich gering für das, was ich dafür erhielt. Ich hatte einen Garten, ganz allein.

Ich fing sogleich an. Das heißt, ich beschaffte mir Literatur. »Das große Buch vom Leben auf dem Lande« des Briten John Seymour wurde mein Katechismus. Aber ich kaufte noch mehr. Auf dem Scheitelpunkt meiner Gartenbegeisterung besaß ich einen Regalmeter Literatur zum Gemüseanbau. Wäre damals – in den frühen 1980er Jahren – schon die Permakultur populär gewesen, ich hätte mich auch in deren Theorie vertieft und ihre Prinzipien praktisch umzusetzen versucht.

Denn die Bücher waren kein Ersatz für die körperliche Arbeit, auch kein Vorwand, sie aufzuschieben. Eher ihre Intensivierung. Ich konnte tagsüber ein Stück Boden umstechen und abends vor dem Einschlafen noch durch die Seiten blättern und schauen, wie Seymour es machte. Ich zeichnete Pflanzpläne, topographische Sehnsuchtskarten, erdachte ehrgeizige Innovationen, sortierte die zur Verfügung stehenden Flächen immer wieder neu für Karotten und Kohlrabi, Bohnen und Borretsch. Das Nachdenken verdoppelte meine Lust, die Erde am nächsten Tag wieder mit den Händen zu berühren.

Die Erde war die Hauptperson. Ich begann, sobald der Frost nachließ, damit, das Land umzugraben. Mein Vater führte mir kurz vor, wie er es machte (ich begriff erst später, dass es ganz verschiedene Traditionen gibt, wie der Mutterboden aufgelockert und vorbereitet wird), und verließ dann das dreieckige Terrain. Er kam auch später nicht oft vorbei, meist nur, um mit ein paar kurzen Worten auf etwas hinzuweisen, was ich nicht so getan hatte, wie er meinte, dass es getan werden müsste. Der Maschendrahtzaun war zu niedrig. Die Beetumfassungen störten ihn. Aber es war mir egal. Ich hörte heraus, dass er Kritik nur äußerte, weil er glaubte, irgend etwas zu mir sagen zu müssen. Ihn selbst interessierte diese Arbeit gar nicht, und zum Glück ging er schnell wieder.

Ich war frei. Ich konnte alles probieren. Und ich musste dabei ganz von vorne beginnen. Den ersten Winter über träumte ich. Als das Frühjahr nahte, ging ich ins Gartengeschäft mit seinem ganz spezifischen Duft aus Humus, Pflanzensaft, Dünger und Gift und kaufte ein paar Beutel Samen: Salat, Radieschen, Petersilie, Dill, Porree, Gurken.

Noch heute sitzt das Gefühl in der Haut meiner Finger, das ich hatte, wenn ich eine Furche durch die umgestochene und geharkte Erde zog, die dann in murmelgroße Krumen zerfiel und an der Oberfläche leicht antrocknete, so wie sie auch auf der Oberfläche meiner Hand trocknete. Ohne die Bodennässe hatte die Erde ein gedecktes Grau. Frisch war sie tiefschwarz. Heute denke ich, dass dieses Stück Land außerordentlich fruchtbar gewesen sein muss. Der Boden sagte es, seine schimmernde Feuchte, sein Duft.

Das Unkraut sagte es auch. Ich war sehr ungeduldig mit den anderen Pflanzen, die dort wuchsen, wo ich die Saat meiner Schützlinge vergraben hatte. Gras vor allem, Ampfer, Mieren. Ich rupfte und hackte und hatte die Finger voller Erde. Ich war ungeduldig und versuchte, effizienter zu arbeiten, ersann gar rudimentäre Formen des Mulchens. Das alles aber brachte nicht viel Abhilfe. Ich kniete Nachmittage lang zwischen den Beeten und zog Gras und Kräuter aus dem Boden, der sich dort, wo die Wurzeln gewesen waren, bröckelnd zu kleinen Kratern öffnete. Die erdbedeckte

Haut meiner Hände spannte und verhakte sich im Stoff meiner Kleider, als wäre auch der Boden ein Wesen, das irgendwie mit mir kommunizierte und das mich veränderte, während ich auf es einwirkte.

Ich machte mir damals nicht so viele Gedanken über dieses Wesen, das an meiner Haut zog und meine Aufmerksamkeit gefesselt hielt. Ich plante mit ihm eher aus einer Perspektive kindlicher Lust an der Logistik, träumte von neuen Werkzeugen (eine Spatengabel!) und exotischen Gemüsen (Tomaten mussten stets auf der Küchenfensterbank nachreifen). Ich war eher mit dem ganzen Körper in dieses Wesen verwickelt, als seine Gegenwart zu kontemplieren. Und ich war nicht allein. Kaum schleppte ich die Gartengeräte aus dem Keller zur Haustür, stand schon der Dackel schwanzwedelnd davor.

Während ich die Krumen durchrührte, widmete sich der Hund seiner eigenen Art der Erdarbeit: Er grub Mäusen durch den Untergrund hinterher. Tatsächlich sah der Dackel unsere Aktivität im Kleingarten als eine Art gemeinschaftlicher Erdarbeit an. Für ihn war es wichtig, dass ich meinen Teil tat: Wenn ich am Spaten einmal pausierte und mir den Schweiß von der Stirn wischte, kläffte er mich an. Erst wenn ich die Klinge wieder in die Erde stieß, kehrte der Hund zufrieden in sein Loch zurück und begann seinerseits weiterzuwühlen.

Auch eine Amsel war an unserer Gärtnerei beteiligt. Sie saß auf einem Pfosten meines zu niedrigen Maschendrahtzauns und wartete darauf, dass ich zufällig einen Regenwurm herauswühlte. Auch die Amsel begann zu schimpfen, wenn ich mein Tempo verlangsamte. Ich hatte also drei Wächter, die meine Arbeit begleiteten: den Dackel, der aus seiner Sicht mit mir in einem gewaltigen Projekt vereinigt war, in dem wir ein ganzes Stück Land nach seinem Gehalt an Mäusen durchgruben; die Amsel, für die dieses Projekt die Suche nach Würmern bedeutete; und die Erde selbst, die uns alle trug, nährte und verband – und die zugleich unsere Bemühungen beständig wieder unterlief, weil sie ganz allein entschied, welche Art von Leben sie hervorbringen und zu tragen gedachte (Knöterich, Nachtschatten, Giersch). Aber in Wahrheit waren wir ja alle, Tiere und Pflanzen, Erscheinungsweisen dieser Erde.

Die Erde ist Mineral und sie ist Leben. Beides ist fruchtbar, beides ist aufeinander angewiesen, beides existiert durch einander hindurch. Beides folgt dem gleichen Begehren. Erde lehrt uns, dass Pflanze zu sein nichts anderes ist als Mineral zu sein, dass Fleisch zu sein nichts anderes heißt als Staub zu sein. Nicht, weil unser Fleisch letztlich Staub und nur unser Geist der Rettung fähig und auch wert wäre, sondern weil dieser Staub demselben Ursprung entstammt wie alle Körper. Die Erde ist letztlich auch unser empfindliches Fleisch, die Haut der Welt, die sich im Tasten, im Fließen, in den Wirbeln der Materie erfährt.

Diese Nähe unserer Angelegenheiten zu denen des fruchtbaren Bodens zeigt sich wieder einmal in der Weisheit der Sprache. Die Worte für Muttererde und für Mensch, »Humus« und *homo,* haben im lateinischen eine gemeinsame Wurzel. Das Adjektiv *humanus,* »menschlich«, »human«, besinnt sich auf diese Nähe. Diese hat auch eine seelische Dimension, die von Wörtern gespiegelt wird: »Humoral« heißt »den Körpersäften« entsprechend, seelisch gestimmt durch die verdauenden Verwandlungen des Körpers. Und das Adjektiv *humilis,* »demütig«, sieht uns, wie wir uns zum Boden hinabbeugen, ihm unsere Arbeit und Pflege schenken, damit wir uns als wert erweisen, etwas zurückzuerhalten. »Kultur« wäre hier ein »Kultivieren«: ein Bestellen des Bodes, das weniger aus dem Ausbringen von schwerem Schleppgeschirr auf dem Acker besteht als aus der zögernden Durchdringung des Anderen mit den eigenen staubverkrusteten Fingern: Kultur ist, als Erde-Sein, Zärtlichkeit.

Durchschnittlicher Mutterboden besteht zu 45 Prozent aus Mineral: aus Sandkörnern, Steinchen, Staub. Ungefähr ein Viertel des Oberbodens machen größere, kleinere und winzige Luftporen aus. Ein weiteres Viertel ist Wasser. Der Humusanteil des Erdreichs beträgt im Saldo gut vier Prozent. Ein halbes Prozent sind Wurzeln, also die den Boden bewohnenden Teile der Pflanzen. Nur ein viertel Prozent des Bodenvolumens besteht aus Organismen. Diese sind zumeist winzig, dafür aber ungeheuer zahl- und artenreich. Eine einzige Schaufel Erde kann mehr Spezies enthalten als der gesamte Amazonasregenwald. Die meisten von ihnen sind freilich Bakterien. Schon ein Teller Erde beherbergt mehr Individuen, als die Weltbevölkerung Menschen zählt. Das Gewicht der Mikroorganismen unter der Bodenfläche eines Fußballfelds entspricht dem von ein bis zwei Kühen.

Diese unsichtbare Welt ist nicht unbewegt und still, wie die verbreitete Idee der »stummen, kalten Erde« suggeriert, sondern bebt vor Begegnungen. So graben sich ausgewachsene Bäume jeweils etwa mit fünf Millionen aktiven Wurzelspitzen durch den Boden. Diese Haarwurzeln sind beständig in Bewegung. Sie wachsen voran und jagen dabei buchstäblich Wassertropfen und Nährstoffmoleküle, die sie dann verschlingen. Über unseren Köpfen, sanft mit den unbelaubten Zweigen in die Leere ausgreifend, scheint ein Baum ein statisches Gebilde zu sein, ein »Ding« par excellence. Unter der Erde aber, selbst im Winter, ist er ein quicklebendiges Wesen.

Für den Evolutionsbiologen Charles Darwin saß das kognitive Zentrum der Pflanze dort unten, in den Wurzelspitzen: Mit Millionen Hirnen ausgestattet, durchstreifen die beweglichen Härchen das Gemisch aus Mineral und Lebenssaft, das die Erde ausmacht. Der Baum selbst ist damit mehr als ein einzelnes Wesen. Das grünende Individuum ist eine Vielzahl kleinerer Individuen, eine Kolonie von einzelnen Interessen, ja, eigentlich schon ein Ökosystem. Er ist das Paradebeispiel für das »Maschenwerk aus selbstlosen Selbsten«, als das der theoretische Biologe und Buddhist Francisco Varela jedes Lebewesen auffasste.[60]

Dass auch Bäume ein »geheimes Leben« (Peter Wohlleben) haben, in dem sie fühlen und kommunizieren, ist nach vierzig Jahren botanischer Skepsis, derzufolge Pflanzen bestenfalls als Objekte betrachtet werden durften, wieder intensiver Thema der Forschung – und Gegenstand der Erleichterung vieler Menschen. Ein Stück unserer wachen Empfindung stimmt also doch! Bäume illustrieren nicht nur, dass sie (wie alle Pflanzen und überhaupt alle Organismen) empfindsame Wesen sind, sie zeigen darin auch gleich, dass Empfinden keine exklusive Perspektive eines Einzelnen ist, sondern ein Gemeinschaftswerk. Bäume sind im Boden Teilnehmende an einer Wechselseitigkeit von Leben, die nicht nur andere Holzgewächse und die übrigen Pflanzen einschließt, sondern auch Pilze und Bakterien.

Alle zusammen bilden das sogenannte Wood-Wide-Web, ein Maschenwerk von Kommunikations- und Versorgungsadern, das alle Wesen im Boden verbindet und zu dem alle beisteuern. Durch die unterirdischen Pipelines dieses Netzes versorgen die großen die kleineren – auch artfremden – Bäume in Zeiten von Nährstoffmangel und sommerlicher Dürre mit. Das zeigt wieder einmal, dass sich eigentlich kein Begriff eines einzelnen Baums bilden lässt. Jedes Gewächs ist Auswuchs der Erde, und diese ist bereits das Netz der Gegenseitigkeit, das alles verbindet.

Pilze sind in diesem Maschenwerk die Überbringer lebenswichtiger Stoffe. Wie Hermes, der Bote, stiften sie Beziehung und somit auch Poesie. Ein Teelöffel Walderde kann 15 Kilometer Pilzmyzelfäden enthalten, so winzig sind diese Zellschnüre, die sich meist nur unter mikroskopischer Vergrößerung beobachten lassen. Pilze wachsen teilweise bis in die Zellwände der Pflanzenwurzeln hinein, um Stoffe direkt zwischen den Zellen auszutauschen. Ihre Ausläufer schmiegen sich aufs Engste an die Oberfläche der Haarwurzeln. Die Pilzfäden ihrerseits sind von winzigen Bakterien erfüllt, die wiederum mit dem Myzel, das sie trägt, in einer Verbindung stehen, die auf gegenseitige Versorgung ausgerichtet ist. Diese Pilz-Wurzel-Gemeinschaft, »Mykorrhiza« genannt, hat die flächendeckende Begrünung der Erde erst möglich gemacht.

Was einem einzelnen Wesen nützt und was einem anderen, ist im Boden nicht mehr voneinander zu trennen. Ähnlich ist es bei den endosymbiontischen Bakterien in unserem Darm. Diese sind zwar nicht genetischer Bestandteil unseres Körpers, doch erfüllen sie essenzielle Funktionen, damit seine Lebensvorgänge aufrecht erhalten werden können. Wenn unser Körper als abgeschlossene Einheit betrachtet wird, dann sind Darmbakterien Eindringlinge von außerhalb, und doch können wir nicht ohne sie existieren. So ist es auch im Boden, der in vielerlei Hinsicht ein

Verdauungsorgan ist. Die Lebenssphären überschneiden und durchdringen sich. Was ist Eigenes? Was ist Fremdes? Die Welt der Erde, das Reich des Tellurischen, ist kein Ort der festliegenden Besitztümer – sie ist eine Allmende, ein gemeinschaffender Prozess, der sich aus einer beständigen gegenseitigen Verwandlung stets neu hervorbringt.

Dass diese Verwandlung immer wieder möglich wird, liegt aber nicht nur an der symbiotischen Natur des ganzen Lebensreichs. Es liegt auch daran, dass alle Materie gemeinsam und geschlossen dieses Lebensreich bildet. Die einzelnen Teilnehmenden am Lebenskreislauf entstammen alle einer Essenz. Leben und Staub sind identisch. Der Erdboden zeigt, dass es keine getrennten Domänen zwischen dem organischen und dem mineralischen Anteil gibt. Das lässt sich eindrucksvoll nachvollziehen, wenn man die einzelnen Bodenpartikel genau untersucht. Diese sogenannten Mikroaggregate sind Stein und Haut zugleich, auf unentwirrbare Weise vermischt.[61] Was Sand ist und was belebte Schicht, lässt sich darin kaum noch voneinander scheiden – schon gar nicht, ohne ein solches Aggregat zu zerstören.

Im Grunde gleichen solche mineralischen Zusammenschlüsse selbst den Zellen eines Organismus. Wie diese bestehen sie aus einer Mischung von belebten und unbelebten Partikeln und sind nach außen mehr oder weniger abgeschlossen. Zwischen den winzigen Sand- und Tonkristallen solcher Aggregate sitzen mikroskopisch kleine Klümpchen, die eine Mischung aus Bakterien, von Lebewesen ausgeschiedenen organischen Stoffen und Mineralien darstellen. Pilz- und Wurzelhaare umspinnen diese Verklumpungen, an denen sich der Informationsaustausch des Bodens abspielt. Die Zellen eines Körpers sind umgekehrt wiederum mineralische Aggregate im Kleinsten: So schwappt, wie inzwischen erkannt wurde, das Körperwasser nicht in Tröpfchenform durch die Zelle, sondern jedes Wasserteilchen ist individuell in die molekularen Strukturen der Zelle eingesponnen. Das Organische und das Anorganische sind nicht voneinander zu trennen – weder im Boden noch in der biologischen Substanz.

In ihrem legendären Werk »Mille Plateaus« haben der französische Philosoph Gilles Deleuze und der Psychoanalytiker Félix Guattari diese Agglomeration beschrieben, in der sich einzelne Individuen gegenseitig verwandeln und durchdringen. Sie nannten sie »Rhizom«. Als Leitbild diente ihnen also der Begriff einer Pflanzenstruktur, die im Untergrund mit anderen Strukturen verflochten ist. Daraus folgerten Deleuze und Guattari: Die Welt selbst ist rhizomatisch, ist ein unentwirrbares Gemisch einzelner Teilnehmender, die in ihrem Substrat nicht nur verwurzelt, sondern mit diesem verknüpft sind und in dieses übergehen. Deleuze und Guattari sprachen dabei auch von »der Weisheit der Pflanzen«: »Selbst wenn sie Wurzeln haben, gibt es immer eine Außenseite, wo sie ein Rhizom mit etwas anderem formen – mit dem Wind, einem Tier, mit menschlichen Wesen«.[62] Was Deleuze und Guattari eigentlich meinten, als sie das Stichwort »Rhizom« in die philosophische Debatte einführten, war tatsächlich die eben vorgestellte »Mykorrhiza«, das amorphe Gewebe im Boden irdischer Ökosysteme, das sich aus allem speist, das alle nährt, und mit Leben versorgt. Aus der Perspektive der Mikroaggregate betrachtet, ist das Mineral selbst ein Rhizom.

Durch die eingehende Betrachtung des Rhizoms können wir einen anderen Umgang mit der Wirklichkeit erlernen. Aus rhizomatischer Perspektive verliert diese alle Dualitäten, alle gegensätzlichen Gegenüberstellungen wie Ich – Du, Freund – Feind, gut – böse, weil an irgendeiner Stelle alle immer mit allen anderen verbunden sind. Die Wirklichkeit aus der Perspektive des Rhizoms zeichnet sich für Deleuze und Guattari durch folgende Eigenschaften aus: 1. Verbindung, 2. Unterschiedlichkeit, 3. Mannigfaltigkeit, 4. Eindeutigkeit verweigernde Struktur (die Getrenntheit des Rhizoms ist Teil seiner Einheit), 5. das Prinzip der Kartographie und 6. der Dekalkomanie. Die »Dekalkomanie« ist eine künstlerische Technik, bei der ein Bild dadurch entsteht, dass ein Objekt mit Farbe getränkt wird und seine Spur auf einem Untergrund hinterlässt – ein »Abklatsch«. Jede Geste im Rhizom der Wirklichkeit ist demnach ein Abklatsch einer anderen. Nichts ist bloßes Echo, nichts ist nur Abbildung, sondern jede Berührung ist stets eine Transformation. Alles individuelle Wachstum ist die Verwandlung der Handlung eines Anderen in die eigene Geste.

Mein Fleisch ist auch das der Tomaten. Es besteht aus denselben Kohlenstoffatomen, doch in einer verwandelten Wirklichkeit, in einer anderen individuellen Empfindung. In Wahrheit ist jedes Rhizom damit ein Nervensystem: Es erlaubt die Erfahrung des Anderen als Erfahrung meiner selbst. Auch die Erde als solche ist bereits ein Nervensystem. Weil ich ihr Teil bin, ist sie mein und bin ich ihr Sinnesorgan. Weil wir Erde sind, können wir als Mineral fühlen. Wir sind Stein – aber in der Erfahrung, Stein zu sein, erfassen wir, dass als Stein zu existieren heißt, sich beständig so zu verwandeln, dass die eigene Erfahrung als Fleisch geboren wird.

Weil ein Rhizom sich beständig selbst erkundet und durcharbeitet, bringen die dadurch entstehenden, bisher nicht dagewesenen, Verknüpfungen sowohl radikale Neuheit hervor als auch das immer Gleiche. Das Leben, das aus der Erde wächst, kann kein anderes Prinzip vertreten als das Mineralische, in dem es sich gefunden hat. Aber das Mineralische ist bereits das Lebendige. Es ist ein Durcharbeiten des Alleraltesten und entdeckt gerade darin unerhörte Erfahrungen. Das Prinzip des Mineralischen ist das Leben, denn es folgt der Neugier auf die eigene Fruchtbarkeit.

Die pulsierende Zelle ist nichts anderes als der Stein, der sich selbst in verwandelter Form gegenübertritt.

Am Neujahrstag habe ich mich auf den Waldboden gelegt. Es war ein stiller, grauer Nachmittag, ein Aufatmen nach dem Dauerbeschuss des Silvester-Feuerwerks. Die Temperatur der Luft lag knapp über dem Gefrierpunkt. Die feuchten Blätter, die algenbewachsenen Borken der Bäume, der nasse Sand unter meinen Füßen atmeten ihre kühle Besonnenheit aus, und ich atmete sie ein. Alles war still und ruhig. Das Jahr hatte gerade begonnen – und zugleich war hier nichts neu, alles wiegte sich in seinem eigenen, eigensinnigen, verschwiegenen Rhythmus. Kaum Wind, eine Spur feinverteilter Feuchtigkeit in der Luft. Ich legte mich auf die Erde, so dass ich den Himmel durch die entlaubten Äste sehen konnte, die ins Leere ausgreifenden Bäume, die den Raum mit Beziehung füllten. Die Kälte war sofort spürbar, sie betäubte meinen Rücken, flächig, auf einen Schlag. Ich blieb liegen. Ich fühlte, wie die Feuchtigkeit durch meinen Mantel schlug – oder war es mein Körper, der sich nach unten ins feuchte Erdreich hinein ausbreitete?

Ich versuchte mir vorzustellen, dass mein Körper, in seiner Zusammensetzung selbst schon ganz Erde, sich in den großen Körper der Erde erweiterte. Aufgelöst und gehalten. Ich sah von unten die Äste der Eiche, gedrungen, verdreht, in erstarrten Gesten in den Himmel greifend. Ich blickte in die schlankeren Wedel des Ahorns. Kaum eine Bewegung war zu spüren, nur ein leises peristaltisches Schwanken, welches das Flechtwerk manchmal durchzog. Ich lag dort, angezogen von der Kälte unter mir, und fühlte, wie der große Körper der Erde meinen eigenen Körper zärtlich über dem leeren Raum des Weltalls hielt.[63] Der Himmel ein Abgrund, ich in vollkommenem Vertrauen über der Leere geborgen. Ich blickte hinab, nicht hinauf. Die Zweige wurden zu Algen und Pflanzenwedeln unter einer langsam bewegten Wasseroberfläche. Die Kristallwolken meines Atems sanken in die Flüssigkeit des sinkenden Abends hinab und lösten sich in ihr auf.

Auch das Mineralische ist eine Dimension, in der wir existieren. Wir selbst sind zu mehr als der Hälfte aus Wasser. Ein Fünftel unseres Gewichts macht der Kalk unserer Knochen aus. Auch Stein ist somit fester Bestandteil biologischer Körper, nicht nur Kohlenstoff. Kalzium und Magnesium, Schwefel und Phosphor – das bin ich! Neben dem Kalkgestein der Knochen enthält unser Körper noch viele andere Elemente des chemischen Periodensystems, darunter eine Menge Metall. Jeder Mensch trägt jeweils einige Gramm Eisen, Zink, Blei, Kupfer, Aluminium, Cadmium, Zinn, Nickel, Chrom und Quecksilber in sich. Aber unser Körper birgt diese Stoffe nicht wie ein Behälter seinen Inhalt. Denn wir sind ja dieser Körper, und somit sind wir auch diese Stoffe.

Unsere innere Erfahrung ist eine Weise, wie sich diese Stoffe, aus denen wir bestehen, selbst erleben. Wir sind sozusagen Eisen, das sich spüren kann. Ein positiv geladenes Eisenatom bildet jeweils das Zentrum der Hämoglobin-Moleküle innerhalb der roten Blutkörperchen, die Sauerstoff durch unseren Körper transportieren. Bei Krebsen und anderen Krustentieren ist das Sauerstoff-Transportmolekül um ein Kupfer-Ion gruppiert – daher erscheint die Körperflüssigkeit bläulich. Auch im Herzen des Chlorophylls, mit dem Pflanzen Energie aus der Sonne gewinnen, sitzt ein Metall-Atom, in diesem Fall Mangan. Die Moleküle, die im Zentrum des Stoffwechsels von Wesen aus ganz verschiedenen Lebensreichen stehen, sind jeweils um ein Mineral herum gruppiert. Aber warum? Warum tragen wir in unserem Innersten ein elektrisch geladenes Metall? Warum bestehen wir – und mit uns alles Leben – in unserem Kern aus Erz?

Dieses Rätsel ist nach wie vor ungelöst. Schon seit Jahrzehnten grübeln in Chemie und Biologie Forschende darüber, wie sich das Organische vom Anorganischen abgesetzt und abgegrenzt haben könnte. Und nicht nur wie das Leben entstanden ist, ist bis heute nicht verstanden, auch die Frage, was Leben eigentlich ist, hat bislang keine eindeutige Antwort, die man etwa im Biologiestudium lernen könnte. Die Seiten dieses Buches sind der Ausdruck dieses wissenschaftlichen und philosophischen Vakuums – und zugleich ein tastender Versuch, es behutsam zu füllen.

Auf der Suche nach dem Ursprung des Leben wurde bislang vor allem nach Kriterien gefahndet, die Leben von Nicht-Leben unterscheiden. Dabei wurde etwa versucht, einfachste Prozesse nachzubilden, in denen die Moleküle, in denen Erbinformationen verschlüsselt sind, sich selbst vor Zerfall schützen oder gar vervielfachen. Oder Forschende versuchen zu ergründen, wie eine primitive Fetthülle um eine erste Zelle ausgesehen haben könnte, und synthetisieren diese dann im Labor.

In den letzten Jahren hat der Londoner Biologe Nick Lane die Frage nach dem Ursprung des Lebens mit Erfolg neu gestellt. Lane drehte dabei die Blickrichtung um: Nicht, worin sich Lebewesen von der sie umgebenden unbelebten Welt unterscheiden, interessiert ihn, sondern was umgekehrt in dieser anorganischen Umgebung eine Vorstufe von Leben sein könnte. Der Biologe will also nicht zeigen, wie sich Organismen von der Umwelt abgeschieden haben. Stattdessen ergründet er, wie elektrochemische Ungleichheiten in der natürlichen Umgebung gerade solche energetischen Prozesse begünstigen, wie sie auch innerhalb von Lebewesen ablaufen. Wie vermag sich in Erde, Stein und Wasser ein Energiegefälle herauszubilden, das ein Lebewesen ausbeuten kann? Sind Lebewesen ursprünglich solche natürlichen energetischen Prozesse, die sich von ihrer Ursprungsumgebung abgelöst haben? Könnte es also sein, dass das Leben als elektrochemischer Prozess in der mineralischen Welt begann, der dann vom Inneren der ersten Organismen gleichsam in ihre eben erst geborenen Zellen eingefaltet und mitgenommen wurde?

Lane glaubt, dass am Ursprung des Lebens möglicherweise winzige Poren in Felsen am Meeresgrund standen, nicht größer als heutige Bakterienzellen. Solche Poren gibt es heute noch tief am Grund der Ozeane, wo heißes, schwefelhaltiges Wasser aus dem vulkanischen Boden in die kalte Tiefsee heraufsprudelt. Hier spielen sich in den Wänden winziger Hohlräume im durchlässigen Fels ähnliche Reaktionen ab wie bei der Zellatmung, die dem Stoffwechsel aller Lebewesen seine Energie liefert.[64]

Auch heute erhält jedes Wesen seine Energie durch eine Kette von Elektronenübertragungen, wie sie in den Nischen der Unterseefelsen stattfinden. In diesen Reaktionen spielen geladene Metall-Teilchen eine entscheidende Rolle. Lanes Idee vom Lebensursprung könnte darum erklären, warum Minerale im Zentrum der Biomoleküle, durch die Organismen ihre Stoffwechselenergie erhalten, reaktive Zentren bilden, wie Eisen im Blutfarbstoff Hämoglobin, Mangan im Chlorophyll der Pflanzen, Eisensulfid im Ferredoxin, das in unserem Metabolismus ebenfalls eine zentrale Rolle inne hat.

»Die Kerne unserer Enzyme sind immer noch die Mineralien, an denen das Leben untermeerisch entstand«,[65] meinte Lane. Und fügt hinzu: »Die Unterscheidung zwischen einem geologisch aktiven Planeten« – also einem Planeten wie der Erde mit Vulkanismus und sich bewegenden Kontinentalplatten – »und einer lebenden Zelle ist nur eine Frage der Definition. Es gibt keinen hart gezogenen Trennstrich zwischen beiden. Geochemie geht nahtlos in Biochemie über.«[66] Die ersten Organismen waren noch halb der Fels, aus dem die untermeerischen Quellen sprudelten. Sie hatten das Mineral als Außenhaut und nicht in sich. Wir haben es umgedreht und den metallhaltigen Fels in unseren Körpern, *als* unsere Körper, und der Saft der Zellen ist unser inneres Meer.

Die frühesten Wesen bauten den Mineralstoffwechsel in ihre Hüllen ein. Diese frühen Wesen waren noch nicht in der Lage, sich aus dem Fels zu lösen, sondern entsprachen weitgehend einer mineralischen Pore. Das Neue bestand darin, dass das junge Leben die Außenwelt in sein Inneres einschloss. Wie in späteren Phasen der

Naturgeschichte höhere Zellen dadurch entstanden, dass einige Bakterien andere in ihren eigenen Körper integrierten und von nun an den Stoffwechsel dieser inneren Symbionten für sich nutzten, umhüllten die ersten Lebensformen gewissermaßen den ganzen anorganischen Planeten. Bis heute tragen wir ihn in unserem Inneren.

»CO_2, Fels und Wasser müssen auf dem Einkaufszettel stehen, wenn man Leben herstellen will«, sagt Nick Lane etwas flapsig.[67] Er glaubt, dass der Beginn des Lebens keine besonderen Umstände benötigt, die nur in Äonen einmal gegeben sind, und nur an ganz besonderen Orten wie der Erde. Denn die genannten Bestandteile gibt es im Universum in unbegrenzter Menge. Der Kosmos besteht aus ihnen – den Grundbausteinen des Lebens. Das würde heißen, dass Organismen nicht nur auf der Erde ein einziges Mal entstanden sind, sondern im ganzen All so gesetzmäßig auftreten wie eine chemische Reaktion, wenn die Bestandteile vorliegen und die richtigen Bedingungen gegeben sind. Fügt man Zucker und Wasser zusammen und gibt Wärme hinzu, so löst sich der Zucker auf und es entsteht eine süß schmeckende Flüssigkeit – immer, mit gesetzhafter Regelmäßigkeit.

Das Leben ist Teil eines größeren kosmischen Stoffwechsels. Zugleich integriert es diesen in sich selbst und macht ihn gleichsam portabel, um sich als Leben immer weiter zu differenzieren. Dadurch sind wir Lebewesen einerseits »nichts anderes« als dieser kosmische physikochemische Prozess. So fasst ein Kollege Lanes, der US-amerikanische Physiker Sean Carroll, organische Prozesse als Phänomene auf, welche die ohnehin im Universum stattfindenden physikochemischen Reaktionen katalysieren und dadurch beschleunigen: »Wie die Schleifen, die Kondensmilch bildet, wenn sie sich mit dem Kaffee mischt, ist die wundersame Komplexität biologischer Organismen eine natürliche Konsequenz der verstreichenden Zeit«, so Carroll.[68] Andererseits enthüllt sich die Materie, die sich mit der Zeit beständig verwandelt, als durch und durch von innerer Erfahrung erfüllt. Denn Lebendigkeit ist innere Erfahrung. Auch diese Innerlichkeit ist somit eine natürliche Konsequenz der verstreichenden Zeit.

Die lebende Matrix ist ein Raum der Berührung, Durchdringung und Verwandlung. Die Erde zeigt uns, dass die Welt aus Beziehungen gebildet ist, dass aber jede Beziehung Verwandlung bedeutet. Erst die unaufhörliche Durchdringung der jeweiligen Seiten stiftet Verbindung. Nicht die Berührung zwischen unveränderlichen Subjekten ist somit das Prinzip der Wirklichkeit, sondern eine beständige Metamorphose. Der Wandel ist das Ewige, die Individualität das Ephemere. Nicht »die Beziehung« ist primordial, sondern die in ihr ins Werk gesetzte Transformation. In-Beziehung-Sein ist die Bedingung jener dauernden Metamorphose. Alles ist Verwandlung. Die Welt ist Beziehung, insoweit sie sich der Verwandlung hingibt. Die lebende Matrix ist niemals still, niemals endgültig in Ruhe mit sich selbst, sondern immer schöpferisch, und das heißt in einem dauernden Prozess der Zerstörung und der Geburt begriffen. Dieser Prozess von Verwesung und Entstehung, bildet im Erdreich den Duft des Humosen, den Wald- und Pilzgeruch, den viele Menschen so lieben und dem Mediziner neuerdings eine gesundheitsfördernde Wirksamkeit bescheinigen.

Das All ist ein großer gebärender Körper, der sich selbst erschafft, sich absondert, vereinsamt, nach Begegnung lechzt, sich mit sich selbst vereinigt, sich berührt, und sich erneut vermischt. Diesen Charakter hat sowohl das Mineral als auch das Gewebe der feinen organischen Schlieren darin. Mag auch der Leib abgegrenzt sein, indem er sich durch die Erde windet, weil er andere Leiber sucht und wiederum andere meidet, so ist er doch selbst nur denkbar, indem er immer wieder das Andere seiner selbst, das Anorganische inkorporiert.

Das Lebende ist die Wurzelspitze des Wandels, die sich aktiv durch die Körnchen bohrt, aber in diesem Wandel ist es nichts anderes als alles. In den Mikroaggregaten der Erde, welche die Zentren der Bodenfruchtbarkeit ausmachen, in den Poren im warmen Fels, an denen einst energetische Austauschbeziehungen diesen dauernden Wandel noch beschleunigten, ihn feierten und schließlich hinter Membranen in eine trügerische und immer wieder aufgehobene Sicherheit brachten, ist die Ungeschiedenheit des Lebens von der Materie erwiesen. Im Begehren nach Wandlung in Durchdringung zeigt sich, wie sehr Materie lebt, und wie sehr unser Leben – und unser Fühlen, unser Bewusstsein – Materie ist.

Alles ist von einer umfassenden Matrix umgriffen, die sich immer neu hervorbringt: Ein mütterliches Milieu, aus dem Neues hervorgeht und in dem Neues genährt und gehegt wird, ein Milieu, dem Zärtlichkeit gegenüber dem Fruchtbarsein eignet. »Matrix« hieß ursprünglich »Gebärmutter« oder »Muttertier«. Auch »Materie« – von lateinisch *mater*, »Mutter« – hat dieselbe Wortwurzel. Der Mutterboden ist das Mütterliche als Stoff, nämlich das, was sich aus sich selbst heraus verwandelt, im Vertrauen auf die stiftende Kraft dieser Verwandlung. Die Erde ist die Gebärmutter der Verwandlung. Wir können in ihr Weisen der Mütterlichkeit noch vor jeder Zuschreibung ans Weibliche ablesen. Denn »das Mütterliche kommt vor dem Weiblichen«, wie die australische Philosophin Freya Mathews beobachtete.[69]

Drehen wir die Blickrichtung um. Lassen wir unsere Finger durch die Mikroaggregate und klebrigen Fäden der Materie gleiten, um zu verstehen, dass das Mütterliche zur Teilhabe am Rhizom schöpferischer Fruchtbarkeit einlädt. Von hier können wir beides neu erfassen: Was es heißen kann, sich mütterlich zu gebärden, und wie sehr uns die Materie hält, wie sehr also wir aus der Mütterlichkeit kommen. Das

Mütterliche ist Produktivität, Lassenskraft, Unwille zur Ausgrenzung und radikale Verwundbarkeit. Das ist keine »heterodoxe Zuschreibung«, wie Mütterliches zu sein habe, keine Extrapolation der Mutter als kultureller Institution, sondern vielmehr ein »autodoxes« Erfassen des Mütterlichen, noch bevor ein Begriff von »Mutter« sich bildet: als die umgreifende Haltung der Materie, und als die umgreifende Haltung dessen, das in mir, als ich, fruchtbar ist. Das Mütterliche geht auch dem Männlichen voran.

Diese Mütterlichkeit der Wirklichkeit ist keine theoretische Angelegenheit, sondern zuerst eine Erfahrung mit der Haut. Muttererde lebt, indem sich in ihr das Mineral mit dem Lebendigen so vermischt, dass es keine fundamentale Differenz gibt, sondern sich alles zu einem lebensspendenden Charakter mischt: zu inniger Überschneidung, schöpferischer Vermischung und gegenseitiger Verwandlung. Weil die mütterliche Materie Fruchtbarkeit begehrt, hat sie ein Ziel. Verweigern wir ihr diese Fruchtbarkeit, kann sie das Ziel verfehlen.

Die Nähe oder Ferne zu dieser mütterlichen Fruchtbarkeit ist das Ur-Idiom einer Sprache der Welt. Materie ist rhizomatisch. Sie ist nicht in anonyme Partikel aufgesplittert, die miteinander in Konkurrenz stehen. Sie ist vielmehr ein Gewebe, in dem das Eine in das Andere übergeht und dieses sich weiter verwandelt, so dass man immer das Ganze in der Hand hat, wenn man eine einzige Stelle berührt.

5 ATEM

In den letzten Wochen haben wir uns ein Winterritual angewöhnt, das nur wenige unserer Berliner Nachbarn verstehen. Wir beginnen es, wenn die Sonne ihre schrägen Strahlen unterhalb der Wolken am westlichen Abendhimmel hervorsendet. Die Wolken sind eindrucksvoll farbig in dieser Jahreszeit, wenn die Luft kälter wird, die Farben aber wärmer, oft eine Mischung aus Gold und hellem Violett, wie auf mittelalterlichen Altarbildern. Wenn die Dämmerung fällt, steigen wir aufs Fahrrad und machen uns auf in den Grunewald, keine fünf Minuten entfernt.

Wir haben es eilig, die von kahlen Platanen flankierten Straßen hinter uns zu lassen, über die breite Brücke, auf der die Ausfallstraße über die Gleise der S-Bahn und der Fernbahn führt. Zu dieser Stunde rauschen Autos und Lastzüge nach Westen in Richtung der Vororte. Sie lassen ein schimmerndes Kielwasser roter Rückleuchten hinter sich, einen Sonnenuntergang anderer Art. Nachbarn und Bekannte fragen uns, ob wir zu dieser Stunde wirklich noch einmal los möchten: »Seid ihr sicher, dass ihr jetzt in den bösen, dunklen Wald wollt?« Ja, das sind wir.

Die Routine unserer abendlichen Fahrten begann zufällig, meiner Art geschuldet, das Schreiben in den Stunden nach dem Mittagessen zu organisieren. Ich versuche, so viel Arbeit wie möglich zu schaffen, bevor die Dämmerung sich senkt. Wenn es dann Zeit ist, aufzubrechen, bewege ich mich oft nicht, weil ich dabei bin, die Sonne zu beobachten, die zwischen treibenden Farben sinkt und jeden fliehenden Augenblick einzigartig und zerbrechlich macht. Jedesmal kommt es mir vor, als würde ich ein ewiges Prinzip am Werk sehen, das ich noch nicht zur Gänze verstanden habe. Daher ist es meistens schon fast dunkel, wenn wir das Haus verlassen.

Auch beim letzten Mal, als wir gefahren sind, klappte ich am Waldrand mit einem Klack den Dynamo in die Ruhestellung. Im Wald war die Atmosphäre sofort anders, ein milder Schock. Äste und Zweige streckten sich in die dämmrige Luft, die nach

Wald roch, nach einem anderen Reich als die Welt außerhalb. Immer noch lagen Stämme quer über dem Pfad, nach dem letzten großen Sturm vor mehr als einem Jahr, und wir mussten sie vorsichtig umgehen. Kein Ton in der Luft, abgesehen vom Rauschen des Verkehrs draußen, das mit jeder Umdrehung unserer Felgen schwächer wurde.

Während wir tiefer zwischen die Bäume eintauchten, begannen auch wir zu schweigen. Wir ließen unsere Haut von dieser anderen Haut begrüßen, von diesen unzählbaren kleinen Kontaktaufnahmen durch Luft, Feuchtigkeit, Fahrtwind, Duft – durch Moleküle, die sich an die Schleimhäute im Inneren unserer Nasen hafteten, durch ein vages Restleuchten des Tages, in dem unsere Augen auf das periphere Sehen umschalteten. Die wenigen winterlichen Blätter und die Nadeln der Kiefern entließen ihr feuchtes und kühles Aroma, das mich auf einer Welle von Fröhlichkeit emportrug. Es schien eine Saite in mir zu berühren, eine Faser in meinem Körper, die tief in meinem Fleisch verborgen ist: dass ich auf meine ganz eigene Weise ein Brocken Erde bin. Der Wald wirkte tot, öde, still. Aber ich konnte fühlen, dass er sich unter der Winterstarre regte. Ich konnte riechen, dass der Boden lebendig war, ich nahm die Ausstrahlung eines anderen Lebensorgans wahr, mit einem Sinn, den wir nicht benennen können. Vielleicht ist es die Erfahrung, innerhalb eines riesigen Ganzen zu sein, das nicht nur Ding ist, sondern fokussierte Erfahrung, ein Selbst, oder eine Gemeinschaft von Selbsten, genau wie ich es bin.

Während die Dunkelheit sich tiefer senkte, in den Minuten, die wir durch den Wald radelten, begannen wir immer mehr zu sehen. Der Forst differenzierte sich in feine und feinere Abstufungen von blasserem und dunklerem Grau, als ob jede Rinde, jeder Zweig und der kühle Boden ein Licht ohne Farben emittierten. Alles erhellte sich, wo tiefe Dunkelheit hätte sein sollen. Die Nacht zwischen den Bäumen war heller als die Nacht auf den gut beleuchteten Straßen. Dort erschaffen die Lampen überall Finsternis, wohin ihr Lichtkegel nicht reicht. Wenn das unsere Nachbarn wüssten!

Dann hörten wir das erste entfernte Krächzen, irgendwo in der blassen Luft über uns. Ein Ruf, der von nirgendwo kam und über unseren Köpfen verflatterte, rasch von der kalten Luft auseinandergerissen. Ein weiteres Krächzen ertönte, dann noch eins, in leicht unterschiedlicher Tonlage, schon etwas dichter. Dann regneten immer weitere Rufe durch die Luft, stetig lauter, sich nähernd, gurrend, krächzend, rauh, schrill, gemischt mit vereinzeltem Gackern. Die Krähen hatten begonnen, sich in der Luft über unseren Köpfen zu sammeln und dort in breiten Bahnen zu kreisen.

Wir fuhren zu einer Lichtung, die im Lauf der letzten Jahre unsere geworden war. Sie war uns ein Ruheort während langer Frühlingsabende geworden, wo sie vom

Gesang der Amseln, Singdrosseln und Rotkehlchen widerhallte. Wir hatten uns auf der Lichtung um die kleine Eiche gekümmert, zu der wir in jenem halben Jahr der Dürre 2018 fast an jedem Abend gefahren waren, um sie zu wässern.

Die Rufe wurden lauter, rauher, sie lösten sich voneinander und zerbrachen in der Luft, intensiv, den Himmel mit gutturaler Stimme füllend. Es war das Lied des Winters, roher, gebrochener, schroffer als das vielstimmige Konzert des Sommers. Und doch war es immer noch die gleiche, atemberaubende Erfahrung zappelnden Lebens, des »Reservoirs der Dunkelheit, in Aufruhr versetzt« (W. H. Auden).[70] Es war jeweils das gleiche Leben, und dieses Leben buchstabierte sich immer als Tönen, als Ruf. Wir ließen unsere Fahrräder zu Boden gleiten. Als wir unsere Gesichter wieder nach oben wandten, öffnete sich die Lichtung wie ein Fenster in den Abendhimmel.

Und dann sah ich die Tiere in einer Lücke zwischen den Bäumen. Die Krähen flogen ein, als würden sie von einer Windbö geschoben. Schwarze Körper, gestreckt und gebogen, auf spitzen Schwingen flügelnd, über den Himmel geblasen, einander umkreisend, unterfliegend, überrollend, in plötzlichen Wendungen und brüsken Bögen wegbiegend und neu erscheinend. Der Schwarm zog über uns hin und kurvte ein, verschwand über den Kiefern und den kahlen Ahornbäumen, ein Kielwasser aus Rauschen und Krächzen hinterlassend, nur um hinter unseren Rücken zurückzukehren, mit einer anderen Gruppe in der Luft über uns verschmelzend.

Mehr Stimmen tauchten auf, die aus verschiedenen Richtungen einfielen, kleinere Gruppen, einzelne Individuen. Es war ein riesiges Zusammentreffen, zu dem Krähen offenbar aus dem ganzen Südwesten Berlins einschwebten, Dutzende, Hunderte, vielleicht Tausende von Stimmen und Schwingen, die den Himmel splittern ließen. Das war kein kleiner Schwarm, der diese Gegend des Forsts als Schlafort gelegentlich aufsuchte. Das war eine mächtige und ökologisch bedeutsame Agglomeration! Ein signifikanter Teil der Berliner Krähenpopulation hatte sich unsere Sommerlichtung und die angrenzenden Teile des Waldes als nächtlichen Rastplatz erwählt. Es war eine riesige Zahl an Individuen. Und zugleich war es mehr als eine Zahl, waren es mehr als einzelne Individuen. Der Schwarm bildete eine kompakte Masse, eine Schallwand, die mit allem anderen im fahlen Licht verschmolz und es in ihre Schwerkraft hineinzog. Die Luft wurde raschelnde Feder und rauher Ruf.

Die Tiere flogen gemeinsam, drehten sich in Pirouetten aus Schatten und Hall, aus Wirbel und Widerhall, niedrig über den Bäumen, verschluckt von den Wipfeln, ausrollend in der Leere. Es war eine Brandung aus kehligen und heiseren Stimmen, die aus der Luft brach und unter dem Dach des Waldes widerhallte. Die Krähen drehten sich in einem fantastischen Kreisen, Umrisse gegen den fahlen Himmel, die Drehbewegungen beschrieben wie Treibsel in einem langsamen Strudel, alle gemeinsam fortgerissen und jede in eigenwilliger Zackenbewegung, Kristalle des Wollens.

Was dort geschah, ist ein Produkt jeder einzelnen Krähe und ein Ausdruck ihrer geteilten Lust, am Leben zu sein. Und so ist es auch etwas, was der Himmel über sich selbst sagt. Er ist ein Raum, der den Rausch der Krähen hervorbringt. Eine der Dimensionen des Himmels ist kehliges Kreischen und rauhes Schreien. Die Schwärze und das Licht choreographieren ein Ballett, das kaum eine Armlänge entfernt ist, das sich knapp über meinem Kopf abspielt, und das doch ganz woanders stattfindet, in einer unerreichbaren Welt. Der Himmel ist Begehren nach Berührung und damit nach Differenzierung und Einheit zugleich, und dieses Begehren ist auch Stoff, Material. So geht beides, die Trennung im schwarzen Scherenschnitt und das Ganze, das sich im Tanz selbst umkreist, immer wieder ineinander auf.

Der Schwarm ballte sich zusammen, zerfloss, fand sich. Abrupt zogen alle Vögel zugleich enge Kurven. Ihre Schwingen zerteilten die kühle Luft mit zischendem Geräusch, das mir auf der eigenen Haut ein Gefühl dafür gab, wie sich der Luftwiderstand anfühlen musste, wenn man mit einer knisternden Hülle von Federn bedeckt war. Den Stimmen nach zu urteilen, war der gewaltige Schwarm zumindest aus drei Arten zusammengesetzt: Es gab Nebelkrähen, die in der Hauptstadt ziemlich häufig sind, und die man oft in Pärchen sehen kann, wie sie sich Nahrhaftes aus Brachflächen und Mülltonnen zusammensuchen. Dann waren Saatkrähen dabei, die in Berlin selten geworden sind. Sie fliegen weit ins Umland, um sich zu ernähren, finden aber in der Ödflächen der industriellen Landwirtschaft immer weniger Nahrung. Und dann hatten sich einige Dohlen unter das Meer der schwarzen Vögel gemischt, deren nach Schabernack klingendes Gackern vereinzelt durch den Himmel hallte.

Im Winter sind riesige Krähenschwärme ein spektakuläres, aber immer noch ziemlich regelmäßiges Phänomen in Berlin. Eine Weile glaubten wir, dass wir abends der gesamten Berliner Krähenpopulation dabei zuschauen durften, wie sie in den Bäumen zur Übernachtung einflog. Aber ich erfuhr, dass es mehrere dieser Schlaforte gibt, und dass sie nicht alle so romantisch abgelegen sind wie unsere stille Waldlichtung. Es gibt einen anderen Megaschwarm, der etwa viertausend Individuen umfasst, und der mitten im Stadtzentrum nächtigt. Die Rabenvögel sammeln sich nach Beginn der Dunkelheit auf einem Hochhaus an der Spree im Bezirk Friedrichshain-Kreuzberg, beginnen dann, unter lautem Krächzen durch den abendlichen Stadthimmel zu kreisen, schneiden im ausgedehnten Zug die langwelligen Bänder der Winterdämmerung im Westen, und suchen sich schließlich ihren Schlafplatz nahe dem Dom und der Baustelle des neuen Stadtschlosses.

Im hell erleuchteten Stadtzentrum herrscht eine andere Atmosphäre als im stillen Wald. Aber die existenzielle Lektion ist die gleiche: Die Welt gebiert sich beständig selbst, und ich kann ein lustvoller Teil dieses Gebärens sein. Für mich ist dieses Gefühl sogar noch stärker, wenn ich es inmitten von Beton, Stahl, Asphalt, blendendem Licht und in den Ecken versammelten Abfalls erfahre. Vielen Touristen und einer zunehmenden Zahl von Birdwatchern geht es ebenso. Zerfranste Federn verwirbeln die Luft und verursachen eine urtümliche Reaktion in der Chemie der Welt, eine Phasendrehung, in der innerliche Erfahrungen zu sicht- und hörbarer Form koagulieren. Die sinnliche Gegenwart der Körper bringt einen Raum des Fühlens hervor. Wir können daraus nicht entkommen, weil dieses das Prinzip ist, aus dem wir hervorgegangen sind.

Über die Stadtfläche Berlins sind noch weitere Schlafzonen verteilt. Die ungewöhnlichste befindet sich innerhalb des zentralen Terminals am Flughafens Tegel. Das Gebäude, errichtet in den 1970er Jahren, ist als Oktogon um eine innere Freifläche angelegt, auf der Autos parken. In der Mitte dieses Parkplatzes wurde vor ein paar Jahren ein riesiges Metallgerüst errichtet, das gewiss zwanzig Meter in die Luft ragt. Außen ist das Gerüst mit übergroßen Werbeplakaten aus Kunststofffolie bespannt. Die Innenseite gehört den Krähen. In der Metallkonstruktion krallen sich an kalten Winternächten manchmal mehrere tausend Tiere zum Schlafen fest.

Die Vögel teilen sich die Freiflächen des Flugplatzes zwischen Start- und Rollbahnen mit den Flugzeugen. Sie verursachen kaum Zwischenfälle. Die Krähen sind so intelligent, dass sie vor dem Überqueren des Flugfelds nach einer startenden oder landenden Maschine Ausschau halten und warten, bis das Flugzeug in sicherer Entfernung ist. In der Nähe des Airports gibt es auch eine sommerliche Brutkolonie der Saatkrähen mit Dutzenden von Nestern in hohen Eichen. (Nebelkrähen dagegen brüten in Paaren.) Eine Saatkrähen-Kolonie benötigt während der Brut für ihren Nachwuchs sehr viel Protein auf kleiner Fläche – und die Tiere finden genügend Insekten, Würmer und Mäuse auf den Rasenflächen zwischen den Rollfeldern. Mehrfach hat die Berliner Feuerwehr in den letzten Jahrzehnten versucht, die Nester mit gezieltem Beschuss aus ihren Hochdruckschläuchen zu zerstören. Doch obwohl nach solchen Attacken Trümmer von Nestern und tote Jungvögel auf den Gehwegplatten lagen, konnten die Menschen die Vögel nicht vertreiben. Heute sind Saatkrähen streng geschützt und dürfen nicht mehr mit Wasserkanonen beschossen werden.

Wir streckten uns auf dem Boden aus. Er war kalt, aber so war es leichter, den Himmel zu beobachten. Und es war leichter, sich als Teil zu fühlen. Wir schauten nach oben, unsere Rücken auf den unregelmäßig vorstehenden Soden halbgefrorenen Grases. Unsere Haare raschelten leise im alten Laub. Die Krähen wurden über den Nachthimmel gezogen, hin und her, vor und zurück, als wären sie feine Trümmerteile, die im Ozean treiben, durch eine Engstelle wirbeln, dabei Strudel an den Rändern bilden, die sich zu Schleifen und stagnierenden Ruhezonen ausfächern, vorübergleitend. Die Vögel trieben vorbei, als wären sie zerstreute trockene Blätter, die der Herbst in einer Straßenecke vergessen hat, vor den geschlossenen Rollläden eines Geschäfts, und die vom Wind emporgetragen und über den Himmel verteilt werden. Die Vögel regneten durch den Raum wie Asche, die von einem Feuer emporgerissen und vom Wind zerteilt wird, schwarze Splitter, die Leere ausfüllend. Sie flatterten empor wie Fledermäuse, die bei Nachtfall aus einer tropischen Höhle hervorwirbeln, aus der Ferne ununterscheidbar von aufquellenden Türmen aus Rauch.

Es fühlte sich an, als wären die wirbelnden und tanzenden, durch das letzte Licht schießenden Krähen die Leere, die sich von allein in feste Körper differenzierte, Körper, die jeweils Ziele und Bedürfnisse haben, die jeweils ihre eigene Stimme und Geschwindigkeit haben, eine einzigartige Weise, den unsichtbaren Seidenschirm der Luft mit ihren messerscharfen Kurven zu zerschneiden. Und ich dachte, darin läge der Grund dafür, dass der Tanz der Vögel so viel Freude in uns hervorrief: Weil wir Zeuge waren, wie sich die Leere in Individuen differenzierte, die sich jeweils behaupteten, und die für diese Behauptung die Luft brauchten und die Bäume und die Dunkelheit und den Wind und die anderen – und uns, ihre Bewunderer.

Etwas erschien als unendlich richtig. Ein Sich-selbst-Suchen und Sich-selbst-Finden, ein Den-anderen-Suchen und Vom-anderen-Gefundenwerden, ein Treffen und Getroffenwerden von einem anderen warmen Körper. Und zur selben Zeit war es ein Tanz der namenlosen gezackten Schatten, Brown'sche Bewegung von gigantischen krächzenden Molekülen, gemischt mit etwas kleineren gackernden Dohlen-Atomen. Und es war beides, und das Eine durch das Andere: Die Brown'sche Molekularbewegung erwies sich als die Selbsterfahrung der gewaltigen Psyche, die alles ist.

Die wirbelnden Krähen, die mit ihren rauhen Schreien den Dom der frostigen Luft füllen, sind nur eine der Kräfte, die uns daran erinnern, denn wir sind Körper wie sie. Aus diesem Grund, das hat die Erforschung der Spiegelneuronen in unserem Gehirn gezeigt, sind die Erfahrungen der Krähen uns zugänglich. Wir fühlen sie buchstäblich in unseren Körpern, wenn wir die Tiere bei ihren Bewegungen sehen. Aber in einer umfassenderen Wahrheit ist alles Psyche, weil alles Körper ist. Die sinkende Sonne, die in einer Aura von Gold und Purpur ertrinkt. Das schüchterne Rascheln der feuchten Blätter unter unseren Sohlen. Die frische, kalte Luft, die vor winzigen Tröpfchen perlt, von denen jedes mit einer feinen Druckwelle in unsere

Schleimhäute stürzt. Die Falten und Runzeln der Kiefernrinde. Die kalten Kristalle, die den Boden bilden.

Diese Arten von Offenbarungen brachten uns dazu, uns zu umarmen. Wir brauchten auch etwas körperliche Wärme. Wir lagen dort ausgestreckt auf dem kalten Boden, der um uns vor Eiskristallen glitzerte, und starrten in die Leere, die sich von selbst mit Präsenz und Zweck füllte, weil Körper mit Bedürfnissen und Begehren sie erfüllten, und die sich dann wieder entleerte. Wir rückten enger aneinander, auf dem Waldboden zusammengekauert, dort, wo wir Stunden an langen Sommerabenden verbracht hatten, beschienen vom Licht der transparenten Stengel des weichen Waldgrases, unbewegt, wie es schien, Ewigkeiten lang.

Und da war es: Das Treffen zweier warmer Körper, welches die Quelle aller Neuheit und aller Veränderung ist, die sich denken lassen: das Treffen zweier Körper, zwei Atome, die ineinander krachen und ein neues Molekül formen, zwei Ascheflocken, die sich verbacken und eine Schicht fruchtbares Mineral auf dem Boden bilden, zwei Saatkrähen, die sich entschließen, sich Feder an Feder auf der alten Kiefer niederzulassen. Einander nah zu sein in einer Umarmung war nichts anderes, als Teil der Strudel und Ströme zu sein, welche die Materie aufrühren. So zusammen zu liegen war eine seltsam doppelte Erfahrung, zusammengesetzt aus dem Gefühl, sehr lebendig zu sein und zugleich ganz Teil der mineralischen Welt, der Rücken vom Boden aus mit Kälte durchflutet, die Haut gekitzelt vom kalten Abenddunst.

Der Schlüssel dazu, dass wir an all diesem teilnehmen können und diese Einsichten erfahren dürfen, ist unser Körper. Es ist der Umstand, dass die Krähen und Dohlen, so wie wir auch, tatsächlich Ascheflocken sind, und Wassertropfen, aus den Elementen gemacht. Sie, so wie wir, sind Schwere im Raum, die in andere Schwere hineinstoßen kann, ihre Form ändern, nach Expansion dürsten, sich im Rückzug wegbiegen kann. Wir alle wissen, wie es ist, Materie zu sein, in all ihren Formen und Gestalten – als solider Untergrund, als Flüssigkeit, als Luft –, weil wir alle miteinander teilen, Materie zu sein. Die Krähen, die sich trafen und vermischten, kreischend und aufgeregt, bevor sie auf den Kiefern aufbaumten, um ihre Augen für eine Nacht voller Schlaf zu schließen, waren Schlüssel zur Totalität, welche alle individuellen Dinge umfasst und welche auch hinter meiner eigenen Individualität steht.

Hingestreckt auf dem Waldboden, sprachen wir über einen philosophischen Aufsatz der 1970er Jahre, der einen bleibenden Einfluss hinterlassen hatte, ja, der zu etwas wie einem Maßstab wurde, wie ein Philosoph zu denken habe: Thomas Nagels »What is it like to be a bat?« (Wie ist es, eine Fledermaus zu sein?) Darin argumentierte Nagel, dass wir diese Frage niemals beantworten könnten, denn wir hätten keinen Zugang zur Erfahrung der Fledermaus hätten. Der Schriftsteller und Nobelpreisträger J.M. Coetzee schrieb eine berühmte Widerlegung von Nagels Behauptung. Coetzee widersprach dem generellen Verdacht, dass Menschen, wenn sie mit Natur in Verbindung treten, unweigerlich ihre Innenwelten auf etwas Unerkennbares projizieren, was in Wahrheit fühllos und stumm ist. Coetzee zufolge wissen wir sehr wohl, was eine Fledermaus (oder eine Krähe) fühlt, wenn sie voller Leben über den Himmel kurvt, weil wir wissen, wie es ist, voller Leben zu sein: Voller Leben zu sein heißt, voller Freude zu sein.

Als wir dort in der Nacht lagen, unter dem unablässigen Regen rauher Rufe, die von den wirbelnden Aschepartikeln aufstiegen, deren Tanz die Leere bevölkerte, dachte ich, dass wir Coetzees Zurückweisung der Gedanken Nagels noch ein bisschen weiter treiben können: Wir wissen auch, was es heißt, Materie zu sein, weil wir Materie *sind.* Da wir Materie sind, wissen wir auch, wie es sich anfühlt, Materie zu sein, weil unser Gefühl ein Aspekt der Wirklichkeit von Materie ist, eine ihrer Weisen, sich zu zeigen. Und daher wissen wir, dass Materie zu sein heißt, voller Leben zu sein, und dass voller Leben zu sein heißt, in der Freude zu sein.

Von diesem Standpunkt aus sind die Krähen die Luft selbst, sie sind nicht verschieden von ihr, sondern eine ihrer Weisen zu sein, oder vielmehr, sich selbst zu begehren. Die Physikerin und feministische Denkerin Karen Barad schrieb, nicht ganz einfach formuliert: »Das Universum ist agentielle Intra-Aktivität in ihrem Werden. Die primären ontologischen Einheiten sind nicht ›Dinge‹ sondern Phänomene – dynamische topologische Rekonfigurationen/Verschränkungen/Relationalitäten/(Re-)Artikulationen. Und die primären semantischen Einheiten sind nicht ›Wörter‹ sondern material-diskursive Praktiken, durch die Grenzen konstituiert werden. Dieser Dynamismus ist Agentialität.«[71] Das Krähen-Wesen entdeckt etwas in der Luft, was kein anderes aufzuspüren vermag, und zugleich enthüllt es, dass alles, was existiert, das gleiche ist: wirbelnde Flocken von Materie in einem Strom, der sie aufwärts trägt, sie verschlingt, sie zerkrümelt, sie verwandelt wieder ausspuckt, in neuem Arrangement, neu geboren; Partikel, die zu guter Letzt nichts sind als Strudel in einem gewaltigen Wirbel strömenden Seins; weiß wie treibender Schnee, durchscheinend wie der beständige Tropfen, zerklüftet und fragmentiert wie die schwarzen Federn im nächtlichen Himmel.

Wir können fühlen, weil das Ganze ein unablässiges Sich-Durchmischen von Körpern und Energien ist, zusammengebunden und wieder getrennt vom Begehren gegenseitiger Befruchtung. Wir können fühlen, weil diese materielle Welt in den unzählbaren Re-Arrangements ihrer Substanz jede Veränderung spürt, die ihr widerfährt. Alles, was geschieht, jeder Unterschied, der sich einstellt, ist bedeutungsvoll. Er bringt mehr oder weniger Fruchtbarkeit, mehr oder weniger Verwirklichung der eigenen Individualität. Alles, was geschieht, ist ein Wandel des Ausdrucks auf dem Gesicht, das diese Welt ist, und ruft eine Regung in der umfassenden Psyche hervor, in jenem »Reservoir der Dunkelheit«.

Unser Denken hat die Hellsichtigkeit älterer Zeiten verworfen, als Menschen überzeugt waren, dass das Sichtbare immer die Zeichen von etwas trug, das sich ausdrückt und das wir verstehen können, von einer Kraft, mit der wir nicht direkt kommunizieren können (weil es die gleiche Kraft ist, die auch uns formt), sondern nur indirekt. Den Flug und den Ruf der Krähen interpretierten im antiken Rom die Auguren, die bei wichtigen Ereignissen gerufen wurden, um eine Entscheidung der politischen Gemeinschaft im Einklang mit den größeren Mächten zu treffen. Um das zu tun, zog der Augure ein Viereck in den Sand, oder mit Kreide in einen Raum, stellte sich hinein, und wartete, die Augen in den Himmel gerichtet.

Was würde ein Augure, auf dem Boden kauernd im gefrorenen Grunewald, aus den dort oben kreisenden Vögeln lesen? Würde er entziffern, dass es Zeit ist, nach Hause zu gehen und einander mit Sanftheit zu behandeln, dankbar zu sein für einen warmen Schlafplatz, dankbar zu sein, der weiten Gemeinschaft der Körper anzugehören? Würde er dem Gurren und Krächzen entnehmen, dass alles Stimme hat, und dass es darauf ankommt, jede und jeden zu hören, dass jede Stimme gewollt und gebraucht ist? Würde er verstehen, dass das große Maschenwerk sich entfaltender Prozesse, in dem sich Realität manifestiert, unendlich kostbar ist, und unendlich stark? Würde der Seher die Botschaft der Vögel darin zusammenfassen, dass wir weniger rationale Gesetze brauchen und mehr auf unser Gefühl hören sollten? Oder würde er nur schweigend dasitzen und erfassen, dass alle Vögel, indem sie da oben kreisen und einander jagen, sich zu Haufen sammelnd und einander wieder verlierend, einen konstanten Strom von Liebe bilden, der alles erfasst, der das Ganze umgreift und spiegelt, so dass es sich selbst hören kann, von Anderen gehört werden kann und sich weiter zu erhalten vermag?

Große Krähenschwärme wie der, den wir fast jeden Abend im Winter auf unserer Lichtung erwarteten, nehmen sich winzig aus im Vergleich zur Zahl der Vögel, die während der Winter der 1970er Jahre in die deutsche Hauptstadt einfielen. Ornithologen nehmen an, dass sich damals mehr als sechzigtausend Krähen in verschiedenen Stadtteilen versammelten. Aber in den letzten zwanzig Jahren sind diese Zahlen zusammengeschmolzen. Die Saatkrähen-Population halbierte sich zwischen 1990 und 2000. Heute ist ihre Kolonie am Flughafen Tegel die letzte, die sich in der Hauptstadt gehalten hat. Die Zahl der Nebelkrähen ist ebenfalls zusammengebrochen und nimmt weiter ab. Allein im Jahrzehnt zwischen 2004 und 2014 ging ihr Bestand um den Faktor vier oder fünf zurück. Derzeit brüten noch etwa fünftausend Paare in der Stadt. Dieser Schwund hat nach Auffassung des Ornithologen Hans-Jürgen Stork, der viele Jahre lang die Berliner Gruppe der Naturschutzorganisation NABU leitete, mit dem großflächigen Erlöschen der Krähenpopulation weiter im Osten zu tun, die einst geschlossen zur Überwinterung in Berlin einflog. Industrieller Landbau hat die Landschaft auch dort – in Polen, der Ukraine und Russland – von Leben leergefegt.

Ist die Bewegung der Seele, deren Zeuge wir wurden, während die Luft vor rauhen Rufen ächzte, dazu verurteilt, bald zu enden? Können wir Menschen ohne Seele existieren? Indem wir die Völker der Krähen fortschicken, so fürchte ich, dünnen wir nicht nur Ökosysteme aus, sprengen nicht nur Nahrungsketten und schwächen so letztlich das, dessen Ende uns selbst im Sein verankert. Wir zerstören nicht einfach nur eine individuelle Art zu sein (die koboldhafte Weisheit des Genus *Corvus*). Wir interferieren auch auf direkte Weise mit Seele. Wir pfuschen an unserer eigenen Seele herum, erlauben unserer eigenen Psyche (von griechisch *psyché,* »Atem«, »Hauch«, »Seele«) zu schrumpfen, weil diese nicht verschieden ist von jener gewaltigen, umfassenden beseelten Sphäre, die der Ökopsychologe David Abram so treffend die »mehr-als-menschliche-Welt« nennt.[72] Wir ruinieren Seele, und damit die Hoffnung, dass sich Seele durch das Begehren, die wahrgemachten Bedürfnisse ihrer Körperlichkeit, wieder verjüngt und wieder füllt, jener Körperlichkeit, welche Materie in all ihren Formen ist. Wenn wir es uns versagen, diesen Wesen Raum zu gewähren, werden sie gehen, und sie werden die Leere in uns selbst zu unerträglich machen, als dass wir sie überleben könnten.

Anthropologen berichten, dass die ursprünglichen amerikanischen Völker Krähen und Raben hoch schätzten. Diese galten ihnen als genuin mystische Wesen. Die schwarzen Vögel haben eine überragende Intelligenz (Raben bestehen mit Leichtigkeit den Spiegeltest für Selbstbewusstsein). In ihrer Schlauheit erscheinen sie derart menschlich, dass sie zum schamanischen Vogel par excellence wurden und eine Mittlerrolle zwischen der alltäglichen Welt und dem Reich der Geister einnahmen. In der europäischen Folklore werden Hexen und Magier oft von Raben begleitet. Das Zaubertier sitzt auf ihrer Schulter, plappert über die jeweils richtige Zauberformel, in jeder Hinsicht intelligenter als seine halb-menschliche Begleitung.

Bei den eingeborenen Völkern Amerikas gibt es eine Überlieferung, die Licht auf das wirft, was ich meine, wenn ich sage, dass wir unweigerlich Seele zerstören, wenn wir die sich selbst erschaffende Fruchtbarkeit zerstören, und dass wir darin unsere eigene Seele töten. Das Volk der Sioux glaubt, dass die anderen Wesen, mit denen wir unseren Atem teilen, in das Reich der Geister zurückkehren, wenn wir ihnen keine Dankbarkeit zeigen. Sie werden uns verlassen, und wir werden zurückbleiben, undankbar und allein, im Schweigen und in der Leere. Erst im Februar 2019 haben weltweit führende Insektenforscher vorausgesagt, dass in 100 Jahren alle Insekten von der Erde verschwunden sein werden. Die Sicht der Sioux auf unsere Verantwortung für die Psyche der Welt, und unser Versagen, diese Verantwortung anzunehmen, ist für mich die scharfsichtigste Erklärung dessen, was gerade geschieht. Wir können nicht innere und äußere Realitäten separieren. Sich einzureden, dass dies möglich (und notwendig) sei, war von Anfang an ein tödlicher Fehler.

Die Seele dürstet nach Fruchtbarkeit, ganz gleich, wo sie sich niederlässt. Sie ist in der Lage, sich ein Heim zu schaffen, wo immer sie gezwungen ist aufzubaumen, und wird darauf hinarbeiten, gegen härteste Widerstände, notfalls bis sie vollkommen zerstört ist. Aber selbst dann bleibt das Prinzip des Seelischen, nach dem sich die Wirklichkeit entfaltet, unzerstörbar. Psyche ist die unvergängliche Macht; die Welt mischt ohne Unterlass ihre Bruchstücke neu, erlaubt ihnen, einander zu begegnen und sich miteinander zu verzahnen, in neue Muster arrangiert zu werden, zu überlappen, sich zu kreuzen, um fruchtbare Verwandlungen dort zu treffen, wo vorher keine waren. Psyche hat Menschen nicht besonders nötig. Sie spielt mit ihnen, sie schmilzt sie zu anderen Formen, anderen Verbindungen. Sie formt mit ebenso großem Eifer statt Menschen Steine und Splitter, mit ebenso viel Beflissenheit und Fühlen. Sie kann warten, während Universen sich gebildet und wieder kontrahiert haben und in neuer Bildung begriffen sind. Sie kennt keine Zeit, nur Begehren, das die Quelle aller Zeit ist.

Wir erkennen Vögel als besondere Hüter dieses Seelischen. Es mag damit zusammenhängen, dass sie singen wie wir, dass ihre Melodien, in Noten umgeschrieben, sich nahtlos in unsere Musik einfügen, dass sie Stimme schaffen, wo uns diese fehlt. Es mag daran liegen, dass Vögel zu fliegen vermögen, und damit über eine magische Fähigkeit verfügen: Sie verwandeln die Schwere in Freiheit. Der Gedanke ist ein Vogel, der frei reist. Die Seele fliegt auf Vogelschwingen, wohin sie sich sehnt. Und zugleich zeigen sie, die mit feinstem daunigen Geäst Gefiederten, dass Materie als Freiheit, zu sein, keiner Zauberkraft bedarf, sondern dass sie die Fähigkeit noch des zerbrechlichsten, winzigsten Körpers ist, die Macht von einigen wenigen Gramm warm durchblutetem Stoff in der Kälte einer eisigen Nacht, die Kraft der im Zusammenrücken raschelnden Federn, weich wie die Brise, hart wie die Biegung der steilsten Schikane.

Ich dachte an die Lerche, die Vögel des sonnigen Tages, nicht wie die Krähen Sänger der einbrechenden Nacht, sondern des auflebenden Lichts. Wie die Lerchen ihre Stimmen in den Himmel werfen, ein nach oben fallender Regen feiner und feinster Stimmsplitter, ein Sich-Verausgaben in die Luft hinein, die sich mit zitternder

Stimme füllt, die Stimme in sich hineinverwandelt. Die Töne, ausgeatmet von den Syrinxen der winzigen Vögel, flügelflatternd; wie diese Töne aus ihnen hervorbrechen, Fragmente ihrer winzigen Leiber, die darin aufgehen, Klang gewordener Atem, der sich in kleine und immer kleinere Kristalle auflöst bis er ganz ausgeatmet ist, in den Bogen über meinem Kopf verwandelt, in das gespannte Nichts, das mir, hinein, hinaus, hinein, hinaus, immer weiter nach oben in den Körper sinkt, bis er Stimme ist, stumm.

An einem Wintertag ging ich durch den Grunewald über verharschten Schnee. Die Luft klirrte vor Kälte. Mein Atem bildete fest umrissene Wolken vor meinem Gesicht, die beim Weitergehen an mir vorbei trieben. Plötzlich befand ich mich in einem kleinen Schwarm von Wintergoldhähnchen, die um mich herum in den Zweigen saßen. Ich hörte ihr feines Zirpen, fein wie zerbrechliches Glas, fein wie Fäden aus Eis, die Resonanzfrequenz dieses glitzernden Morgens. »Wintergoldhähnchen brüten überwiegend in Nadelbäumen. Sie verwenden zum Bau ihrer Nester unter anderem Spinnstoffe aus den Eierkokons von Spinnen und den Gespinsten einiger Raupenarten und errichten dadurch ein besonders stabiles Hängenest. Es ist so gut isoliert, dass das Weibchen bei jeder Witterung bis zu 25 Minuten die zu bebrütenden Eier verlassen kann, ohne dass diese auskühlen«, so können wir nachlesen.[73] Wie schwerelos huschten an jenem Morgen die winzigen Federbälle über die Zweige, umflatterten die schlafenden Knospen, fanden hier und da ein Stück Nahrung, leicht, fast als wären sie keine Körper, sondern nur raschelnde Bewegung, Knistern der gefrierenden Luft, glitzerndes Gespräch der körperlosen Eiskristalle mit sich selbst.

Stille fiel auf die kahlen Bäume. Uns wurde ernstlich kalt. Die Krähen waren zwischen den Ästen verschwunden. Hier und da konnten wir ein leises Knistern hören, wenn ein Vogel sein Gewicht auf einem Zweig verlagerte, kurz mit den Flügeln schlug und die seidigen Schwungfedern rascheln ließ, sein Gefieder an der Borke oder dem Federkleid eines anderen Vogels rieb. Die Stille war plötzlich eingetreten, nur Momente vorher war es am Himmel noch lärmig gewesen, Rufe hie und da, singende Federn. Den Schwund von ein paar hundert Vögeln in der Luft hin zu wenigen Dutzend hatten wir kaum wahrgenommen. Der Wechsel von ein paar Dutzend zu keinem einzigen mehr war ein klarer Schnitt.

Wir hörten Bewegung im Unterholz zwischen den Bäumen, gedämpftes niederfrequentes Rumpeln, und wussten, dass die Wildschweine bald hervorkommen würden. Wir streckten unsere tauben Glieder, standen auf und zogen die Räder vom Waldboden hoch. Auch der Pudel reckte sich, den Vorderkörper gesenkt, das Hinterteil mit dem hin und her klappenden Schwanz aufgerichtet. Während wir die Vögel beobachteten, hatte der Hund auf seinen Hinterbeinen gesessen und in den dunklen Wald gestarrt, als ob er beständig damit rechnete, dass sich eine große Bestie zwischen den Stämmen manifestieren würde.

Wir fuhren schweigend zurück, die Lichter ausgeschaltet. Unsere Augen hatten sich perfekt an die Dunkelheit angepasst. Während wir über den Waldboden rollten und manchmal sanft über Wurzeln hoppelten, hörten wir, wie sich die Vögel in den Bäumen direkt über uns bewegten. Unsere Vorbeifahrt hinterließ ein Kielwasser aus Tönen, ein feines Knistern von Federn, ein Prickeln weicher Körper. Wir bewegten uns voran und die Welt rührte sich kurz und faltete sich wieder in sich selbst zurück.

Wir hielten an, als wir den Waldrand erreichten. Für ein paar Momente konnten wir unter den elektrischen Lichtern nichts sehen. Ich schaltete den Scheinwerfer ein, klemmte mir den Hund unter den Arm, küsste deine Lippen, immer noch so warm. Ein Kuss war vermutlich die passendste Kurzschrift für den großen Austauschprozess zwischen den Körpern, der Verwandlung gebiert und den Dingen erlaubt zu blühen, und den wir Welt nennen. Die am stärksten Dauerhaftigkeit verbürgende Geste. Ich sagte einen stillen Dank an den Geist des Waldes, dieser sinnlichen Manifestation einer allumfassenden Seele.

6 IMAGO

Ich komme von einer Besorgung und schaue beim Gehen auf den mit Granitplatten belegten Fußweg, auf dem sich trockene Herbstblätter kringeln. Ein einzelner Schmetterling sitzt im herabgefallenen Laub. Von außen erscheinen seine zusammengefalteten Flügel schwarz. Sie wirken selbst wie verwelkende Blätter mit leicht unregelmäßigem Umriss, die paarweise zusammengelegt sind, in einer Schwärze, in die der Blick versinkt.

Fast hätte ich den Schmetterling nicht bemerkt. Fast wäre ich auf ihn getreten. Er ist in seiner Ruhestellung im Laub leicht zu übersehen. Ich stelle fest, dass er trotz der späten Jahreszeit noch ganz lebendig ist. Ich nehme ihn mit den Fingern auf, und er öffnet dabei langsam die Flügel. Und da ist sie, die ganze violette, orangene, altweiße Pracht des Pfauenaugenflügels.

Ich versuche, den Schmetterling mit meinem Griff nicht zu verletzen, setze ihn hinter den Einfassungsstein des Gartens vor dem Mietshaus, wohl wissend, dass er hier sterben wird, denn er hat keinen frostfreien Raum zum Überwintern und ist zu schwach zum Fliegen. Noch einmal schlägt er mit den Flügeln und wieder erblicke ich die ganze Pracht des Pfauenauges, die sich plötzlich zwischen all dem Welken und Sterben öffnet, als wäre sie ganz und gar nicht von dieser Welt. Wie sagt man: Ein Wunder ist der direkte Eingriff von einer höheren Ebene in diese Wirklichkeit, ohne jede Mühe, voraussetzungslos.

Manchmal reicht es hinzuschauen, um zu sehen, was die Welt wirklich ist. Manchmal liegt sie plötzlich vor dem Blick da, transparent und offen, und ich weiß, wie die Wirklichkeit beschaffen ist. Zugleich ist eine solche Sichtweise immer ein Geschenk. Sie stellt sich nicht ein, nur wenn ich will. Sie ist eine Aufmerksamkeit der Wirklichkeit mir gegenüber. Ich kann mich noch so oft bemühen zu sehen, wenn ich nicht zuerst angeblickt werde.

♣

Es ist Juni. Ich bin im Wald, im Milchlicht eines Mittsommerabends. Der Hund wollte unbedingt hierher, ich bin ihm über die Ausfallstraße und die Bahnbrücken gefolgt, obwohl das Wissen, dass ich viel zu erledigen habe, meinen Nacken anspannt. Aber ich gehe doch weiter. Der Hund wandert in Richtung der alten Eiche, dem Lebensbaum im Grunewald, zielstrebig, links und rechts schnuppernd und witternd, in der Richtung unbeirrt.

Um diese Stunde sind kaum mehr Vogelstimmen zu vernehmen. Ich höre das gedämpfte Schimpfen einer Amsel hinter den Bäumen, von irgendwo aus einer Baumhöhle die Küken der Meisen, die nach Nahrung rufen. Die Luft ist reglos. Sie duftet nach dem verfliegenden Parfum der Traubenkirschen. Die Eiche steht da und wartet auf uns, wie sie seit fünfhundert Jahren duldsam auf alles gewartet hat. Sie greift mit den Armen ins Licht und zieht es zur Erde hinab. Die Luft verfärbt sich ins Rötliche, sie verflüssigt sich zu einer weich umgreifenden Substanz, in der wir uns alle gemeinsam bewegen.

Auf dem Rückweg sehe ich ein großes Insekt in Kreisen um einen Baumstumpf neben dem Sandweg fliegen. Das Holz ist verwittert, mit eingetrockneten Algen grün überzogen. Als ich noch ein ein gutes Stück entfernt bin, spüre ich schon eine vage Unruhe in der Luft des Abends. Dann sehe ich, dass dort etwas fliegt, eine durch die Luft kreisende Form, riesig, aber nicht genau erkennbar. Hier findet etwas Besonderes statt. Mein Herz klopft.

Als ich näher komme, höre ich das Summen. Seine auf und abschwellende Tonhöhe erinnert mich an eine Bratsche. Aus einigen Metern Entfernung sehe ich, wie halbtransparente Flügel bräunliche Schlieren in die Luft ziehen. Hirschkäfer, schießt es mir durch den Kopf. Nein. Die fliegende Form ist zu lang. Vielleicht auch eine große Schlupfwespe. Jedenfalls etwas Spektakuläres. Ich gehe noch näher heran. Ein riesiges Insekt, hier, in diesem unspektakulären Wald, dessen Boden so von Wildschweinen durchgepflügt wird, dass kaum etwas unterhalb der Bäume wächst. Ein riesiges, unbekanntes Insekt im sämigen Licht des Sommerabends. Als hätte sich das Wesen aus dem Licht heraus manifestiert.

Das Tier fliegt in Kreisen um den Baumstumpf. Dann stößt es mit schwirrendem Geräusch gegen das Holz und fällt auf den Rücken in den Sand. Ich höre die weichen Unterflügel rascheln. Als sich das Insekt wieder aufgerichtet hat, erkenne ich, inzwischen ganz nah: ein riesiger Bockkäfer! Vermutlich der Mulmbock *(Ergates faber)*. Das Tier ist sicher so lang wie mein kleiner Finger. Ein Anblick wie aus den Tropen. Doch das Tier ist in Mitteleuropa heimisch, ja, es war hier einst sogar häufig.

Der Käfer rennt jetzt schwerfällig über den Sandboden. Er folgt dem Rand des Baumstumpfs im Kreis. Sein Körper ist von einem tiefen Lackbraun. Er bewegt sich hektisch, die gekeulten Fühler vibrieren, der Hinterleib schwillt an- und ab. Dann verharrt er, klappt ruckartig die beiden lederfarbenen Deckflügel auf, entfaltet die häutigen Hinterflügel darunter, und hebt surrend ab. Er fliegt mit an- und abschwellendem Brummen zwei ungelenke Kreise um den nicht ganz kniehohen Stumpf, kollidiert erneut knisternd mit dem Holz, stürzt ab, raschelnd, summend. Rappelt sich auf. Rennt umher, ich höre den Sand leise unter seinen Tritten knirschen. Pumpt, entfaltet die Flügel, schwirrt lost, zieht Kreise durch die Bäume, kurvt zurück, umsummt den Stumpf, getragen von seinen Schwingen aus fein gefältelter, zart geäderter, bräunlich-transparenter Seide.

Es tut mir leid, dass das Tier so hektisch um das Totholz am Wegrand fliegt und so manisch auf und nieder krabbelt. Was geht hier eigentlich vor? Die Lust meiner Begegnung mit dem Bockkäfer weicht der Sorge. Ist er mit einem Insektizid vergiftet? Haben ihn Orientierungslosigkeit und Psychose ereilt, die Folgen moderner Pflanzenschutzmittel, die sich auch außerhalb der Äcker unkontrolliert ausbreiten? Bin ich dem letzten Mulmbock im Grunewald begegnet? Einem Wesen, dessen Präsenz mein Herz bis zum Hals schlagen lässt, und das doch schon dem Tod überantwortet ist?

Dann erst sehe ich das Weibchen. Es sitzt in einer Mulde des Sandwegs neben dem Stumpf, den Kopf niedergebeugt, am Ende des Hinterleibs einen länglichen Sporn, der unter den geschlossenen Flügeldecken hervorsteht und sachte vibriert, ein vorschiebbarer Fortsatz aus sich spannender gelber Haut. Ich berühre das Tier leicht mit der Fingerspitze. Es zieht den Hinterleibsfortsatz ein. Ich verstehe nicht, was hier passiert, bis mir mit einem Mal ein Licht aufgeht: Natürlich, das Weibchen!

Und in diesem Moment ist das Männchen auch schon auf ihr. Zuerst zeigt sein Kopf in die falsche Richtung, dann wendet es sich blitzschnell und drückt seinen Hinterleib auf den an ihrem Hinterende hervorstehenden Fortsatz, umklammert ihren Leib mit seinen segmentierten Beinen. Der Käfer hat es geschafft. Ich sehe zwei Mulmböcke bei der Paarung. Ich kann mein Glück nicht fassen.

Ich weiß, warum ich diesen Weg gegangen bin, so lang, zu Fuß, allem Zeitdruck zum Trotz. Alle Sorgen sind aus meinem Gehirn verschwunden und durch Glück ersetzt, durch das Glück einer sprachlosen Präsenz: ein Geschehen, das genau so sein muss.

Es ist ein Glück, das sich nicht mit Worten fassen lässt, weil es nicht mir allein gehört. Eher trete ich in ein Glück ein, das bereits existiert – das Glück dieses anderen Paares, das sich unter dem Seidenrascheln der Chitinhäute liebt. Aber es ist auch nicht allein das Glück der beiden Mulmbock-Käfer, ihr Eifer, sich endlich zu vereinigen. Es ist ein Glück der Welt, sich als fruchtbar zu erweisen in einer Erfahrung der Fruchtbarkeit, die sich als sinnliche Berührung, als Stoß, Summen, Knistern, flüssige Unruhe im Flirren des Sommerabends manifestiert. Es ist ein Glück der Welt, in das ich tauche wie in einen bewegten Ozean, wo sich das Glück in den tausend Figuren des vielgestaltigen Wassers manifestiert.

Einmal habe ich in der norditalienischen Ebene den Insekten zugeschaut. Schmetterlinge, Schwebfliegen und Wespen tranken an einer verwilderten Straßenböschung Nektar und fraßen Pollen aus den Blüten von Minze, Blutweiderich und Distel. Die Dolden bogen sich schwer von Faltern und wippten wieder nach oben, wenn einer sich flatternd löste. Es waren Braunaugen, Weißlinge und blass himmelsfarbene Bläulinge. Ich entdeckte, dass sich zwei von ihnen auf einer Blume paarten, die Hinterleibe eng ineinander geschoben. Die Falter erschienen selbst wie eine zartblaue Blüte. Die beiden saßen erst lange still, dann drehten sie sich vorsichtig, ohne sich voneinander zu lösen. Sie machten jede Bewegung gemeinsam, behutsam, als würde ihr lebender Kelch von einem leichten Wind gewiegt.

Die Larve des Mulmbocks wird unsichtbar den abgestorbenen Stamm fressen, an den das Weibchen nach der Paarung die Eier legt. Die Larve, daumenlang und weichhäutig und gelblich-glatt, lebt dann in ihrer Höhlung tief in der duftenden Nahrung, deren Härte ihre unermüdlichen Nagekiefer zerkleinern (unterstützt von symbiontischen Pilzen im Magen). Sie verwandelt das alte Eichenholz in ihren eigenen Leib. Mit Riechorganen an der Haut erfährt die Larve ihre Welt als eine einzige duftende Mahlzeit. Ihr elastisches Beharren verwandelt den schwellenden Larvenkörper tief im Holz in die Lust der Welt, die schwellend ist, elastisch, und zart.

Es ist diese Lust, an der ich im Angesicht des Liebesakts der beiden Käfer teilhabe. Ich muss an die großen Käferlarven in der zerstückelten Pappel denken, die mein Nachbar noch am selben Tag, an dem ich ihm meinen Garten verkauft hatte, fällte und zersägte. Im weichen Mulm des gerade durchschnittenen Totholzes sah ich ihre rötlichen Körper pulsieren.

An diesem Abend im Grunewald, schräg beschienen vom milchig-goldenen Licht, ist der Schatz nicht verborgen. Das Chitin der sich paarenden Tiere reflektiert den Abendschein, flackert in Reflexen, enthüllt sich als das, was es ist: Licht. Ich bin einst im Leuchten der italienischen Mittage öfters mit meinem Sohn unterwegs gewesen, um große Käfer und vor allem Heuschrecken zu bewundern. »Lass uns Großinsekten suchen«, habe ich gesagt, wie ein Mantra. Es gab ein Brombeerdickicht bei einer Schleife des Flusses, das voller Grüner Heupferde war. Die Heupferde wetzten ihre feinen Mandibeln, während sie uns anschauten. Außerdem lebten dort Gottesanbeterinnen, die in einem besonderen Smaragdgrün leuchteten und die ihre munteren dreieckigen Augen hin- und her bewegten.

Die Augen von Heuschrecken und Gottesanbeterinnen sind so gebaut, dass man genau sieht, wenn sie einen fixieren. Auch wenn sie keine Pupille haben wie wir, erzeugt der Lichteinfall an der Stelle, mit der sie sehen, einen schwarzen Fleck. Der Effekt ist der gleiche. Wir wurden angeblickt – und blickten zurück. Wir fanden, und wurden gefunden. Wir suchten, und wurden gesucht.

Es schien damals in Italien, als würde unser aufmerksames Fahnden die Brombeerbüsche verwandeln, als würden sich die Blätter unter unseren Fingern zu Laubheuschrecken falten, als genüge es, die Hände achtsam durch die Blätter gleiten zu lassen, damit aus einer Pflanze Tiere wurden. Und wirklich ist es ja so: Aus Pflanzen werden Tiere. Indem Insekten sich die Blätter einverleiben, verwandelt sich der von der Sonne hervorgebrachte Leib der Pflanze in die Art von schwellendem Fleisch, als die auch wir Menschen sich spüren.

Insekten und Pflanzen – das sind die zwei Pole einer archetypischen Metamorphose. Biologen betonen, wie die wechselseitige Beziehung zwischen Pflanzen und Insekten das Lebensreich geformt hat. Hören wir das Wort »Pflanzenfresser«, so denken wir vor allem an große Huftiere. Aber eigentlich benagen die kaum sichtbaren Mandibeln von Käfern, Grillen und Hautflüglern einen Großteil des Grüns. Insekten fressen Pollen und saugen Nektar, sie pumpen Säfte aus den Adern der Blätter, knuspern Wurzeln und bohren sich als Larven durch Früchte.

Insekten sind somit die Vermittler jenes ersten irdischen Geschenkes des Lichts, das sich zunächst als saftige Stengel, weiche Blätter und elastisches Holz manifestiert. Ohne Insekten keine blühende Wilde Möhre, samtigweiß, zartviolett, mit dem purpurnen Fleck in der Mitte, wie ein Auge, das sich im Anblick des Himmels verliert. Ohne Insekten keine süßen Kirschen, keinen Salat, keinen Raps. Ohne Insekten nicht die rasche Ausbreitung von Gras und Unkräutern, in Samenform von Ameisen unter der Erde in ihren Bauten verteilt. Ohne Insekten keine Bestäubung. Keine Fruchtbarkeit.

Ein Ökologe würde zur Illustration eine Nahrungspyramide zeichnen, die zeigt, dass die Leiber der großen und kleinen Krabbel- und Flugwesen nichts anderes sind als die in neue Form verwandelte Energie einer tieferen Ebene des organischen Seins. Sie sind Agenten der Verwandlung, und darin die Boten der Gabe. Und weil das Leben selbst in seinem innersten Kern Verwandlung ist (das Begehren des Seins verwandelt sich in das Fühlen der Vielen), so wie auch jeder Mensch in seiner Essenz dieses andauernde Sich-Verwandeln verkörpert, ist ohne Insekten das Leben nicht zu haben, auch unseres nicht.

An einem Sommermorgen fand ich zu Hause einen kleinen Schmetterling, der sich innen am Fenster festgesetzt hatte, die Flügel geöffnet und wie in Resignation auf das Glas gebreitet, nicht mehr als vier winzige Spelzen eines welken Blatts. Ich warf ihn nach draußen in die Luft, in das unbestimmte Grau eines Sommermorgens. Der Falter taumelte davon, in einer Geste des stummen Erstaunens, nichts weiter als ein Splitter trockenen Laubs, und doch so jung wie der Morgen.

Insekten sind das Papier, auf dem das Buch des Lebens geschrieben steht. Insekten sind die Artikulation des Lebens in der Erde. Ohne ihre Anwesenheit löst sich alles ab, zerfasert und verschwindet. Mücken, Fliegen, fliegende Blattläuse, Motten, Käfer, Florfliegen, Wanzen, Pflanzenwespen, Gallwespen machen die sommerliche Luft zu einem mit Fleisch gefüllten Raum. Fledermäuse, Schwalben und Mauersegler durchschweben diesen Raum, ernähren sich von seinem Fleisch und verwandeln sich auf diese Weise selbst in solches.

Meisen und Trauerschnäpper füttern ihre Jungen mit Raupen, die sich unter dem Laub räkeln. Kleiber und Baumläufer picken eilig Eier und Larven zwischen den Riefen der Rinde hervor. Der Grünspecht mit seinem psychedelischen Lachen stochert im Waldboden nach Ameisen. Sperlinge und Buchfinken tragen flatternd für ihre junge Brut, die nach dem Aufwachsen nur Körner frisst, saftiges Fleisch herbei. Die Spitzmaus sucht Drahtwürmer und Engerlinge. Der Fuchs verspeist Laufkäfer. Auf all diese Arten verschenkt sich das Leben, indem es sich verwandelt.

Jede Nahrungskette ist für uns eine Möglichkeit, uns selbst in der Metamorphose zu imaginieren. Jede Nahrungskette ist ein Weise, auf die sich der verborgene Schatz erneut sichtbar macht. Der verborgene Schatz begehrt, wirklich zu sein. Er begehrt Imagination. Das Fleisch, das nur durch Fleisch leben kann, ist eine der intensivsten Weisen, wie sich diese Imagination verwirklicht. Die Nahrungskette selbst ist Metamorphose, nicht nur die Formwerdung des erwachsenen Insekts durch die Stadien des Eis, der Larve, der Puppe. Die Nahrungskette ist eine Verwandlungsreise. Und Metamorphose ist Imagination. Metamorphose ist Imagination seiner selbst und des Anderen. Seiner selbst durch das Andere. Des Anderen durch sich selbst. Des Ganzen durch seine Individuen. Der Individuen durch das Ganze. Metamorphose ist Gegenseitigkeit. Jede Gegenseitigkeit ist metamorphotisch.

Insekten sind die Übersetzer der Pflanzen in Fleisch. Überhaupt verkörpern die Wirbellosen die Einsicht, dass die Wirklichkeit eine unaufhörliche Transformation ist, in aberwitziger Vielfalt, als könnten sie vom Formwandel gar nicht genug kriegen, ganz gleich, wie viel biologische Energie es kostet. Manche Wanzen und Heuschrecken verwandeln sich über ein halbes Dutzend verschiedener Larvenstadien, in denen die jüngere Form der älteren fast aufs Haar gleicht und doch immer ein bisschen anders ist, mit winzigen Flügelspitzen, wo vorher nur die Segmente des glatten Hinterleibs zu sehen waren, mit einer Bänderung auf dem Abdomen dort, wo vorher nur jungfräuliches Grün herrschte. Die Metamorphose der Pflanze, die für Goethe zur geheimen poetischen Formel der Welt geworden war, gilt nicht nur für das Grün, sondern für alles Fleisch und Blut.

Den Insekten gelingt dabei die Verwandlung der Pflanze in bewegliche Gestalt. Das sieht man am schönsten beim Schmetterling: Er ist das, was die Blüte wäre, wenn sie fliegen könnte. Der Schmetterling ist die »Umstülpung« der Blüte. Er ist als Sein das, was die Blüte in der Potenz ist, in der Sehnsucht, die sie auslöst. Mit mathematischer Präzision verwandelt der Schmetterling die Blüte zu etwas, das mehr ist als diese, und das doch ganz in ihr steckt.

Das geschieht auf eine ähnliche Weise, wie in der Kurve einer steigenden Geschwindigkeit die Beschleunigung als deren Steigung enthalten ist. Die Steigung der Geschwindigkeitskurve – mathematisch ihre »Ableitung« oder »Differenzierung« – ist das, was mit der Geschwindigkeit passiert, wenn man ihr erlaubt, sich aus sich selbst heraus über die Zeit zu verwandeln. So ergibt sich aus der Blüte der Schmetterling als das, was ihr liegt – aber nur, wenn man ihr erlaubt, sich über die Naturgeschichte zu entfalten.

Interessanterweise verwenden sowohl Mathematiker wie auch Biologen das Wort »Differenzierung«. Die Welt der Organismen differenziert sich in der Zeit. Das nennen wir Stammesgeschichte. Die Stammesgeschichte ist freilich selbst eine Metamorphose: eine Verwandlung des Gleichen durch unendliche Formen, von denen auch wir eine sind. Die erste Ableitung der Blüte ist die gaukelnde Bewegung. Ihre zweite Differenzierung ist unsere Lust an ihrer Pracht.

Stülpt man einen geometrischen Körper um – etwa einen Würfel –, so entsteht ein unbekannter zweiter Körper mit gänzlich neuen Eigenschaften, im Fall des Würfels »Oloid« genannt. Die Umstülpung ist die Entfaltung eines in der vorherigen Form und Konstellation steckenden Potenzials. Sie ist eine Imagination dieses Potenzials in einer neuen Form. So verhält es sich auch mit der mathematischen Ableitung, die neue Eigenschaften in bestehenden Größen entdeckt. Die erste Ableitung der Geschwindigkeit ist die Beschleunigung. Die zeitliche Ableitung der

Beschleunigung (und damit die dritte Ableitung des Ortsvektors nach der Zeit) heißt Ruck.

Wir können uns eine Umstülpung ersten Grades als physische Einfaltung vorstellen. Eine Umstülpung der Blüte in diesem Sinn heißt: Das Insekt ist im Inneren das, was die Pflanze im Äußeren ist: Stoffwechselorgane und Geschlechtsorgane. In der Ableitung als Umstülpung zweiten Grades finden wir die Bedeutung des Organhaften nicht für seine körperliche Funktion, sondern als das, was dieses Organ in der Entstehung von Fruchtbarkeit verankert, also seine Gegenseitigkeitsdimension. Die soziale oder evolutionäre Rolle. Die dritte Ableitung oder Umstülpung ist dann die Bedeutung der individuellen Rolle im Fruchtbarkeitsgeschehen, also eine innerliche Erfahrung.

Die Ableitung der Blüte ist ihr Potenzial, ihr Vermögen, das, was sie sein möchte, aber nur werden kann, indem sie sich einem anderen in die Hände gibt, indem sie sich durch diesen verwandelt. Die Co-Evolution der Blüten, die immer raffinierter an die Rüssel, Taster, Tarsen und Pollenkörbchen der Schmetterlinge, Schwebfliegen und Wildbienen angepassten Blütenmerkmale, die Farbe, der Schwung der Form, die Pollensüße, der Nektar sind alles Produkte dieser gegenseitigen Verwandlung. Das flatternde Insekt ist ihre Vollendung. Sein Fleisch-Sein ist zugleich eine weitere Differenzierung, die diesmal eine Umstülpung nach innen darstellt. Der erste Differentialquotient der Blüte ist der Schmetterling, der zweite ist die Empfindung. Der dritte ist Licht.

An einem anderen der Tage dieses Sommers, ein paar Wochen, bevor ich dem Liebespaar der Mulmböcke begegnete, tauchte ich im frischen Wald in das konstante Summen der Bienen ein, während ich langsam auf meinem Rad den Pfad entlang fuhr, der schwarze Pudel hinter mir. Es ist so, als wäre der Raum zwischen den festen Stämmen und den weichen Blättern mit einer anderen Substanz gefüllt, deren Charakter nicht räumlich ist, sondern die zu einem gänzlich anderen Reich gehört. Ich höre sie. Sie hört mich. Der Wald, gesehen von den Leerstellen zwischen den Stämmen, wird zum Ton, verwandelt sich zum weichen Summen des Sommers.

Das ist die Differenzierung. Die Ableitung. Die Umstülpung. Die Steigung einer Geraden, nicht die Gerade selbst. Nicht dass die Gerade ist, sondern *wie* sie ist. Es ist eine Operation, die den Geschmack einer Funktion verstärkt und etwas vollkommen anderes zum Ergebnis hat. Das Gleiche, aber sein Gegenteil. Wenn wir den Wald differenzieren, die Eicheln, die Kiefern, die Kirschen, dann erhalten wir nicht Raum, sondern Stimme. Wir erhalten das beruhigende Summen der Bienen. Wir nehmen das dreidimensionale Volumen und schneiden Raum dazwischen heraus, und wir erhalten Ton und das Dazwischen, Stille. Das ist die Differenzierung des Waldes. Poesie ist die zweite Ableitung des Körpers.

Die Imaginationskraft der Natur ist nicht jener rohen Art von Innovation geschuldet, auf die man verfällt, um das nackte Leben zu retten. Die Iris auf den Schwingen des Pfauenauges, aus Lichtschuppen gemacht, die Diamantflügel des Bockkäfers in der sinkenden Sonne: Keine Art ist ein Produkt der Knappheit, der Konkurrenz. Sondern eine Neuinterpretation der alten Individualität im Licht einer neuen aus dem Begehren zu blühen. Damit ist eine biologische Art die Lösung eines Problems, das nicht existiert. Wie die Poesie. Auch die Poesie ist die Lösung eines Problems, das nicht existiert. Poesie ist die Erfindung einer Komplikation aus dem Begehren heraus, zu blühen.

Für den Quantenphysiker David Bohm waren die Effekte von Umstülpung, Einfaltung und Differenzierung der Weg, wie er verstehen konnte, dass in Wirklichkeit alles mit allem zusammenhängt, zugleich aber nicht alles mit allem in direkter und sichtbarer Weise verbunden ist. Denn eines der größten Rätsel der neuen Physik besteht darin, dass sie örtliche Distanz und zeitliche Chronologie auflöst. Raum und Zeit sind Formen der Beziehung, so wie es auch andere gibt. Intensität der inneren Bilder etwa. Empfundene Bedeutung. Bohm nannte diese unsichtbaren Verbindungen, die erst auftauchen, wenn man gleichsam an ihren Enden zieht, die »Implizite Ordnung«[74]. Was auch immer wir – alle Akteure des lebenden Universums – tun, wir verwickeln uns so in andere, dass etwas aus der Sichtbarkeit gewischt wird und etwas Neues auftaucht. Jeder Atemzug ist ein bisschen so, als würden wir eine unendlich komplexe Papierrolle abwickeln, auf der ungeahnte Muster und Verbindungen zum Vorschein kommen. Zugleich rollen wir das ablaufende Papier mit den Streifen aller anderen Wesen neu in der Walze auf. Die Welt ist als ganze immer schon vorhanden, aber gebiert sich zugleich beständig neu.

Die heilige Natur ist nichts, was verborgen ist. Das haben wir meist vergessen. Im Gegenteil, sie ist das Allersichtbarste. Sie ist jede Chitinschuppe, jede knisternde Tarse, jedes Mahlen der Mandibeln, jedes Sandkorn, jeder Atemzug, jedes Partikel, mit dem sich der Raum füllt im Begehren nach Berührung. Sie ist das Leben und sie ist der Tod, und darum wollen wir sie vergessen, darum lassen wir zu, dass die Insekten sterben.

♣

Heute morgen fand ich noch ein Pfauenauge. Ich entdeckte den toten Schmetterling auf dem Gehweg. Ein Innenflügel schaute mich mit seinem einzelnen Auge an. Ich sah, dass unter dem Weiß des Farbrings, der die Iris des Flügelauges bildet, noch eine Spur intensivsten Blaus lag, das Blau Peruginos aus der Sixtinischen Kapelle. Auf dem Gemälde dort übergibt Christus an Petrus den Schlüssel zum Himmelreich. Wenige welke Blätter liegen verstreut neben dem toten Insekt, das aus seinem sixtinischen Blau zum blassen Himmel aufschaut und unmerklich schwindet, ein Stück welkes Sommerlaub, eine Frucht, überreif, und dann gefallen.

7 STEIN

Wer die Gesellschaft der Felsen sucht, wendet sich vom Lebendigen ab, so lautet die verbreitete Meinung. Der Bergsteiger klettert fort in ein Reich des Ewigen, Unverrückbaren. Die Steine dort schweigen. Die Steine sind reglos. Die Steine sind Antithese des Menschen – und darum erhaben. Die kalte Starre der Felsen, denken Philosophen seit Immanuel Kant, schockiert den Menschen und bestätigt ihn zugleich: Indem er dieses ganz Andere erträgt, fühlt er sich in seiner Souveränität als Subjekt bestätigt.

Es sind freilich nicht immer die gewohnten Sinneskanäle, auf denen das Erhabene sich enthüllt. Menschen sind Wesen des Auges und der Hand. Was sie nicht sehen, hat zunächst keine Realität, und was sie nicht bewegen oder formen können, keine Würde. Doch gibt es noch eine andere Welt, die zaghafter in unsere Poren dringt, obwohl sie uns ständig umgibt: eine Welt, zu der wir auch geschlossenen Auges Zugang haben und in völliger Reglosigkeit, eine Welt, die nicht aus Gegenständen besteht, sondern aus Gefühlen und Erinnerungen. Das ist die Welt des Dufts. Sie umgibt uns von außen und konfrontiert uns doch mit Innerlichem. Sie ist etwas Fremdes und zugleich ein Stück von uns. Ich habe den Geruch der Steine eingeatmet, in den Provence-Alpen im Frühwinter, und erfahren: nichts ist lebendiger als der Fels.

Es war in Annot, in einem dieser grauen Dörfer, die sich verwinkelt in das Gebirge hinter Nizza klammern. Das »Haut Pays Niçois« springt brüsk von der Küste zurück, von ihrer Brandung aus Lichtern, angelaufenen Betonwänden und winterfest gemachten Rollläden – so, als wolle das Land selbst sich vom Rummel am Meer abwenden. Ich hatte meine Arbeit beendet und noch einen Nachmittag Zeit, bevor mein Flugzeug ging. Am Tag zuvor hatte ich einen Weg in die Berge entdeckt – eine etwas vernachlässigte Schmalspurbahn, die Nizza mit den Alpen der

Provence verbindet. Bereits die Namen der Stationen vermittelten eine Vorstellung von Entlegenheit, von Eingeschlossenheit, von einer beginnenden Auflösung in die Elemente. Digne, Thorame und Chaudon-Norante schienen mir weniger Bezeichnungen von Orten als Namen von Steinen, von schwer zugänglichen Gipfeln hinter abweisenden Talwänden zu sein.

Ich kaufte eine Rückfahrkarte bis Annot. Lange ratterte der Wagen neben der Route Nationale das Tal hinauf. Die Schienenstöße knallten und klackerten unter den Radreifen. Das Gebirge trat erst allmählich hervor. Die Kurven wurden enger, das Licht schwächer. Der Zug begann zu schaukeln und zu gieren. Nicht länger klammerten sich nur winterkahle Eschen und Esskastanien an die näherrückenden Hänge. Fichten traten hinzu, offene Flächen sprangen auf, zeigten ihre Felsborke wie alte Haut unter durchgescheuerter Kleidung, körnig und rauh. Keine Neubauten mehr in den Weilern, in denen der Zug wippend zum Halt kam, die Häuser granitfarben, uralt, wie Stücke aus dem lebenden Berg gehauen. Es schien, als hätte sich der Fels in den steinernen Gebäuden an die Oberfläche fortgepflanzt.

Ich rollte durch eine Landschaft, die vollständig ihre Farben verloren hatte, eine Landschaft ganz in Schwarzweiß. Die Steine hatten sich auch in die Luft hinein verwandelt und ihr und den anderen Dingen, den kahlen Stämmen, den schwarzen Fichten, den Pfeffer-und-Salz-farbenen Mauern, den grauen Wolkenschlieren, ihre Schattierungen aufgeprägt. In der Zeitkapsel des schwankenden Zuges bewegte ich mich durch die Röntgenaufnahme einer Landschaft. Es war ein Innenbild, keines von außen. Die Luft sah aus, als wäre sie bis zur Sättigung gefüllt mit Mineral, so, als könnte ein winziger Keim genügen, und aller Raum würde kristallisieren, metamorph wie abkühlender Granit.

Der Kristallisationskeim war ich. Als ich in Annot auf dem angeschütteten Bahnsteig stand, als das Dieselbrummen um die steile Kurve nach Thorame-Haut hinauf entschwunden war, begriff ich, dass mich der Stein tatsächlich von allen Seiten und durch alle Poren umgab. Ich roch ihn. Der Duft des Gebirges füllte die harte Luft um mich aus – so wie schwerer Wasserdampf die Kuppeln eines türkischen Bades erfüllt. Auch dort zerfließen Grenzen und es ist nicht vollständig klar, an welcher Stelle im Raum das Dampfbecken endet und die atmosphärische Feuchte beginnt, wie weit die nasse Luft Wasser ist und das sprudelnde Wasser Luft.

Ich stand auf dem Bahnsteig, zu keiner Bewegung fähig, und sog die Atmosphäre ein. Was für ein Unterschied! Was für eine Befreiung! Wie mir das, was durch Mund und Nase in mich einströmte, die Augen öffnete! Bis sich zischend die Falttüren hinter mir geschlossen hatten, war ich im schweren Dunst der Küste gereist. Jetzt war der Schleier fort. Ich witterte, was ich sonst nur mit den Händen fühlen konnte.

Ich vermochte die Härte zu riechen, die Kälte. Es schien mir, als könnte ich die ganze Umgebung mit geschlossenen Augen erkennen, als würde ich die Körner des Granits einzeln vernehmen wie das Granulat eines groben Bildes. Der Fels war so leicht geworden wie Luft, und sie hatte mich eingelassen in sein Inneres. Die Atmosphäre hatte sich in eine granitene Matrix verwandelt, und ich war ein Atom in ihrer Mitte.

Die Häuser von Annot lagen unbeweglich da, in Reihen und Riegeln übereinander an den Hang geschoben, ein Bergdorf, das kaum belebter wirkte als die Felsen dahinter. Schwaches Licht streute aus einer altertümlichen Epicerie, das in braunes Holz gefasste Schaufenster halb verdeckt von der Ankündigung eines Weihnachtsballs. Ich folgte einem Weg, der den Hang hinauflief, umgeben von verwitterten Mauern. Flechten hielten grob behauene Blöcke mit gelben Krusten umklammert. Es roch nach ihren salzigen Ausdünstungen, es roch nach Schnee und es roch nach der öligen Massivität des Granits. Aber obwohl die Gerüche etwas Konkretes hatten, waren es weniger Dinge, durch die ich mich bewegte, als die Schattierungen einer Persönlichkeit. Ich wanderte in einer Psyche.

Wir haben für Düfte keine Namen wie für die anderen Sinnesqualitäten. Farben sind rot oder blau, Temperaturen warm oder kalt, Speisen salzig oder sauer. Düfte aber heißen allein nach dem Stoff, der sie hervorbringt, oder gar nach der Situation, aus der man sie kennt: »Hier riecht es wie in meiner Kindheit«, ein Heimataroma. Düfte sind ebenso sehr Sinnesqualitäten, scheint es, wie sie Seelenzustände sind. Betreten wir olfaktorische Räume, so schreiten wir in Räume des Gefühls, in Innenwelten. Im Steinduft betreten wir den Berg von innen. Zugleich aber sind Gerüche nicht abstrakt: Es sind wirkliche Dinge, die einem Ding anhaften, die sich in ihm ereignen.

Und so musste ich schließlich begreifen, etwas außer Atem auf der Steigung des Weges: Ich erkenne im Geruch die Berge, weil die Berge wirklich in jedem Quäntchen dieses Dufts enthalten sind. Indem ich sie rieche, nehme ich sie auf. Es sind Splitter vom Stein, Granitmoleküle, an die sich unsere Riechzellen schmiegen, es sind die Sporen der Flechten, mit denen unsere Schleimhaut zusammenstößt – auch wenn der molekulare Mechanismus, der uns unendlich viele Aromen erkennen lässt, die unser Körper nie kennengelernt hat, den Forschern noch immer ein Rätsel ist.

Vielleicht, so meint der Biophysiker und Parfumspezialist Luca Turin, ist unsere Nase ein Spektroskop. Das hieße letztlich, dass sie ein Atom vom anderen unterscheiden kann, weil sie selbst aus Atomen dieser Erde besteht. Weil sie hiesig ist, aus demselben Stoff. Düfte sind, so gesehen, die Atome des Lebens, denen wir begegnen, ganz nah, weil der Mechanismus molekularen Erkennens eine Art Umarmung ist.

Die klare Luft der Berge ist mit Kristallen gefüllt, die von den Felsen aufgestiegen sind, von den steinharten Flechten auf ihnen, vom dumpfen Wasser in ihren Ritzen. In der Luft stoße ich mit den Dingen zusammen, obwohl sie unsichtbar sind. Ich atme ein, was der Atem der Berge ist, und in jedem Duftmolekül begegne ich der negativen Unendlichkeit eines Punkts.

Als ich zwischen den Flechtenbüscheln meinen Körper an die Wand lehnte und über die Dächer von Annot hin blickte, die sich im Tal zu einem grauen und schwarzen Mosaik duckten, hatte ich das Gefühl, dass es in Wahrheit dieses ist, was wir in den Bergen suchen. Es ist nicht der Triumph über das Gewaltige, der uns noch größer machen soll, wie Philosophen und Ästhetiker heute glauben. Das Erhabene, kam es mir in den Kopf, ist nicht die Fremde, die uns mit Vernichtung bedroht. Das Erhabene ist die Begegnung mit dem Kern in uns selbst. Es ist ein Bohrkern, der ältesten Fels enthält, denselben, den ich mit jedem Zug aus der Luft atmete.

Hier, im kalten und harten Inneren der Landschaft begriff ich, dass es darum geht, den Stein wiederzufinden als Teil des eigenen Steinernen. Das Steinerne in mir: Das hieße erleben, wie sehr die Erstarrung, die Auflösung aller Farben auch meine eigene Art und Weise enthalten, Ruhe zu empfinden, still zu werden, anzukommen. Im Aroma des Steins liegt die Leichtigkeit, vollkommen aufgehoben zu sein. Der Stein als Duft, das ist die Übersetzung des Schwersten in Luft, in ein molekulares Muster, das zwischen den Atomen so viel Raum lässt, dass neben ihnen der reine Himmel sichtbar wird.

Es geht also um Sympathie, nicht um Triumph. Es geht nicht um Sieg, sondern um Zusammenhang. Es geht um die Gemeinschaft mit Allem: um die reale, nicht die metaphorische. Der Duft des Gesteins in der Luft zeigt, wie total diese Verflechtung ist: Ich bewege mich durch den Raum, den der Fels in die Luft gezeichnet hat. Der Fels lebt in mir als das Erlebnis dieses Raums. Indem ich seinen Geruch durchschreite, nimmt er mich auf. Seinen Geruch kann ich nur spüren, weil sich unsere Atome tatsächlich begegnen. Weil ich Fels bin von seinem Fels.

Eine solche Denkweise, die in den Dingen der Natur nicht nur Oberflächen sieht wie die Physik, sondern zugleich Aspekte der psychischen Innenwelt, ist eine poetische Ökologie. Sie trennt nicht, wie die wissenschaftliche Ökologie, die zunächst die Natur vom Menschen absondert und Ökosysteme nur versteht, wenn sie sie zergliedert. Poetische Ökologie ist synthetisch, nicht analytisch, und darum erklärt sie weniger, als sie schöpft: Sie findet das Gleiche im Anderen und erkennt so beide ganz neu. Eine solche Ökologie ist die Methode der Poesie. Durch ihre Augen blickt der Stein mich an, weil ich mich im Angesicht des Steinernen erst ganz sehe. In einer poetischen Ökologie erbarmen sich die Dinge des Menschen. Dieses Erbarmen erfahren wir in uns selbst als Sehnsucht – die Sehnsucht, dem Universum ganz anzugehören. Diese spricht aus Ursula K. Le Guins spätem Gedicht »In the Borderlands«, in dem die Schriftstellerin aus der Perspektive der Materie spricht, die sich nach ihrer Heimat im Schoß aller Materie sehnt.[75]

Die erste Philosophie war noch nah an einer solchen Weltsicht, in der das Wesen der Dinge in ihren Eigenschaften zutage trat. Später haben Philosophen den Glauben daran, dass die Welt sich offenbart, immer weiter aufgegeben, bis die Welt das Gegenteil dessen war, als was sie den Menschen früherer Zeiten erschien: vollkommen fremd, von trügerischen Sinnen als eine Chimäre konstruiert, letztlich uns ganz und gar unzugänglich, uns unbekannter, je tiefer wir schauen, je näher wir kommen. Die Welt aus einer solchen Perspektive vermittelt damit jene toxische Nähe, wie wir sie von verstörten Menschen kennen: Komm mir nahe, und ich werde dich erschrecken. Die ganze Welt wurde in der Neuzeit zu einer psychotischen Umgebung.

Noch die Lyrikerin und Nature-Writing-Autorin Marion Poschmann, in deren Arbeit die nichtmenschliche Welt beständige Erfahrung ist, macht eine solche radikale Skepsis zum Fluchtpunkt ihrer Sicht. Sie spricht vom »Effekt, dass die Dinge bei gesteigerter Aufmerksamkeit nicht nur in neuem Licht erscheinen, sondern an Geheimnis gewinnen, ja zunehmend unbekannt werden«.[76] In Wahrheit, so sagt Poschmann, sei alles anders, als es uns vorkommt; die Welt sei fremd, nur wissenschaftliche Rekonstruktion lasse uns die Wirklichkeit einigermaßen in den Griff bekommen. Der Stein ist aus dieser Sicht das denkbar Fremdeste.

Die Skepsis gegenüber dem, was uns begegnet, lässt sich mindestens bis zu Platon zurückverfolgen. Sein berühmtes Höhlengleichnis beschreibt, dass der Erkennende gleichsam in einer dunklen Grotte sitze und das, was er wahrnehme, nur als Schatten dessen, was sich außen abspielt, auf der Höhlenwand erkenne. Das Höhlengleichnis ist vielleicht der eigentliche Beginn des westlichen Denkens: Wir sind von der Welt getrennt, wir müssen sie uns durch Theorie zurückerobern. Aus dem Mythos, dass wir in ein dunkles Loch weggesperrt seien, bilden wir uns bis heute unsere verzerrte Meinung.

Platon stand an der Zäsur zweier Weltalter. Während er einerseits die Epoche der rationalen Beherrschung einläutete, die unsere Illusionen durch die Sprache der Mathematik und der Empirie revidieren will, enthält seine Philosophie doch auch noch das Fühlen als eine philosophische Praxis. Dieser ältere, in der Materie verankerte Platon bestand darauf, dass richtiges Handeln nicht abstrakten Maximen folgt, sondern dass seine Richtigkeit emotional erlebbar ist. Das Gute ist wahrnehmbar. Es ist mit den Sinnen und den Emotionen erfassbar.

»Wenn man [...] aus der direkten Wahrnehmung des Guten handelt, kann man das erkennen. In solchem Handeln liegt nichts Starres, nichts Eingeschüchtertes, nichts Serviles. Es ist ist auf überwältigende – atemberaubende, hinreißende – Weise frei«, fasste die kanadische Schriftstellerin Jan Zwicky diese Haltung zusammen.[77] Was solches Handeln auszeichnet, hieß bei Platon Aréte, »Exzellenz«. Exzellenz bedeutete freilich nicht, besser zu sein als andere, im Wettbewerb zu gewinnen. Es war nicht die Exzellenz des Exzellenzclusters, sondern die des Mohns am Bahndamm. Mit Aréte ausgezeichnet zu sein bedeutete, ein voll entwickeltes Individuum zu sein. »Aréte, Exzellenz, zu besitzen hieß, darin herauszuragen, dasjenige zu sein, was man war. Es hieß, ein edles Exemplar zu sein«, so Zwicky. Es heißt, teilzuhaben an der Aristokratie des Seins. Es heißt, zur Daseinstapferkeit bereit zu sein. Diese Tapferkeit ist freilich keine unerreichbare Tugend. Sie folgt allein daraus, aus vollem Herzen zu sein, wer man ist.

Aus Platons Hierarchie ergibt sich, dass das Steinerne das Edelste sei, weil es von seinem Wesen am wenigsten abzubringen ist. Vielleicht ist das, obwohl kontraintuitiv, gar nicht so falsch. Wer hat sich nicht schon einmal von einem Stein erweichen lassen, vom warm durchglühten Sandstein westlicher Zonen, von einem in der Frühlingssonne angewärmten Findling, vom Kies der Strände südlicherer Meere, von einem glitzernden Sandkorn. Das zu tun, was dem inneren Wesen gemäß ist, heißt, seinen Gefühlen zu folgen. Die Gefühle manifestieren das Individuelle, sie verlangen nach der Imagination dieses Individuellen durch das Ganze, Sie rufen nach der Blüte, die in den anderen wurzelt. Weil das Fühlen seinen Kern im Begehren nach Fruchtbarkeit hat, ist es dessen Übersetzung in die je eigene Individualität. Fühlen ist das Wissen, wie sehr das Begehren nach Fruchtbarkeit realisiert wird, was ihm fehlt, was es noch fruchtbarer machen würde. In diesem ist Fühlen zugleich das Begehren des Einen, und die intensive Realität des Einzelnen. Im Stein ist das Fühlen Sein.

Vielleicht müssen wir schon jedes einzelne Elektron als vollkommen frei betrachten – und das, was die Wissenschaftler an ihnen als Gesetzmäßigkeit messen, gilt in Wahrheit als ihr freier Wille. Der theoretische Physiker John Wheeler rief einmal aufgekratzt seinen hochbegabten Doktoranden Richard Feynman im Labor der Universität an, weil er es nicht erwarten konnte, diesem zu sagen, was ihm gerade eingefallen war. Wheeler quälte sich schon lange mit dem rätselhaften Umstand, dass jedes Elektron eine auf unendlich viele Nachkommastellen gleiche Ladung trägt. Der aufgekratzte Physiker wollte dem Doktoranden am anderen Ende der Leitung sofort seine Lösung dieses Rätsel mitteilen: »Alle Elektronen haben die gleiche Ladung, weil in Wahrheit nur ein einziges Elektron existiert.«[78]

Es gab eine Phase in meinem Leben, in der ich Steinen nachjagte. Nicht Mineralien, die ich mit einem Hammer vom Fels abklopfte, freilich. Sondern Gestein, das bereits durch die Hände einer gestaltenden Seele gegangen, war; Gestein, dessen aus sich heraus um sich greifendes Leben in den Dienst eines anderen Lebens gestellt worden war: Stein als Ausdruck, Stein als Skulptur. Ich reiste zu romanischen Bauplastiken kreuz und quer durch Europa, vor allem durch Frankreich. Ich besuchte eine romanische Kirche nach der anderen, so viele, wie ich konnte. Romanische Skulpturen finden sich vor allem an sakralen Bauwerken des frühen und mittleren Mittelalters. Sie sind Bestandteil von Säulenkapitellen, finden sich in Votivbögen über Kircheneingängen und als Verzierungen am Mauerwerk. Letztlich sind die Gebäude, die mit solchen Bildhauereien geschmückt sind, insgesamt bereits Skulpturen: Der behauene, inzwischen schon ein Jahrtausend an seinem Platz ruhende Stein formt ein Gebäude, das als sinnlich greifbarer Ausdruck des Weltinneren ein Innen als Außen zeigt.

Ich habe lange darüber nachgedacht, warum mich diese archaischen, oft ungelenk erscheinenden steinernen Skulpturen so berühren. Auf dem Mauerwerk der Kirchen tauchen Vögel, Drachen, Blumen, Esel, Ochsen auf – lauter Wesen dieser, nicht der jenseitigen Welt. Die Säulenabschlüsse stehen im Kontrast zur kirchlichen Lehre, weil sie mit der Kraft sinnlicher Präsenz die gesamte Schöpfung einladen. Der Stein leuchtet ganz als Diesseits. Mir erschien die mittelalterliche Sakralskulptur als ein animistisches Universum. Die Skulpturen der Kirchen von Vézelay und Autun in Burgund, von Cunault an der Loire, von Talmont an der Gironde existierten weniger als christliche Symbole, sondern vielmehr als Beschwörungen einer unstillbaren Schöpfungskraft, die im Stein selbst wohnte, im Innersten der Materie. Nicht allein die kirchlich interpretierte Bildersprache war gegenwärtig, sondern etwas in ihr, durch sie. Nicht der Stein als solcher zeigte sich, oder vielmehr der Stein zeigte sich, aber zugleich mit seiner Oberfläche – im fahlen Weiß des Kalksteins, im gelblichen Schimmer des Sandsteins, im Grau des Granits – brach sich eine Präsenz Bahn, eine gutmütige Kraft, die sich in meiner Erfahrung unmittelbar als Lebendigkeit manifestierte. Hier war Stein, das Stumme, ewig unwandelbare, und zugleich war hier Leben, das nur so vor frischer Energie kribbelte. Hier war unendliche Gleichmut und zugleich wärmstes Wohlwollen.

Ich erinnere mich an eine Reise durch das westfranzösische Poitou, für eine Reportage, auf der ich meinen damals noch sehr jungen Sohn mitgenommen hatte. Uns begleitete eine riesige Plastikwanne voller Legosteine, damit er die Momente des Leerlaufs, in denen sein Vater mit journalistischer Arbeit beschäftigt war, mit Produktivität füllen konnte. Das Poitou an der Südwestküste Frankreichs ist die

Gegend des leuchtenden Steins. Alles, was die Provence-Alpen in Schattierungen von Grau ausdrücken, spielt sich hier in Beige, Gelb und Apricot ab. Es ist der Stein, der so blüht, es sind gar keine Pflanzen nötig – obwohl die alten Baumeister und Steinmetzen in ihren Plastiken den Stein auch in pflanzliche Formen verwandelt haben.

Wir fuhren von Kirche zu Kirche, langsam, immer wieder unterbrochen von Pausen, von Erkundungen auf dem Blickniveau meines Sohnes, von zielloser Gegenwart. Im Städtchen Saintes fütterten wir die Tauben mit Croissant vor der Kirche Saint-Eutrope. Dann schlenderten wir durch die steinernen Bogenhallen des Gebäudes. Über unseren Köpfen tummelten sich an ihren Mauern die schönsten Tierfiguren des Mittelalters. Der Stein war mit der Üppigkeit einer Arche Noah geschmückt. Die Säulen waren umringt von Löwen, die Löwen umschlungen von Vögeln, die nacheinander mit ihren Schnäbeln schnappen. Ich hatte nicht das Gefühl, dass hier ein allein christliches Erlösungsprogramm dargestellt war. Nein, hier wurde mit der Grazie der Schöpfung gespielt. Die Wesen selbst gaben sich zum Schmuck hin, zur Feier des Lebens. »Die Sinnlichkeit des Dekors überwältigt seinen didaktischen Zweck durch ihre Fülle«, schrieb der französische Kunsthistoriker Charles Millet angesichts solcherart lebendig gewordenen Steins. Und Überwältigung war überall. Ich sah Hunde, die den Türbogen der Kirche von Chadenac hinauf eilten, eine Girlande aus Pferdeköpfen, die den Eingang der Kirche von Saint-Fort rahmte. Füchse und Schwäne, Eulen und Eidechsen, Fische und Schlangen blickten von den Bauten herab – einem sind sogar Hühner in den felsenen Leib geschlagen, dieselben, die hinter der Apsis von Marignac durch einen kleinen Garten gackerten, als wir die Kirche besuchten, leise vor sich hin pickend und dabei gurrend, aufgehoben in der Stille des Steins.

Hinter dem Licht über den Felsen der Bauwerke lag das Licht über den Felsen des Atlantiks. Wenn mein Sohn genug hatte, gingen wir an den Strand, den die Ebbe freigelegt hatte. Und auch hier wieder: Fels, der sich mit Leben überzogen hatte. Aus allen Ritzen raschelte das Leben, in Spalten versteckten sich Krebse, in den Falten des Steins hatten sich Napfschnecken und Muscheln angesiedelt, in kleinen Wasserlöchern, die die geschwundene Flut zurückgelassen hatte, schnellten Garnelen hin und her und ließen Seeanemonen ihre Tentakel durch die Flüssigkeit kreisen.

Hier war der Stein schöpferische Potenz, hier fand Schöpfung statt; die Welt zeigte sich in ihrem Innersten als lebendig; und es war die gleiche Lebendigkeit, wie ich sie in den behauenen Steinen der Sakralbauten wahrnahm. Mein Kind spielte mit den Krebsen; es sammelte ihre abgestoßenen Häute, baute ihnen Becken, drehte Kiesel um und suchte nach weiterem Leben, während draußen das Brausen der Wellen allem einen Ton beständiger Geschäftigkeit unterlegte. Ab und zu blitzte die Sonne aus den Wolken und verwandelte die Farbe des Atlantiks von Grau in ein intensives Türkis. Einmal drehte sich mein Sohn zu mir um. »Wie kommt es, dass die Welt so schön ist?«, fragte er.

In Annot, bei meiner Fahrt in die Provence-Alpen, blieb ich lange auf die Mauer gestützt und versuchte, dieses Gefühl von Zärtlichkeit zum stillen Gestein zu bewahren. Später, viel später, löste sich aus dem Gebirgsabend ein metallischer Rhythmus. Der Zug zurück zur Küste näherte sich, seine Räder klackten auf den Schienenstößen. Die drei Stirnlampen schnitten einen Tunnel aus Helle in den Abend. Tropfen sanken wie Kristalle durch das Scheinwerferlicht zu Boden. Die Bremsen schrieen; mit einem Ruck öffnete ich die Tür, erklomm die Trittstufen, betrat den Waggon. Heizungsgeruch umhüllte mich. Bevor sich die Tür schloss, warf ich noch einen Blick über die Schulter zurück. Glitzernde Feuchtigkeit sank durch die Luft. Oder waren es winzige Tränen aus Granit?

8 STIMME

Als Grundschüler musste ich einmal in jedem Halbjahr, kurz vor der Notenvergabe, im Musikunterricht vorsingen. Die Lehrerin saß vorne, das Klassenbuch aufgeschlagen, und rief uns dem Nachnamen gemäß auf. Jede Schülerin und jeder Schüler hatten ein Lied zu wählen und daraus die erste Strophe darzubieten. Das Angebot an Material bestand aus dem in blaues Strukturplastik gebundenen Liederbuch für Schleswig-Holsteinische Schulen, einer aus anderen Zeiten übrig gebliebenen Sammlung von Liedgut, in deren frühesten Exemplaren noch die ersten Strophen der Deutschlandhymne abgedruckt waren. Wenn die Reihe an mich kam, so sang ich »Wenn die bunten Fahnen wehen«, einen Shanty, dessen leiser Anklang von Reiselust und maritimem Aufbruchsfieber mir gelinde sympathisch war, der mich aber doch vor unüberwindbare Schwierigkeiten stellte.

Um »Leuchtet die Sonne, ziehen die Wolken« zu schmettern, musste ich von der Brust- in die Kopfstimme, also von meiner ohnehin nicht besonders tiefen Knabenstimme in ein mir damals unerträglich mädchenhaft vorkommendes Falsett wechseln. Und ich fand, verschämt quiekend, nicht einmal verlässlich den richtigen Ton. Ich kreischte schief »immer vorwärts, ohne Zagen; bald sind wir dem Ziel genaht!«. Ich traf einfach nicht die Note, und wenn ich sie traf, dann nur mit mädchenhafter Travestie. Weil ich schon als Kleinkind so schlecht sang, hatten meine Eltern mich rundheraus für unmusikalisch erklärt und das alte schwarze Klavier kurzerhand verschenkt. Es war ein Familienerbstück, auf dem ich gern herumklimperte. Zum Beispiel konnte ich mit den ganz hohen und ganz tiefen Tasten im Zusammenspiel ganz herrlich Blitz und Donner ertönen lassen.

Musik wurde in der Kindheit mein Feind. Diesem Feind gegenüber erlebte ich zweimal jedes Jahr in der Schule eine bittere Niederlage, öffentlich erlitten vor dem kichernden Publikum meiner Mitschüler, einmal im trüben Spätherbst kurz vor

Weihnachten, einmal im vogelschwirrenden Juni, der draußen so ganz Stimme war. Für das Vorsingen gab es jedesmal eine Drei. Schlechtere Noten wurden auch nicht vergeben. Drei war »unmusikalisch«. Meine Stimme, das Ich in meiner Stimme, ich als Klang, als Schallwelle, der den Körper der Lehrerin ins Mitschwingen brachte, mein Körper, der sich in seinem eigenen Klang äußerte, mein Ich, verkörpert als Berührung durch schwingende Wellen: befriedigend.

Für mich als Erwachsenen hingegen ist Musik mein tägliches Medium. Ich bin freilich nicht Musiker geworden, nein, das war unmöglich, schließlich war ich unmusikalisch. Lange habe ich Klänge als etwas meinem Wesen Fremdes betrachtet, als etwas, das nicht zu mir gehörte, das mich abstieß. Ich durfte mit Tönen keine Freundschaft schließen, denn sobald ich meinen Mund öffnete, zerstörte ich sie. Und so musste ich voller Wehmut und Verlangen mit ansehen, wie andere am unsichtbaren Band musikalischer Sympathie lebendig wurden und lebendig machten, wie Freunde im Halbdunkel Klavier spielten und sich Mädchen, nach denen ich mich verzehrte, neben sie auf den Klavierhocker quetschten, um ganz dicht dran zu sein. Nein, Musik ist darum mein Medium geworden, weil ich, während ich versuche, aus dem Klang der Worte Sinn zu erzeugen, durchgehend Tönen lausche. Ich schreibe eingehüllt in Musik.

Hat es begonnen, als ich mir in der zwölften Klasse selbst die Erlaubnis gegeben habe, meine Hausaufgaben nicht mehr am Schreibtisch sitzend in der Stille, sondern auf dem Bett liegend zu den Tönen meines Vinyl-Doppelalbums von Jacques Brel anzufertigen? Oder als ich den letzten Satz von Mahlers Lied von der Erde zum ersten Mal auf einem alten Tonband hörte? Ich begann, überall Musik zu hören. Und in der Auswahl der Stücke übte ich Rache für meine Unmusikalität. Ich wurde zum Fan von besonders schwer zugänglichen Werken. Ich lauschte den Kompositionen von Alban Berg und Olivier Messiaen. Ich erkundete die Atonalität, die Musik des Doktor Faustus, an der Grenze ihrer Auflösung in die Disharmonie des Realen. Mich begeisterte das gerade noch akustisch Gebundene, das der Welt ein konzentriertes Echo gab, in dem es selbst ein autonomes Stück Welt war, kein Echo, sondern die endlos gebrochene Tonalität der Totalen.

Heute hat jede meiner Arbeiten ihren ganz besonderen Klang gespeichert. Jedes Buch, jeder Text kreist um ein Musikstück, in dessen Rhythmus das Werk entstanden ist, und den es irgendwie unsichtbar atmet. Natürlich ist diese im Übermaß gehörte Musik am Ende völlig verbraucht. Aus der Notenbibliothek gestrichen. Für mein Buch über Kinder und Lebendigkeit habe ich das 2. Klavierquartett von Brahms verzehrt, genauer gesagt den 2. Satz, das Poco Adagio. Ich saß in einem einsamen Gutshaus in der januargrauen, froststarren Toskana und schrieb zum Spiel von Jörg

Demus aus einer angegilbten Bose-Boombox. Das Buch »Sein und Teilen« verdankt sich der »Canzone dell' Amore Perduto« und dem restlichen Album »Fleurs« von Fabrizio de André im Dachgeschoss einer Villa über der Ligurischen See. Und dieses Kapitel hier entstand zu Prokofjews Siebter Sinfonie, gespielt vom Großen Radiosinfonieorchester der UdSSR unter Gennadi Roschdestwenskij.

Ich schreibe besser, durchdrungen von Tönen, ja, ich denke besser, ich fühle mehr. Oder ich fühle es schärfer, so wie wir oft auch intensiver empfinden, wenn wir uns in der Natur zwischen anderen Tieren und Pflanzen aufhalten und den Takt dieser Leben teilen. Ton, Rhythmus und Prosodie sind Elemente der Lebendigkeit, sie sind Dimensionen innerer Erfahrung und somit des Fühlens. Und vielleicht ist die emotionale Wirkung des Tönens sogar ein Indiz dafür, dass die Wirklichkeit als solche sich als ein Innen erfahren lässt, dessen Erscheinungs- und Mitteilungsweise der Klang ist: die Sprache des »Nichtidentischen«, wie der Denker und Musikphilosoph Theodor W. Adorno es nannte.[79] Musik ist eine Sprache, die sich, indem sie uns ganz in Resonanz versetzt, jedem Zugriff entzieht.

Jene Philosophen, die sich am intensivsten mit Musik beschäftigt haben, wie Adorno oder etwa auch der ihm vorangehende Arthur Schopenhauer, waren sich darin weitgehend einig, dass Musik keinem subjektiven Geschmack entspringt (und ihr Verstehen auch nicht an ein individuelles musikalisches Talent gebunden ist), sondern etwas mit einer Form von objektiver Beschreibung der Wirklichkeit zu tun hat – aber in einer Objektivität, die erst dann verallgemeinerbar ist, wenn sie sich zugleich in höchster Individualität präsentieren darf. Musik ist ein Aspekt von Welt, und wir als Teilnehmer an dieser Welt sind inhärent musikalisch.

Was für diese Sichtweise spricht, möchte ich auf diesen Seiten ergründen. Dazu will ich noch einen weiteren Aspekt betrachten: Im Klang sind wir vor allem Körper. Wir haben weiter oben schon gesehen, dass sich in der Erfahrung unserer selbst als Körper die Materie aus ihrer emotionalen Innenperspektive erlebt. Wir wissen, als Materie, dass wir berührbar und verletzlich sind, duchdringbar, anregbar, verwandelbar. Das zu verstehen hilft erfassen, was eigentlich geschieht, wenn wir klingen und ins Klingen gebracht werden. Was sich hier ereignet, ist fundamental: Es bietet Aufschluss über die eigentliche Beschaffenheit unserer Existenz.

Musik ist der Schlüssel zum Selbstsein, und die Welt will dies: In höchster Individualität das Ganze selbst sein. Sich als Klang zu erleben heißt das, nämlich selbst Welt sein; seine Stimme hören zu lassen, ohne abgeurteilt zu werden. Es heißt, in der Wirklichkeit mit seinem eigenen Körperraum willkommen geheißen zu werden, ja eigentlich, selbst diese Wirklichkeit zu sein und auch das Willkommen darin: Ich als Stimme und Welt.

Klang ist das adäquate Mittel mitzuteilen, wie es um das Erlebnis, Materie von innen zu sein, bestellt ist. Aber was heißt »Materie von innen sein«? Lebewesen bestehen aus Stoff. Zugleich aber sind sie nicht auf diesen Stoff reduzierbar: Was ein Lebewesen ausmacht, ist eigentlich nicht die Materie, aus der es zwar besteht, die aber zu keinem Zeitpunkt die gleiche bleibt, sondern das Begehren nach Einheit und Individualität. Lebendigsein als Körper ist also ein Projekt, und keine Substanz. Es heißt, ständig neuer Nahrung zu bedürfen, und diese Nahrung in die eigene Materie zu verwandeln. Im Gegenzug bedeutet dieser Stoffwechsel, den eigenen Körper an die Welt abzugeben. Dieser Austausch geschieht im Atem.

Im Atem gewinnt das inhärent Musikalische des Leibseins einen konkreten Ausdruck mit seinem individuellen Rhythmus. Dieser Rhythmus erlaubt ein Oszillieren zwischen Selbst und Welt und ihre beständige Verwandlung ineinander, und er begleitet als Seinserfahrung diese dauernde Transformation. Atem ist Tätigkeit, aber Atem ist auch innerseelische Erfahrung. Musik ist bewegter Atem. Atem aber ist nicht nur bewegte Luft, sondern die Gegenwart der Innenseite, der seelischen Dimension der Welt. Nicht umsonst ist die Begriffstradition, in der Atem als *ruach* (hebräisch), *pneuma* und vor allem *psyche* (griechisch) oder *spiritus* (lateinisch) auch den Geist meint, eine der Grundmetaphern nicht nur der abendländischen Metaphysik.

Die Erfahrung, materieller Leib als Begehren zu sein, und die Erscheinungsweise des Musikalischen als periodisch bewegte Materie sind zwei Aspekte derselben Wirklichkeit, aber sie sind das nicht nur symbolisch, sondern in der Erfahrung. Der Schlüssel zu dieser Erfahrung ist die eigene Existenz als Körper. Wir alle machen diese Erfahrung beständig. Ja, vielleicht ist sie sogar die zentrale Erfahrung, am Leben zu sein. Darum sind wir auch latent musikalisch, in dem Maß, wie wir lebendig sind. Darum wird unsere Lebendigkeit abgelehnt, wenn unsere Stimme nicht gehört wird. Darum ist es unmittelbar heilsam, sich im Klang zu zeigen.

Die musikalische Erfahrung ist die Erfahrung der Wirklichkeit von innen. Als Wirklichkeit ist diese Erfahrung bereits Musik: Bedeutung in der Form von Schwellen und Verebben, Energiefluktuationen, Oszillation, Rhythmus. Der biologische Körper existiert in den Dimensionen des Musikalischen, also in Schwingung, Rhythmus, Wechsel, Reprise, Durcharbeitung. Unsere körperliche Erfahrung ist somit äquivalent zu einer Klangerfahrung. Das heißt, dass Erfahrung als solche etwas ist, was sich in Musikalität ausdrücken lässt. Musik ist die Realisierung des Fühlens in dem physikalischen Element der Materie, die auch ich bin.

Die Welt ist also nicht »bloß« oder »in Wahrheit« Klang. Klang ist eine ihrer Weisen zu erscheinen. Darum sagt die Art, wie sie sich als Klang zu zeigen vermag, etwas über den Charakter der Wirklichkeit aus. Diese ist nicht nur ein Außen, sondern durch die Metamorphosen dieses Außen hindurch ein Innen, das sich erfährt (und das wir in Form von »Innerlichkeit« erfahren und entfalten). Musik ist der Nachweis dieser Innerlichkeit. Sie ist das Paradebeispiel dafür, dass etwas materiell sein kann (nämlich eine Wellenbewegung von Stoffteilchen) und zugleich inneres Erleben bedeutet. Musik bietet uns die Möglichkeit, uns der Materie zu bemächtigen, indem wir sie in die Dimension unserer eigenen Innerlichkeit hinein verwandeln. Ich stelle also den alten Topos, die Welt sei Klang, auf den Kopf und sage stattdessen: Die Welt ist ein Innenraum, und dieser Innenraum wird uns im Klang endgültig zuteil.

Die Figur der Musik als Ausdruck des Inneren, des Eigentlichen von Wirklichkeit, hat Tradition. Vielleicht könnte man sie im weitesten Sinn als den Beitrag der deutschen Romantik zur Philosophie der Musik bezeichnen – wenn ich so großzügig sein darf, die philosophische Strömung des Idealismus als gleichsam vergeistigte Romantik zu verstehen und die Frankfurter Schule mit Adorno als Identifikationsfigur als Kritik der Romantik aus deren eigenem Geiste. Ich kann hier die Geschichte dieser Sichtweise nicht nacherzählen, aber ich möchte doch ein paar Anhaltspunkte geben, die für diese Sichtweise sprechen.

Hegel, Schopenhauer, Nietzsche, Adorno und auch der Schriftsteller Thomas Mann, so unterschiedlich oder sogar im Detail entgegengesetzt ihre Ideen zur Musik auch sein mögen, teilen alle die Intuition, dass sich im Musikalischen nicht die Subjektivität des Komponisten oder des Interpreten allein Welt offenbart, sondern Welt. Das geschieht freilich so, dass wir ihrer nicht im philosophischen Argument habhaft werden können, sondern nur im Ergriffenwerden, im Durchfühlen und Mitschwingen, also emotiv. Diese nicht rationale, nicht sprachliche Ergriffenheit (die Ästhetik des Nichtidentischen, wie Adorno sagen würde), gibt Aufschluss über Tiefenstrukturen, die auch uns durchziehen und die uns mit der Wirklichkeit als solcher verbinden.

Der zeitgenössische Philosoph Andreas Luckner brachte dieses seit der Romantik latente Denken auf den Punkt, als er behauptet, es sei der Musik »möglich, das Innere, Subjektive, Geistige als Inneres beziehungsweise in seiner Innerlichkeit darzustellen«.[80] Schon für den idealistischen Denker Georg Friedrich Wilhelm Hegel war Musik ein Geschehen, das »in der Sphäre der subjektiven Innerlichkeit lebendig wird«.[81] Luckner, dem ich die Zusammenschau der romantischen musikphilosophischen Tradition verdanke, fasste den springenden Punkt demgemäß so zusammen: »Was die Musik durch die Strukturgleichheit ihres Materials mit der Subjektivität darzustellen vermag, ist ... wie es ist, ein Mensch zu sein.«[82]

Für Arthur Schopenhauer war Musik die Manifestation des »Willens«. Sie ist für den Philosophen des 19. Jahrhunderts, der zeitlebens mit Hegel in Konkurrenz stand, der einzig uns zugängliche Ort, an dem sich das »Absolute manifestiert, dieses uns tragende bewegt-bewegende Sein namens ›Willen‹ wird uns in ihr offenbar, die Musik ist ›Abbild‹ bzw. ›Objektivation‹ des Willens.«[83] Der Gleichklang des Subjektiven mit dem Musikalischen ergibt sich in dieser Denktradition vor allem aus der beiden gemeinsamen Zeitlichkeit: So wie subjektive Erfahrung der Wandel existenzieller Bedeutung in der Zeit ist, so ist Melodie und Rhythmik die Entfaltung von Bezügen und Bedeutungen in der vorgegebenen Dauer des Musikstücks.

Heute kann man sagen, dass Musik weder die Subjektivität des Menschen allein widerspiegelt, noch dass sie der Innensicht des Lebendigen allein aufgrund ihrer zeitlichen Eingebettetheit zu entsprechen vermag. Es gibt noch andere fundamentale Ähnlichkeiten, und sie haben weniger mit den geistigen Dimensionen der Existenz als mit ihrer Körperlichkeit zu tun. Diese Macht der Musik als erfahrene Innerlichkeit ist darum so groß, weil sich Materie im Leib der Wesen als individuelle Subjektivität erfährt. So lässt sich die Idee der romantischen Philosophie, dass Musik die Entfaltung einer inneren Welt mit äußeren Mitteln sei, erst ganz verstehen. Die Innerlichkeit, die Musik gestaltet, ist nicht der Geist, sondern das Leben. Wir sind nicht nur denkende Subjekte, die dem Ganzen der Welt gegenüber stehen, sondern wir sind selbst Welt, und somit empfindsame Materie, die sich als ein Innen entfaltet. Und diese Entfaltung hat Höhen und Tiefen, Rhythmen und Takte, Kadenzen und Harmonien, Synkopen und tonale Wechsel.

Wirklichkeit ist der Prozess ständig vertiefter Erfahrung. Diese Erfahrung findet in Körpern statt, die sich treffen, verbinden, transformieren, inniglich umarmen, gegenseitig verschlingen und ekstatisch durchdringen, die sich ineinander aufnehmen, verdauen, durcheinander verwandeln. Die eine Seite des Körpers ist die Welt, die aus Stoff besteht, der sich uns im Körper zur Verfügung stellt: Wir sind Welt. Auf der anderen Seite des Körpers ist das Gefühl, das Glück (oder die Pein) einer Begegnung, in der es gelingt (oder nicht), intensiver selbst zu sein, indem die Welt intensiver durch dieses Selbst hindurch laufen darf. Das Medium dieses Körperlichen ist die Oszillation. Das Medium der Veränderung der Welt ist, indem ich sie in meinen Körper verwandle, die Schwingung um einen Nullpunkt. Das Maß, in dem sich Welt verwandelt, in dem ich mich auf ihre Berührung einlasse, erfahre ich als Bedeutung. Oszillation ist Bedeutung.

Alles Leben ist Rhythmus und Schwingung – auf einer ganz und gar materiellen Ebene. Lebensprozesse sind zyklisch: Sie beginnen neu, wo sie geendet haben und durchlaufen den gleichen Kreis auf eine ganz neue Art (siehe Kapitel 12). Tod schafft die Möglichkeiten zur Geburt, Zersetzung die der Synthese. Die Zelle selbst ist bereits der Raum gewordene Zyklus: die Kugel, die nirgendwo anfängt, aber an ihrer ganzen Oberfläche Grenze ist. Zum Rhythmus des Lebendigseins gehört, was Rhythmus als solchen immer kennzeichnet: nämlich ein Halten des Flusses zu sein und dadurch das Fließen stärker zu akzentuieren. Weiter oben haben wir gesehen: Zellen haben Wände, die aber zugleich Pforten sind. Sie bieten dem Durchstrom eine Öffnung, synkopieren ihn aber nach Maßgabe der Bedürfnisse. Eine Wand, die Pforte ist: auch das ist ein musikalischer Aspekt des Leben-Seins.[84]

Lebensvorgänge sind, so hat der Biologe und Termitenforscher Scott Turner beobachtet, grundsätzlich schwingungsförmig.[85] Sie gleichen daher dem Wechselstrom, nicht dem Gleichstrom, der mit gleichmäßiger Spannung fließt. Wechselstrom ist rhythmische Bewegung. In der Reproduktion von Musik liegt das Tonsignal als Wechselstromimpuls vor, der die Lautsprechermembranen bewegt und energetische Schwingungen zu Mitteilungen macht. Als Schall schwingende Luft ist Wechselstrom.

Im Wechselstrom, in der Sinuskurve der Frequenz, ist der Rhythmus bereits eingebaut. Das Auf und Ab um die Nulllinie der Sinusschwingung hat einen inhärenten Rhythmus, eine unvermeidliche Zäsur und Wiederholung. Schließlich entsteht eine Schwingungskurve dadurch, dass ein Stift eine Kreisbahn beschreibt, aber das Papier unter ihm weitergezogen wird. Wenn das Leben zyklisch ist, dann wird es durch die voranschreitende Zeit logischerweise zur Schwingung. Der Zyklus im Zentrum der Zelle ist eine Tonfolge.

Zugleich ist ein Zyklus rhythmisiert: Er durchläuft bestimmte Schwerpunkte, die ihn in distinkte Phasen einteilen (siehe Kapitel 12). Darum ist jeder Ton beschleunigter Rhythmus und aller Rhythmus in Langsamkeit kristallisierte Tonschwingung. So lässt sich bei komponierter Musik von mindestens drei Rhythmen sprechen: dem im schwingenden Ton inhärenten Rhythmus der »Wechselstrom«-Oszillation der Tonfrequenz, dem Takt – also dem Rhythmus jedes Satzes oder jeder Strophe – und dem Rhythmus ihrer Abfolge. Ist das Stück Gesang, kommen noch die Eigenrhythmen der Sprache hinzu. Vielfache Rhythmen überlagern, vermischen und transformieren sich gegenseitig.

Nichts anderes geschieht in einem Lebenwesen: Hier durchdringen sich die Rhythmen des Zellwand-Aufbaus, der DNA-Reproduktion, der Proteinsynthese, der Zellatmung, der Nahrungs-, Wach- und Ruhephasen, der jahreszeitlichen Gestimmtheit. Die Chronobiologie hat heute tausende von Rhythmus- und Taktgebern im zellulären Leben beschrieben, die sie als »innere Uhren« bezeichnet. Diese Uhren aber messen nicht den Takt des Körpers, sondern sind eine Art der Zeit, die von ihm erst hervorgebracht wird, denn ein Lebewesen erzeugt sich ja als fortlaufender Zyklus beständig selbst. Es ist die als Körper sich selbst erschaffende Zeit. Musik ist die als Tonfolge erschaffene Zeit. Übrigens existieren wir Menschen zuallererst in Tönen, sobald wir auf der Welt sind: Das erste, was sie nach der Geburt von uns hört, ist unsere Stimme.

Klang ist der Inbegriff der Erfahrung, dass Beziehung Verwandlung heißt. Jeder Ton verwandelt, er trifft auf mich als Körper und verändert mein Schwingen. Verwandlung durch den Anderen heißt auch immer, dass das Individuum in dieser Transformation zu etwas wird, was es noch nicht ist: zu seinem Anderen, zur Welt. Der Philosoph Helmuth Plessner hat dieses seltsame Dazwischen des Klangs als die »Fern-Nähe« der musikalischen Erfahrung beschrieben. Auch wenn die Quelle eines Tons entfernt liegt, empfinde ich ihn doch unmittelbar hier: »Ton vermittelt zwischen hier und dort, indem er als Schall weder hier noch dort ist, sondern die Trennung aufhebt«, schrieb Plessner.[86]

Stimme drückt den existenziellen Zustand eines Subjekts aus und macht ihn zugleich zu etwas, dem sich andere Subjekte nicht entziehen können. »Das Individuum sprengt die Schicht, in der es sich gegen eine fremde Außenwelt abgegrenzt empfindet«, so Plessner.[87] Hören heißt, unmittelbar dem Medium angeschlossen zu sein. Stimme ist, weil sie dem Ohr im körperlichen Anstoß des Schalls begegnet, ein Ergreifen, ein Berühren, das direkt in den Körper fährt, so wie es aus ihm herausbricht als Echo seiner Vibration. Klang ermöglicht im »Dazwischen« die Verbindung fremder Körper miteinander als ein großer Körper, ist die Anregung des Eigenklangs des einen durch das Schwingen des anderen. Die Physik des Klangs ist die Physik der Transformation: Jedes antwortet dem Anderen, aber nicht als Echo, sondern als Verwandlung der Anregung durch die jeweilige »Eigenresonanz«, also in der Frequenz seiner Individualität. Resonanz heißt nicht, in Form von Ursache-Wirkungs-Prozessen einfach mitzuschwingen, sondern Verwandlung. Schall vereinigt die Körper.

Nicht umsonst hat der Soziologe Hartmut Rosa seine profunde Neuformulierung sozialer Beziehungen unter den Begriff der »Resonanz« gestellt.[88] Resonanz ist Stoffwechsel. Sie schafft eine materielle Verbindung, eine physikalische Kontinuität, die Körper zusammenspannt wie mit »einem Bogenstrich«, wie Rilke in seinem »Liebeslied« schrieb. Dieses Gemeinsamsein durch Gemeinsamschwingen ermöglicht die Resonanz aus den jeweiligen Eigenbeschaffenheiten der Beteiligten heraus, nicht durch eine Uniformierung.

Somit ist Resonanz immer Atem. Sie ist rhythmische Verwandlung des Stoffwechsels mit der Welt. Sie ist die Welt in der Gegenseitigkeit von Beziehungen, von innen als Beziehung ausgedrückt. Lebewesen sind der Beweis, dass der Beziehungscharakter der Welt eine Innenseite hat. Resonanz erlaubt die Entfaltung von Individualität *durch* Austausch, sie gebietet, mitzuklingen, aber nicht in Form einer determinierten universellen Tonhöhe, sondern als individuelle Stimme in einem Konzert.

Ein Wort noch zur Musik als Zeitgestalt. Es kommt nicht von ungefähr, dass der Begriff »Zeitgestalt« bei Goethe in einem anderen Zusammenhang auftaucht: nämlich als Zeitgestalt der Blüte bei der Metamorphose der Pflanzen.[89] Die Blüte ist Zeitgestalt in mehrerer Hinsicht: Sie zeigt in den verschiedenen Ausprägungen ihrer Kelchblätter die Stadien der Metamorphose des normalen Laubblattes in ein Blütenblatt, sie zeigt in den Stadien ihres Erblühens, Verwelkens und Fruchttragens den Fortschritt des Lebenszyklus, und sie zeigt damit, wo sie im Jahr steht, knospend, fruchtend oder in der Befruchtung ganz offen.

Auch die Blüte ist eine Partitur, in der sich die Zeit selbst komponiert. Ihre Zeitgestalt ist das, was uns im Inneren rührt, weil wir in ihr (und verwandelt durch sie) den Zeitprozess unserer eigenen Identitätsbildung erfassen, unser Begehren nach Wachstum, unser Entfalten, unser Blühen, unser Reifen – aber auch unser Welken, unser Gebrochenwerden, und das Verwandeln unserer Wunden in festeres Fleisch. Die Blüte ist Zeitgestalt, weil Erleben in einem Körper Zeitgestalt ist, und darum kann es von der Musik als Zeitgestalt erfasst werden, weil sie ein Erklingen der Zeitgestalt im Medium der Schwingung ist, das ihr als Körper bereits innewohnt und durch ihn nach außen dringt.

Klang als die Erfahrung der Verwandlung durch Welt erstreckt sich so nicht nur auf die eigentlichen Töne, sondern auf jede Form der Beziehung, die immer eine Verbindung durch Verwandlung ist. Das beginnt mit der Komposition chemischer Verbindungen aus Elementen. Die Bindungsenergie des Wassers (die Energiemenge, die man aufbringen muss, um seine Bestandteile wieder zu trennen) ist Ausdruck dieses unsichtbaren Vektors in der Wirklichkeit, mit der sich Sauerstoff und Wasserstoff nach einer Liaison verzehren. »In der Bindungsenergie drückt sich aus, dass der ganzheitliche Elementarzustand gegenüber der individuellen Existenz bevorzugt wird«, beschrieb dies der Mathematiker und Philosoph Philip Franses.[90]

Der Eros dieser Ökologie der Beziehungen, die wie der Atem immer je die Verwandlung des Fremden in das Eigene und des Eigenen in das Fremde sind, findet nicht vor einem objektiven Zeithorizont statt, sondern er realisiert Zeit, indem er Bezüge realisiert. Die Beziehungen, die aus einem Drängen nach Intensität entstehen, das den Hintergrund der Wirklichkeit bildet, machen Zeit wirklich – so wie eine Sonate Zeit erschafft und dieses Erschaffen als emotionales Ereignis verwirklicht. Zeit entsteht, wenn sich Bedeutung entfaltet. Und auch hierin enthüllt sich Musik als Herzschlag der Realität.

Die klassische Physik sieht Zeit weitgehend als Rahmen für die anderen in ihr sich entfaltenden Größen und nicht selbst als eine Erscheinung, die sich in Gegenseitigkeit hervorbringt. Aber für Musik und Körper gilt gleichermaßen: Durch die in ihnen sich entfaltende Bedeutung ereignet sich Zeit erst. Philip Franses glaubt daher, dass wir neben dem Chronos, der Zeit als Abfolge – und, so sei hinzugefügt, dem Kairós, der Qualität der Zeit – noch eine andere Zeit betrachten müssen, die Zeit des Aion. Diese besteht nicht aus neutralen, aufeinander folgenden Zeitpunkten, sondern bildet sich erst aus der Komplikation von Beziehungen: Zyklus, Rhythmus, Weltzeit.[91] Die Zeit als Aion ist der Prozess, der Identität herstellt, und sie ist es nicht nur im Individuum, sondern als Wirklichkeit selbst. »Klassischerweise stellen wir uns Energie als grundlegend vor und Zeit als Aufzeichnung ihrer Änderungen, so wie in Stephen Hawkings Buch ›A Brief History of Time‹. Aber wenn wir Energie / Zeit als miteinander verwobenes Potenzial verstehen, dann kommt Wirklichkeit nur zustande als eine Art Erforschung dessen, was alles möglich ist und sie wird nur zur Abfolge, wenn sich Bedeutung konkretisiert«, wie Franses schrieb.

Musik ist unser Zeitorgan. Musik ist ein Sinnesorgan, um die Zeit zu erfahren. Für Franses ist Zeit das, was erst entsteht, wenn sich Dinge verändern, wenn also Bedeutung entsteht. Zeit ist die Dimension, in der Sinn aufgeht, oder vielmehr: Indem sich sinnvolle Verbindungen und Erfahrungen einstellen, stellt sich auch Zeit ein. Die Zeit als Aion, als von innen erfahrene Bedeutung materieller Ereignisse, so Franses, »formt sich durch den kreativen Impuls selbst, dadurch, wie Form ihre Existenz findet«, und ist so die reale Geschichte des schöpferischen Entfaltens, dessen Teil wir sind und das wir vorantreiben.[92] Die Zeit als Aion ist die Zeit der Lebewesen, in welcher diese sich selbst hervorbringen und so Bedeutung erschaffen und erfahren.

Ist Singen die Poetik des Atems, so liegt in der Stimme die Ethik der Beziehung. Wenn ich Klang bin, dann liegt in der Erlaubnis des Klingens – und des Singens – und schon des Sprechens, denn zu einem Restbestand ist die Modulation individueller Stimme ja bereits immer Lied, tönendes Ich – die Erlaubnis des Seins. Ganz in Resonanz zu sein, ist auch ganz Welt zu sein.

Stimme ist somit eine Dimension des Selbstseins. Dieses Selbstsein ist geteiltes Sein, und zwar auf eine Weise, bei der ein Subjekt einem anderen Raum einräumt: Ich höre dich, du bist wirklich. Selbstsein wird durch Resonanz gewährt, in der eine Person einer anderen den Raum zum Klingen gestattet. Diese Resonanz muss nicht streng akustisch sein: Wir haben ja gesehen, dass Klang als Transformation des

Einen durch das Andere die Struktur der Lebendigkeit durchzieht, gleich in welchen Sinneskanälen sich diese entfaltet. Lebendigkeit heißt, ein Anderes wahrzunehmen, indem ich es in mir und durch mich verwandele.

Darum konnte meine erste Erfahrung klingender Töne als Kind schlechter nicht eingebettet sein als in den Rahmen aus Leistungsdruck und Selbstdarstellung, den die Erwachsenen ihr gaben. Musik ist Sich-Zeigen, jedoch nicht unter der Form der Bewertung. Sie ist das Sich-Zeigen als Getriebe der Welt, wie es Wesen betrifft, die begehren, so wie unser Körper selbst sich zeigt, im entspannten Rhythmus des Atems oder im rasenden Puls. Musik zeigt das Leben, so wie ein Tier sich zeigt, als bewegte Fellgestalt unter dem Busch, urteilslos, schamfrei, unbewertend.

In der Musik lässt sich kein Urteil fällen und kein Sarkasmus formulieren.[93] Sie urteilt nicht, denn sie ist das Leben selbst, von innen. Das Leben aber, das ist und nicht urteilt, das sich mitteilt und einlädt, ohne zu sortieren, ist, als Idee, das Ganze in seiner Totalität. Und es ist zugleich, als unmittelbare Erfahrung, mein eigenes Ich. Musik ist dann kein Feind mehr, nicht mehr der unerreichbare Maßstab der Anderen, sondern Heimat: das, was ich wiedererkenne, weil ich es noch nie gesehen habe.

9 WÖRTHERSEE

Das Wasser des Wörthersees ist türkisgrün, wie ein Gletscherbach. Wenn sich bei der Anreise mit der Bahn die Berglandschaft Kärntens weitet, ist die Farbe des Wassers ein kleiner Schock. Der riesige See ist von diesem rätselhaften Türkis, als wäre er gar nicht wirklich hier in einem besiedelten Tal, sondern läge hinter den Zacken und Zinnen der es umgebenden Berge, auf einer entfernten alpinen Hochebene. So anders ist es, dem Wörthersee entgegenzufahren, als etwa dem Bodensee. Dieser öffnet sich, wenn der Zug kurz vor Lindau das Gestade erreicht, als Fläche von Licht. Sie wird von den fernen Hochalpen umkränzt, die ebenfalls aus Licht zu bestehen scheinen. Der Wörthersee aber macht die Landschaft dunkler. Während der Bodensee Licht emittiert, saugt der Wörthersee es ein. Das Wasser behält das Licht in sich, in seiner Tiefe, wo es in diesem hochalpinen Gletschertürkis schimmert.

In einer der Gründerzeitvillen in Maiernigg am Südufer des grünen Sees lebte der Komponist Gustav Mahler. Auch die Villa hat etwas Dunkles. Die Fensterläden des Gebäudes aus Stein und Fachwerk sind geschlossen, als hielte das Haus immer noch Trauer. Hier starb 1907 in einer Sommernacht eine Tochter des Komponisten an Diphterie. Danach gaben Mahler und seine Frau Alma das Haus auf. Auch die derzeitigen Besitzer scheinen hier nicht zu wohnen. Leise schwappen die türkisen Wellen an einen Holzsteg. Darunter schweben Gruppen von gepunkteten Forellen im milchigen Grün des Uferwassers.

Oberhalb der düsteren Villa am langgezogenen See, zu erreichen nach einer halben Stunde Fußmarsch durch lockeren Laubwald, entlang an Wegrändern, die mit gelbblühendem Springkraut eingefasst sind, steht das kleine Steinhaus, in dem Mahler einen Großteil seiner Musik schrieb. Das Gebäude hat nur ein Zimmer. Die Eingangstür ist auf der Hangseite, nach Süden. Das Nordfenster geht auf die Bäume und den türkisfarbenen See. In den Sommern, die der Komponist in seiner Villa verbrachte, wanderte er jeden Morgen hier herauf. Seine Schritte ließen die Blutströpfchen aufstieben, jene in metallischen Blau-, Rot- und Grüntönen schillernden Schmetterlinge, die aussehen, als wären sie aus gestocktem Licht.

Eine Bedienstete brachte Mahler während seiner Arbeit zwischendurch Kaffee. Ansonsten bestand der Komponist darauf, dass alle Menschen einen weiten Bogen um seinen Schaffensort machten. Er konnte sehr ungemütlich werden, wenn ein Spaziergänger zu nah am Häuschen vorbeiwanderte. Mahler wollte bei seiner Arbeit etwas hören, was menschliche Stimmen nur verdeckten. Die Vorkehrungen, die der Komponist traf, um Musik hervorzubringen, erscheinen ähnlich wie bei einem Meditationsretreat. Nichts durfte zwischen den Meditierenden und den Kosmos treten. Nur versuchte Mahler nicht, sein Ego in der Gegenwart des Einen still zu versenken, sondern diese Gegenwart hörbar zu machen. Was er komponierte, sollte in der Tat nichts anderes sein als das: die Schöpfung selbst, die sich zeigt.

Gustav Mahler hat mich als jungen Mann in die Musik mitgenommen. Es war ein Zufall, der im Nachhinein nicht als Zufall erscheint, eine Notlage, die sich später als Glück enthüllte. Zur Musik, zum Hören bin ich gekommen, als mein Sehfeld stark eingeschränkt war. Ich wohnte in einem schäbigen Zimmer des Studentenwohnheims nahe dem Hamburger Hafen. Es gab ein paar abgestoßene Möbel und meinen Rucksack, der irgendwie deplatziert wirkte. Ich hielt mich in ständiger Bereitschaft zur Abreise. Das Fenster war blind; ein großer weißer Fleck hatte sich zwischen den Scheiben in alle Richtungen zum Rahmen hin ausgebreitet. Ich hatte begonnen, Medizin zu studieren, aber verstand kaum etwas in den naturwissenschaftlichen Anfangskursen. Morgens stellte ich den Wecker wieder aus, wenn ich zur Chemievorlesung aufstehen sollte. Ich war einsam.

Immer wenn die Einsamkeit groß und greifbar mich begraben wollte wie eine schwarze Decke, hörte ich Musik. Ich hatte nur ein einziges Musikstück. Das war von Gustav Mahler. Es war das »Lied von der Erde«, die Aufnahme mit Christa Ludwig, René Kollo und dem Israel Philharmonic Orchestra unter Leonhard Bernstein. Das wusste ich allerdings damals nicht, das habe ich später so rekonstruiert. Die Aufnahme hatte nämlich keine Hülle. Sie war nicht auf einer Schallplatte oder einer CD. Sie war auf einer Magnetbandspule.

Diese Spule steckte auf dem tragbaren Tonbandgerät, das mir mein Großvater vererbt hatte. Er war ein paar Monate zuvor gestorben. Ich hatte kein enges Verhältnis zu ihm. Er kam mir immer etwas distanziert und unheimlich vor und war ziemlich sarkastisch. In den letzten Erinnerungen, die ich an ihn habe, kurz vor seinem Tod, improvisierte er am Klavier, stundenlang, in gleitenden Läufen, immer neu von melodischen Einfällen genährt. Sein Leben lang hatte er so Klavier gespielt, getragen von einem Fluss aus Tönen, die auseinander hervorsprudelten, nacheinander emporwallten und sich gegenseitig fortspülten. Er hatte nie eine klassische Ausbildung erhalten. Er war kein Musiker. Das Klavier war seine ganz persönliche, ganz private, ja seine einzige Methode, sein Inneres in Wahrnehmbarkeit zu verwandeln.

So habe ich meinen Großvater nun in Erinnerung, hingegeben an rauschhafte Tonkaskaden, jemand, der mir ein altertümliches Tonbandgerät mit einer einzigen Spule vererbt, darauf das »Lied von der Erde«.

Mir blieb also nichts anderes übrig, als dieses eine Band zu hören. Ich fand die Musik freilich ziemlich sperrig. Ich mochte sie eigentlich nicht, aber ich hatte nichts anderes. Und dann gab es da doch etwas in den Tonfolgen, das ich erkannte, bei aller unmelodisch erscheinenden Unzugänglichkeit. Etwas von mir, etwas aus meinem Lebenskern, das mich an einer inneren Stelle berührte. Etwas nie Vernommenes, aber zugleich Wiedererkennbares und Spezifisches. Etwas Eigenes, das nur mir gehörte, aber zugleich auch sich selbst, hermetisch und charakteristisch.

Ich lauschte dem Stück auf dem Tonband wieder und wieder. Und langsam verlor es seine Disharmonien, verwandelte sich aus den gebrochenen Tonläufen in ein kohärentes Ganzes, das mich erfüllte – oder nein, das mich vielmehr ausleerte, von Innen nach Außen wendete, das aus dem stumm Empfundenen eine Welt machte, der ich begegnen konnte und die sich so erst als ein Ganzes zu erfahren vermochte. Ich begann, mit Mahler zu atmen. Ich begann, mit dem »Lied von der Erde« lebendig zu werden, weil das, in was es mich einlud, was es in mir fand, die Lebendigkeit war, meine ganz eigene und spezifische, ergriffen mit der scharfen Pinzette der ganz eigenen und spezifischen Lebendigkeit des Komponisten, und doch darin die ganze Lebendigkeit, als eine Landschaft auf der Innenseite der Erfahrung, eine Welt, nicht im Raum, sondern im Selbst der Wirklichkeit.

Gustav Mahler hat mir also in meiner Jugend die Musik aufgeschlossen. Und er hat es getan, indem diese zur Begleiterin durch den Innenraum meines Erlebens wurde. Während das Tonband abrollte, entfaltete sich ungeahnte Wirklichkeit, die mich bis heute nicht mehr losgelassen hat. Wie gelingt es Musik, die formenden Kräfte der Schöpfung zu bündeln und uns zugänglich zu machen? Was für eine Art von Natur ist Musik, wenn sie doch nicht ein Geschöpf ist wie ein Tier oder eine Pflanze, aber dennoch einen seelischen Raum umfasst? Diese Fragen haben mich seither nicht mehr losgelassen.

Vielleicht ist es kein Wunder, dass gerade Mahler mich in dieser ersten Zeit so berührt hat und ich dann, viel später allerdings, begonnen habe, mich zu fragen, was eigentlich Lebendigkeit ausmacht und wie wir uns und die Welt in uns und um uns als lebendig – und nicht mehr nur als schale Projektionen – verstehen können. Gibt es eine innere Verbindung zwischen Mahlers Naturell und seiner Suche nach Lebendigkeit, die er in der Musik durchmacht und die er die Musik durchmachen lässt? Eine solche Perspektive würde auch die Idee vom tragisch gebrochenen Mahler korrigieren, vom Weltschmerz-Komponisten, der immer wieder den musikalischen Hammer auf den Hoffenden niedersausen lässt. So hat man ja oft seine Sechste Sinfonie interpretiert, als nachhaltig zertrümmerte Hoffnung. So sieht man ihn im Geiste in Maiernigg sitzen, auf der Veranda seines düsteren Hauses über dem türkisgrünen See.

Wir wissen, dass Mahler die »Natur« viel bedeutet hat. Eines der vielen Indizien dafür ist, dass der Komponist sich immer wieder Orte erschuf, in denen er nicht von Menschen, sondern von Bäumen, Vögeln und Insekten umgeben war, wie oberhalb des Wörthersees in Maiernigg. Im Komponierhäuschen formte er seine Eingebungen, zurückgezogen vom Getriebe der Menschen und hingegeben an das Wirken der nichtmenschlichen Wesen. Diese – die Seen und die Föhren, die Blumen und die Gipfel – sind noch tiefer in seine Musik verflochten, als es allein die inoffiziellen Satztitel etwa in der Dritten Symphonie wie »Was mir die Blumen auf den Wiesen erzählen« scheinen lassen mögen. Die Toblacher Gipfel habe er alle schon »wegkomponiert«, berichtete Mahler einmal seinem Freund, dem Dirigenten Bruno Walter. In Toblach, in Osttirol, war das neue Sommerdomizil des Musikers, nachdem er die Villa am Wörthersee aufgegeben hatte. Auch hier verfügte er wieder über eine abgelegene Hütte für die schöpferische Arbeit. Mahler glaubte: »Wahrscheinlich empfangen wir die Urrhythmen und -themen alle aus der Natur.«[94] In seiner Musik sprach der Komponist diese Ursprache neu aus.

Die Urrhythmen sind Rhythmen, nach denen sich das Lebendige entfaltet. Die Urthemen sind, weil das Lebendige die Geburt und den Tod umschließt, notwendig ambivalent. Die Ekstase und der Schmerz sind Teile der Wirklichkeit, nicht Exaltationen einer überspannten, individuellen Psyche, wie sie viele Mahler immer noch nachsagen. Sie verkennen sein kompositorisches Ziel: Musik aus dem Inneren der Wirklichkeit hörbar zu machen. Mahlers Intuition steht dem entgegen, was die kanonischen Autoren des Fin de siècle und schon vorher die des ausgehenden 19. Jahrhunderts – Marx, Darwin und Freud – behaupteten: Die Wirklichkeit ist uns nicht fremd. Der Mensch bleibt von ihr nicht exiliert – im Gegenteil. Sie ist sein Leben, so wie sie das Leben der Vögel und Blumen ist, der Forellen und der Wasserwellen, schlicht, weil es die Lebendigkeit selbst ist, die in ihren Formen erscheint.

Musik ist eine dieser Erscheinungsformen. Wie alle Erscheinungen der Lebendigkeit hat sie eine sinnliche Hülle (die Töne, die Luftwirbel, die Schwingungen der Haut und des Trommelfells) und dadurch einen inneren Gehalt. Lebendigkeit ist innere Erfahrung, ist emotive Vergewisserung, auf fühlend betroffene Weise Teil eines fruchtbaren Prozesses zu sein und in diesem auch wieder zu verlöschen. Heute will mir scheinen, dass Gustav Mahler das herausspielen wollte. Er war ein musikalischer Mystiker, so wie es ja auch Naturmystiker gibt. Aber letztlich ist beides wohl das gleiche.

Das Mystische an Mahlers Musik – die Erscheinung der Natur in ihrem Innen als Tongestalt, die aber wiederum ein Innen ist – zeigt sich am stärksten in jenen Passagen, die Theodor W. Adorno, ein großer Mahler-Verehrer und scharfzüngiger Apologet, dessen »Erfüllungsebenen« nannte.[95] Die Erfüllungsebenen rollen langsam von den zerklüfteten Höhen der vorhergehenden Sätze und einleitenden Takte aus (wie die Ebene des Wörthersees von den Kärntner Nockbergen im Norden ausrollt und dann zum Alpenhauptkamm im Süden hin wieder ansteigt). Sie steigern sich alle zu jenem Moment, in dem der Toncharakter ein inneres Zentrum trifft, etwas vom Innencharakter der Welt, nicht der einzelnen Dinge und auch nicht der einzelnen Wesen, sondern etwas von ihrem Wesentlichen, dem Anliegen, dem Begehren dieser Welt, sich zu zeigen, zu entfalten, immer wieder zu vereinigen und stets aufs Neue zu entmischen.

Mahler habe seinen Tod komponiert, heißt es von manchen Stellen der Neunten und Zehnten Symphonie. Man sucht dann immer, welche. Das ist wieder diese Jahrhundertwende-Romantik, die nicht das trifft, worauf es dem Mystiker Mahler ankam. Ein Mystiker sucht danach, den inneren Kern der Welt unmittelbar zu erleben. Ein Mystiker sucht das Eine, aber nicht als intellektuelle Erkenntnis, sondern als Erfahrung, als Vergegenwärtigung. Und in dieser Vergegenwärtigung ist dann das Erlebnis, die Erscheinung zugleich der Kern der Realität des Einen. Das Ansinnen des musikalischen Mystikers ist, in der Komposition diesen Kern der Welt wirklich werden zu lassen und damit das Eine erfahrbar zu machen, überwältigend, blendend real, in sinnesübermannender Süße umfassend.

Adorno wurde diesen Momenten des mystischen Sich-Zeigens nicht gerecht, wiewohl er sie erkannte und wusste, dass es etwas Besonderes mit ihnen auf sich hat. Adorno war mit seiner Fixation auf das »Nichtidentische« natürlich selbst Mystiker, jedoch mit sorgfältiger, bürgerlicher Verklemmtheit. Die Punkte, an denen bei Mahler die Komposition in die Erscheinung der fruchtbaren Wirklichkeit als manifeste Substanz durchschlägt, beschrieb Adorno eben nur so, in der Metaphorik des Bürgers: als »Anblick des sprichwörtlichen Dorfs, von dem man glaube, das sei es«.

Mahler selbst war aristokratischer. Kosmopolitisch. Er blieb sein eigener Maßstab. Er riskierte es, die Hörer zu erschrecken. Er vergraulte die, die nach Harmonie suchen (wie damals ich hinter der blinden Scheibe auf meiner einzigen Magnetbandspule), damit, dass die Süße wieder wegschwimmt, und schüchtert die, die Ordnung wünschen, damit ein, dass er überhaupt solche Erscheinungspunkte der Wirklichkeit erlaubt, dass er die Wirklichkeit durch die Noten durchschlagen lässt.

An diesen Stellen bildet die Musik nichts ab, sondern ist – ist selbst das, was sich zeigt. Wir sind mit ihr in dem, was Rilke in der gleichen Epoche als »Weltinnenraum« bezeichnet hat, und was ich heute *poetic space,* den poetischen Raum der Welt, nenne (und im letzten Kapitel noch einmal umfassend entfalte): Ein Netz des existenziellen Bedeutens, aus dem die Formen erst hervorgehen. Die Musik, auf die Mahler hinschrieb, ist dieses Bedeuten in seiner nackten Existenz. Das Interessante ist, dass auch unser inneres Erleben selbst dieses Bedeuten in seiner nackten Existenz ist. In Wahrheit erfahren wir dieses Innere stets, in der Gegenwart von allem was lebt. Mahler aber hat es herauskomponiert, er hat es eingeladen, er hat den Finger auf das Zentrum gelegt, und zwar von innen.

Alle, die Mahler kennen, wissen, welche Stellen Adorno mit »Erfüllungsebenen« bezeichnete. Jedes große Werk des Komponisten enthält sie, mal konzentrierter, mal abgemildert, teils nur einmal, teils seriell. In der Ersten am Ende des Crescendos im Vierten Satz ist so ein Punkt, nach dem es wieder ins Geklüft hinauf geht. In der Zweiten kommt er zu Beginn, in der Dritten gleich mehrmals, nach der Hälfte des Ersten Satzes und dann im Finale, mit Reprisen und Echos. Das Lied von der Erde hat im »Abschied« zwei solcher Momente, in der Sechsten werden sie dreimal erreicht und dreimal wieder genommen.

Aus dem Blickwinkel des mystischen Komponisten ist es in der Sechsten Symphonie dann gar nicht mehr der schon erwähnte und oft zitierte Hammer des Schicksals, der den Unglücklichen trifft. Der Absturz nach dem Aufschwung ist vielmehr der Fruchtbarkeit des Seins geschuldet, für die wir essbar sein müssen, um weiteres Sein zu erlauben. Gebürtigkeit und Sterblichkeit haben im Gleichgewicht zu bleiben, und in Wahrheit ist es dieses Verstehen, nicht ein individuelles Schicksal, das uns bewegt.

Bei Mahler ist also Musik in ganz spezifischer Weise eine Naturerscheinung: Sie schafft es, dass in ihr Natur selbst erscheint, nicht in ihren »Form-Enden«, um es mit Paul Klee zu sagen, nicht in den ausgeformten oder abgeformten Dingen, sondern als »formende Kräfte«, aus der Innenseite des Erlebens heraus. Musik ist nicht eine Erscheinung der Natur wie ein Gewitter oder ein Regenbogen. Das ist sie auch, gewiss, weil alles voller Töne ist, aber sie ist vor allem die Erscheinungsweise dessen, was Natur ausmacht. Musik ist der Modus, wie sich Natur von innen, aus dem Ihr-Teil-sein, Sie-Selbst-sein, ereignet und zugleich erfährt.

Wieso ist das so? Was für eine Pforte öffnen die Töne? Unsere körperliche Erfahrung ist die Erfahrung, Stoff zu sein, ein Stück Welt zu sein. Und diese ist aufgrund des oszillierenden Charakters dieser Welt eine Klangerfahrung, ja, in Wahrheit so etwas wie die in das Körperliche geronnene Gestalt des Klingens. Darüber habe ich im vorangehenden Kapitel gesprochen. Erfahrung ist somit als solche etwas, was sich in Musikalität nachvollziehen lässt, nämlich als das innere Erleben von Bedeutung. Dieses Bedeutungserleben können wir auch als Fühlen bezeichnen. Musik ist die Realisierung dieses Fühlens im physikalischen Medium der Materie, in Form von Wellenbewegungen einer Matrix, die auch ich selbst bin.

Weil das Organische das Musikalische ist, haftet der Musik, wie dem Lebendigen, immer etwas Abgründiges an. Leben ereignet sich zwischen Geburt und Tod. Der Sozialphilosoph Boike Rehbein meint: »Die Welt [...] ist von Anfang an ambivalent. Sie ist [...] Schönheit und [...] Leid und damit beides zugleich«. Der Musikwissenschaftler Hans Heinrich Eggebrecht beobachtet: Der Umstand, dass »zwei oder mehrere Dinge in ihrer Verschiedenheit aus Einem hervorgehen und einander bedingen, korrespondiert [...] der Idee des Werks als eines [...] Organismus, bei dem alles einzelne in seiner Verschiedenartigkeit aus einem Keim entsteht und zum Zwecke des Ganzen miteinander verknüpft ist. Mahler hat [...] die Organismusidee [...] auch auf sein Schaffen bezogen«.[96] Alle Organismen sind sterblich. Keiner ist je wirklich tot.

Diese Abgründigkeit ist nichts rein Äußerliches. Sie ist vor allem die Erfahrung aus dem Inneren eines Wesens. Damit wird der Klang zum Ausdruck dieser inneren Erfahrung. Musik ist der Nachweis dieser Innerlichkeit, und zugleich die Möglichkeit, wie wir uns der Materie bemächtigen, indem wir sie in die Dimension unserer eigenen Innerlichkeit hinein verwandeln. Die Welt als großer Stoffwechsel findet ihren Charakter im Atem, dem Weg, auf dem sich jeder Stoffwechsel mit anderem Leben außer ihm verbindet. Musik ist die Poetik des Atmens. Diese hat Mahler komponiert.

Musik und Körperlichkeit stehen in intimem Zusammenhang. Beide lassen sich nur über Zwischenraum verstehen. Beide verhalten sich zueinander so wie Bild und Spiegelbild – oder vielmehr: wie das Bild, das eine Person von sich selbst hat, und das Bild, das sich eine andere von ihr macht. Erst die Überlagerung von Selbst- und Fremdwahrnehmung bringt das Ganze zusammen. In beiden – Komposition und Körper – konnte etwas, das mehr als Materie ist, zu einer Form gelangen, die sich sinnlich erfassen lässt, und nur so überhaupt erst vermochte, wirklich zu werden.

Darum schenkt uns Musik Einsicht in die Wirklichkeit. Sie lässt uns mitvollziehen, was diese Wirklichkeit – verleiblichte Subjektivität – in ihrem Innersten bedeutet. Musik ist Natur, als Miterfahrung. Sie ist Natur, wie diese sich in ihrem Kern konstelliert. Damit ist sie von höchster Allgemeingültigkeit. Musik formuliert eine poetische Objektivität. In ihr offenbart sich das Spektrum der Bedingungen, am Leben zu sein.

Weil sich in der Komposition das Innere des Komponisten als lebendes Subjekt zeigt, können wir unser Verständnis der Lebendigkeit weiten – der eigenen, aber auch jener, welche die Wirklichkeit als solche beseelt. Das Innere des Komponisten, seine tiefste Innerlichkeit, ist das Lebendige, nicht sein Ego. Daraus strömt die Musik. Vergessen wir nicht, dass Mahler insgeheim den letzten Satz seiner Dritten Symphonie, jenen, in dem sich die »Erfüllungsebenen« geradezu ballen, wahlweise mit »Was mir die Liebe erzählt« oder »Was mir Gott erzählt« übertitelte, wie er der Freundin Anna von Mildenburg berichtete. Mahler wusste, was er tat. Die Liebe erzählte ihm keine Geschichten. Sie breitete ihr Inneres vor ihm aus.

Mahler schrieb in einem Brief, als die Dritte Sinfonie fast fertig war: »Stellen Sie sich ein Werk von einer solchen Größe vor, dass es tatsächlich die ganze Welt widerspiegelt – Sie sind sozusagen nur ein Instrument, auf dem das Universum spielt [...] In der Musik hat die Natur selbst ihre Stimme gefunden [...] und wenn ich einige Teile lese, kann ich kaum glauben, dass ich sie selbst geschrieben habe.«[97]

Er hat sie auch nicht selbst geschrieben. Jedenfalls nicht allein. So wie wir sie auch nicht allein als sein Werk hören. Wir verstehen seine Musik, weil das Gehörte Inneres ist. Aber es ist nicht privates Inneres allein, sondern ein Teil des Inneren der Welt. Musik ist deren Natur, weil sie wie jedes ihrer Wesen – wie wir auch selbst mit allen unserer Atemzüge – eine Pforte in den poetischen Raum öffnet, der alle Natur umschließt und erst aus sich hervorbringt. Mahlers Musik spielt ganz und gar in diesem Raum.

10 BLAUMEISE

Nach wochenlangem Grau klärt sich der Himmel eines Morgens auf. Sein durchscheinendes Blau wölbt sich schüchtern über den Dächern, über den fernen Schornsteinen des Kraftwerks Siemensstadt, den kargen Ästen von Ahorn, Eiche und Birke. Es ist noch mitten im Winter, aber die plötzliche Helligkeit öffnet den Blick auf einen unsichtbaren Horizont. Mit einem Mal lastet das Himmelsgewölbe nicht mehr als niedrige Decke über mir, sondern gibt den Blick nach oben frei, spendet dem Atem Tiefe und Verheißung. Ich sauge den Himmel in mich auf und spüre neue Freiheitsgrade in meiner Brust aufsteigen.

Wie ein schüchternes Echo meiner Empfindungen höre ich die Blaumeisen in den blattlosen Sträuchern vor dem Fenster rufen. Auch die Vögel scheinen durch die transparente Atmosphäre plötzlich aufgeregt. Sie benehmen sich, als ob ihre Paarungszeit gerade begonnen hätte. Offensichtlich teilen sie meine Aufregung. Ihr liegt weniger die größere Menge an Licht heute Morgen zugrunde als eine unerwartete Öffnung des Raums. Die Zweige der kargen Bäume dehnen sich aus wie Risse in einem zart glasierten Gefäß. Ich wachse mit dem Himmel. Mein Inneres dehnt sich mit dem Blau hinauf. Ich werde der Himmel. Der Himmel lädt mich ein, ich selbst zu werden.

Und in der Tat bin ich der Himmel, in einem sehr konkreten, materiellen Sinn. Der Himmel, dieses unendliche Gefäß aus Luft und Wasser, ist das, was ich atme, was meine Lungen mit Ebbe und Flut füllt, wie Wellen, die an ein Ufer schlagen und sich wieder zurückziehen. Wie der Sand am Strand sich mit Wasser sättigt und dadurch Teil des Ozeans wird, verwandelt mein Atem den Himmel in meinem Körper. Mit der gleichen wellenartigen Bewegung, die das Wasser bewegt, wenn es immer neu heranrollt und die Poren des Sandes füllt, nimmt mein Körper den Sauerstoff auf. Er »verarbeitet« ihn nicht, sondern verwandelt ihn buchstäblich in sein eigenes Fleisch.

Und wie die zurückweichende Welle die losen Körner, Algen und den am Ufer liegenden Meeresmüll mit sich zieht, atme ich aus und mein Körper wird zum Himmel, baut seinen blauen Bogen mit auf. Der Kohlenstoff, der eben noch mein Fleisch war, löst sich langsam in meiner Lunge auf und schwebt davon, ein langsames Mäandern, das sich mit den anbrandenden Wellen vermischt, eins mit den langsamen Oszillationen der Atmosphäre wird.

Während des Atmens füllt sich mein Inneres buchstäblich mit Himmel. Ich verwirkliche mich als Himmel durch die nüchterne Alchemie des Stoffwechsels. Der Stoffwechsel ist das pulsierende Auf- und Abbauen meines Körpers, sein Aufstieg aus der Materie der Welt und seine Auflösung zurück in diese hinein. Deshalb offenbart sich das In-der-Welt-Sein in seiner Tiefe als Welt-Sein. Mein Sein in der Luft, die den Himmel bildet, erweist sich letztlich als das Sein der Luft, das Sein des Himmels selbst. Mein Stoffwechsel offenbart mir die Weise, wie sich die Welt organisiert.

Diese Offenbarung hat eine praktische, materielle Seite, die von meinem organischen Funktionieren gewährleistet wird. Diese praktische Seite bedeutet, dass ich nur dann als Himmel existieren kann, wenn es meinem Körper erlaubt ist, sich atmend in sein Blau zu verwandeln, sich aus ihm aufzubauen und sich dann wieder daran zu verschenken. Aber diese Erfahrung des In-der-Welt-Seins hat noch eine andere Seite, die weniger praktisch, sondern eher gefühlsmäßig ist. Es ist das Gefühl der Leichtigkeit unter einer hellblauen Kuppel, das die Lungen anschwellen lässt.

Das Blau des Himmels in meiner atmenden Brust zeigte mir, dass wir zu weit greifen, wenn wir für unsere Verschränkungserfahrung die Quantentheorie bemühen. Wir selbst sind nämlich bereits so beschaffen, wie die Quantentheorie die Welt beschreibt. Weil Organismen fühlen, wie ihr Körper in Wechselwirkung mit allen anderen Körpern innerhalb der Atmosphäre steht, weil sie durch die Kette der andauernden Verwandlungen gleichsam mit der ganzen Welt und in der ganzen Welt fühlen, wissen wir längst, was es mit der Quantentheorie auf sich hat.

Die moderne Physik hat mit ihrer Entdeckung der »Verschränkung« eigentlich enthüllt, dass die Welt im Ganzen lebendig ist – und wir Teil dieser Lebendigkeit sind.

Es ist eigentlich amüsant, dass die Pioniere der neuen Physik so über die Seltsamkeit staunten, die sich aus ihren Gleichungen ergab und die durch Versuche wie dem Doppelspaltexperiment belegt wurden. Die Forscher wunderten sich, weil das Bild einer Welt der Dinge, die durch Ursache und Wirkung untereinander in Wechselwirkung stehen, unerwartet zerstört wurde. Aber sie bemerkten meist nicht – oder nur wie durch einen Schleier –, dass sich dafür im Gegenzug unsere direkte Lebenserfahrung bestätigte.

Jeder Lebensprozess stellt beständig neue Verschränkungen her. Der Sauerstoff, den ich in diesem Moment atme, wurde vielleicht vor Monaten von Blaualgen auf dem Westatlantik ausgeatmet. Im Metabolismus sind Lebewesen – nicht metaphorisch, sondern ganz real – das Ganze. Mit dieser Perspektive kann sich die Biologie der Physik in ihrer bahnbrechenden Revolution anschließen. Was die seltsame Realität der fortgeschrittenen Physik in der Theorie ist, ist die Erfahrung, die Organismen machen, in der Praxis. Umgekehrt folgt daraus, dass die Welt auf der letzten Ebene nicht »physisch« ist, sondern lebendig.

Dieser »Quantensprung« kann das biologische Denken aus seiner immer noch überwiegend dem mechanistischen Denken verhafteten Ecke herausholen. Bislang werden Körperfunktionen weitgehend nach mechanischen Prinzipien erklärt – während der Geist weiterhin rätselhaft bleibt. Indem wir anerkennen, dass das Leben ein Geschehen ist, in welchem Materie einen subjektiven Standpunkt einnimmt, sehen wir, dass Subjektivität einen Faktor in der physischen Welt darstellt.

Wir sind diese Welt, ihre Materie. Diese Identität mit der Welt ist der Gegenstand unseres Fühlens. Sie ist es, worum es beim Fühlen in der Tiefe geht. Die Erfahrung, lebendig zu sein, ist sozusagen der »Ground Zero« jeder ökologischen Erfahrung. Sie heißt zu erfassen, in der Tiefe mit der gesamten materiellen Welt verwoben zu sein. Die Erfahrung, lebendig zu sein, ein biologisches Subjekt zu sein, ist die Erfahrung, Materie von innen zu sein. Und daher ist es die Erfahrung, die Welt zu sein.

Die Physik hat diese Lebendigkeit im Herzen der Dinge angetroffen. Aber sie wird sie erst dann richtig einordnen können, wenn sie die Welt als solche als lebendig versteht. Biologische Welterzeugung ist Verflechtung aus einer inneren Perspektive. Weil aber die Welt als Ganze in sich verflochten ist, kann sie überhaupt nur lebendige Erfahrung hervorbringen. Materie hat stets einen Aspekt, bei dem sie sich im inneren Erleben spürt. Organismen bringen diese Seite ans Licht. Aber sie führen dabei nicht etwas Neues ein, sondern leben das aus, was der Wirklichkeit stets zugrundeliegt. Die Wahrnehmungsrealität der Organismen verwirklicht somit die »tiefe« Seite der Physik als Erfahrung. Die Biologie ist sozusagen »Tiefenphysik«. Die Quantentheorie ist auf die Lebendigkeit im Herzen des Kosmos gestoßen. Aber dieses Herz tragen wir immer schon in uns.

Biologische Individualität ist ein kontinuierlicher und fortlaufender Prozess, in dem sich die Welt selbst verwandelt. Diese fortwährende Transformation der Welt, um die eigene Subjektivität immer wieder neu hervorzubringen, macht den Kern im Handelns jedes biologischen Akteurs aus. Dieser Prozess ist zugleich immer auch eine Erfahrung. Ein Lebewesen verwandelt die materielle Welt vom Standpunkt seines eigenen existenziellen Interesses aus. Es erschafft mit dem physischen

Körper zugleich ein Zentrum des Handelns, das alles, was ihm geschieht, als existenzielle Bedeutung erfährt.

Wenn ein Lebewesen durch seine Körperhaftigkeit nicht materiell vom Rest der Umwelt getrennt ist, entspricht das auf faszinierende Weise der Situation in der modernen Physik: Auch hier ist der Beobachter nicht von dem getrennt, was er beobachtet. In der Quanten- und Relativitätstheorie verändern die Beschreibungen von Position, Impuls und Geschwindigkeit der beobachteten Partikel diese Objekte. Genau das heißt »Verschränkung«: eine gegenseitige Veränderung durch Teilnahme. Wenn wir von der Tatsache ausgehen, dass durch den Stoffwechsel jedes Wesen zu einem Grad selbst die Welt ist, so können wir in der Biologie einen parallelen Grad der Verschränkung beobachten. Auf der materiellen Ebene besteht die Verschränkung in der Kontinuität des Stofflichen, die etwa in dem Aperçu »jedes meiner Atome war einmal im Inneren eines Sterns« zum Ausdruck kommt. Wir sind dieses Universum.

Zugleich aber erleben wir die Verschränkung – und die mit ihr einhergehende Fähigkeit, zu verschiedenen Zeiten und an verschiedenen Orten zugleich zu wirken – durch unsere innere Erfahrung. In dieser bedeuten die Dinge der Welt etwas für uns, auch wenn sie nicht in direktem Kontakt mit uns sind. Wir können sie mit Bedeutung aufladen, so dass Andere etwas von uns über Zeit und Distanz hinweg erfahren.

Als »spukhafte Fernwirkung« bezeichnete Albert Einstein entrüstet den Umstand, dass ein Quantenphysiker durch die Messung des Drehimpulses eines Elementarteilchens den Impuls eines anderen über eine räumliche Trennung hinweg festlegt. Genau diese spukhafte Fernwirkung findet statt, wenn ich mit der Hand winke und meine inzwischen schwerhörige alte Pudelfreundin mir auf den Spazierweg folgt. Gelebte Erfahrung heißt, die Verschränkung der Wirklichkeit von innen heraus zu erfahren. Diese Erfahrung mit Anderen zu teilen, bedeutet dann, die Welt ein weiteres Stück mit sich zu verschränken.

Daher können gelebte Erfahrung – und damit unweigerlich einhergehend der Ausdruck dieser gelebten Erfahrung – der Physik das bieten, was der physikalischen Wissenschaft in den letzten hundert Jahren fehlte: Eine Fortsetzung der physikalischen Erkenntnisse in die Lebenswelt. Auf diese Weise kann die Quantenphysik Einzug in die Biologie halten. Aber nicht durch ein exotisches mathematisches Modell eines vielgestaltigen Universums oder durch skurrile Wechselwirkungen zwischen neuen Mitgliedern des Teilchenzoos, sondern durch die gelebte Erfahrung aus der ersten Person, die wir Organismen ständig machen. Indem sie die gefühlte Ich-Perspektive einbezieht, kann die Biologie ein erlebnisbezogenes Gegenstück zu den Erkenntnissen der Quantenphysik liefern, die im Licht der Newtonschen Wissenschaft unglaublich seltsam erscheinen, die aber im Licht der gelebten Erfahrung genau die Gestalt haben, wie Erfahrungen von innen erlebt werden.

Dass ein Körper – also auch unserer – in seiner Tiefe keine feste Materie ist, war die Kernerkenntnis der modernen Physik. Das meiste, was uns ausmacht, ist Leere; in dieser schwirren raumlose Elektronen um ihre Atomkerne. Aber an welchem Ort diese Elektronen sind, ist nicht messbar. Wir können nur ihre Beziehung zum Kern und dessen Beziehung zu anderen Atomen mathematisch formulieren, aber wir können sie nicht konkret abbilden. In der Tiefe, so heißt es daher heute oft, enthüllt sich das Feste der Materie als Beziehung. Das betonte etwa der Quantenphysiker und Philosoph Hans-Peter Dürr zeitlebens immer wieder.

Aber Beziehung ist noch nicht alles: In der Tiefe speist sich jede Beziehung aus dem Begehren nach Verbindung zwischen den einzelnen Elementen. Dieses Begehren wäre also das eigentliche Innere der Körper und damit auch aller Wesen. In der tiefsten Tiefe ist die Welt nicht Beziehung, sondern Begehren nach Lebendigkeit. Dieses Begehren ist nicht äußerlich, nicht strukturell, nicht abstrakt, sondern reine Innerlichkeit: das Innere des Wunschs, dass Leben sei. Dieser Wunsch ist das Zentrum, der Anfang und das Ende des Kosmos. Er formt die Kelche der wilden Rosen im Juni und spricht durch die Tonfolge des Lieds der Grauammer. Er drückt sich im eifrigen Zwitschern der Blaumeisen unter einem blankpolierten Februarhimmel aus.

Das ist ja das Hinreißende der Welt, ihr Eros, der Schmelz, der von allem, was ist, ausstrahlt und uns mit seiner bloßen Gegenwart beglückt. Wir sehen, fühlen, riechen und schmecken, dass Körper aus etwas bestehen, das nicht Oberfläche ist, sondern eine innere Erfahrung. Und zugleich erscheint dieses Etwas – so wie auch wir selbst – als Oberfläche, als Gegenstand. Das ist das unerschöpfliche Geheimnis. Die Physik ist ihm auf der Spur, wenn sie zum Immateriellen im Herzen der empirischen Welt vorstößt und zugleich daran verzweifelt, dass dieses Immaterielle sich nicht verhält wie Materie. Das Innere der Materie ist aber Erfahrung, und darum verhält sie sich nicht mehr wie Physik, sondern wie inneres Erleben.

Eine »Tiefenphysik« hingegen enthält persönliche, gefühlte Erfahrung als die Ich-Perspektive auf die Verschränkung alles Realen. Sie kann etwas darüber aussagen, wie das Phänomen des Lebens beschaffen ist, wie Lebewesen das schlummernde Potenzial des Ganzen in reale Ereignisse mit existenzieller Bedeutung »kollabieren« lassen. Man könnte Organismen auch als die Art und Weise betrachten, wie sich die Einheit der Existenz, das Eine, als Individualität immer wieder neu ausdrückt.

Mit der »Tiefenphysik« radikalisiere ich das Kernargument der Tiefenökologie, welche in den 1980er Jahren von Denkern und Aktivistinnen wie Arne Naess und Joanna Macy entworfen wurde. Im Zentrum der Tiefenökologie steht die Idee, dass die Erfahrung eines persönlichen Selbsts nicht nur als eine eigene, separate Identität geschieht, sondern dass die eigene Identität erst durch die Verflechtung mit unzähligen anderen Identitäten, die ein Ökosystem ausmachen, möglich ist. Für Naess muss jede Selbstverwirklichung als Verwirklichung des Anderen durch das Selbst und als Realisierung des Selbsts durch den Anderen verstanden werden, als »konkrete Einheit von Subjekt, Objekt und Vermittler«.[98] Wenn wir den Begriff der Tiefenökologie um die Perspektive der »Tiefenphysik« erweitern, dann können wir sagen, dass das ökologische Selbst nicht nur das individuelle Selbst durch alle anderen ist, sondern dass unser Selbst das Eine umgreift, das Ganze als Selbst, das sich in seiner Produktivität oder seinem Niedergang, in seiner Glückseligkeit oder Tragödie erfährt.

Wenn ich die Blaumeisen durch den hellen Wintermorgen zwitschern höre, erlebe ich ein Gefühl, das von Anderen, die ihr Gefühl ausdrücken, angeregt wird. Das raumgreifende Blau kommt der hormonellen Entfaltung entgegen, die im endokrinologischen System der Vögel bereits stattfindet, und das diese als eigene erwachende Leichtigkeit empfinden. Es empfängt ihre innere Weite mit seiner eigentümlichen lichtdurchlässigen Ausdehnung. Die Vögel denken gewiss nicht: »Oh Mann, das fühlt sich wirklich nach Frühling an!« Aber auf gewisse Weise sind sie »frühlingsgleich«, durchdrungen von Frische und Erneuerung. Ihr Stoffwechsel, ihr Hormonhaushalt und ihre neuronalen Synapsen sind auf die bevorstehende Paarungszeit eingestimmt. Die Körper der Vögel stellen sich neu auf die Welt ein, und diese Neuausrichtung ist nicht nur abstrakt, sondern durchdringt die Ausdrucksform. Darum kann sie mich anstecken.

Jede Verwirklichung einer Identität ist abhängig von Anderen. Das Selbst ist das, was die Welt nicht ist, aber es kann dies nur sein, indem es aus der Welt gemacht wird, also indem es selbst Welt ist. Der Körper ist nicht die je neu hergestellte Identität, sondern in ihr auch die Materie, und daher ebenso die Welt, nicht nur das eigene Selbst. Seine Identität hervorzubringen bedeutet nicht, den Anderen auszugrenzen, sondern mit ihm in Beziehung zu treten, selbst zum Anderen zu werden, um mit der eigenen Identitätsbildung fortzufahren.

Diese Ausbildung des Selbsts durch die Ausbildung des Anderen wird im Gefühl erlebt. Fühlen ist somit notwendig das Fühlen des ökologischen Selbsts. Durch das Fühlen haben wir die Möglichkeit, das Andere zu sein, und damit Welt zu sein. Ein anschauliches Beispiel dafür sind die Spiegelneuronen, die uns dazu bringen, bestimmte Erfahrungen, die ein anderes Wesen durch seinen eigenen Körper zeigt, in unserem eigenen Körper zu spüren, etwa als Gesten der Freude oder des Schmerzes. Dies ist keine Illusion oder reine Projektion, sondern eine tatsächliche Erfahrung. Es ist die Erscheinung der Realität des Subjekts als Verstrickung, des Seins als Ineinandersein. Wir sind alle ein und dieselbe Materie, die sich ständig durch die Anderen verwandelt. Diese Verwandlung umfasst alles Anorganische, denn auch das nimmt an dem großen Verwandlungsprozess teil, der meiner eigenen Identität zugrunde liegt. Sie umfasst den Felsen, den ich mit meinen Händen berühre, das Wasser, das mich als Meereswelle wiegt, das Blau des Himmels, der mich atmet.

Fühlen ist die Erfahrung, inwieweit die Umwandlung des anderen in das Selbst erfolgreich war. Fühlen zeigt, wie produktiv das Andere einbezogen wurde, um die Entfaltung des Selbsts zu ermöglichen. Fühlen ist nichts Selbstbezügliches, das sich nur mit der eigenen Identität ohne Kontext befassen würde. Fühlen ist die Wahrnehmung, wie fruchtbar der Kontext zwischen einer individuellen Identität und der Welt beschaffen ist. Fühlen bildet den Grad ab, in dem es einem Individuum gelingt, Welt zu sein und gleichzeitig seine Einmaligkeit zu realisieren. Da diese Einmaligkeit nur durch die Materie, also die Welt, entstehen kann, drückt sich in einer fruchtbaren Identität ein Gefühl aus, das in der Tiefe die Freude der Materie an sich selbst ist.

Paradoxerweise gibt daher ein Organismus, der sich durch seinen fortgesetzten Stoffwechsel selbst verwirklicht, gleichzeitig dem Anderen Raum. Das Andere zeigt sich in der Welt, die metabolisiert und dadurch zu einem Teil des eigenen Selbst gemacht wird. Das so realisierte eigene Selbst ist somit in der Tiefe sein eigenes Gegenteil, das Nicht-Selbst. Das Selbst kann nur als Anderes realisiert werden, da es auf die äußere Materie angewiesen ist, um transformiert zu werden. Die Materie, die dazu dient, ein verkörpertes Selbst gegen den »Rest der Welt« abzuschließen, ist eben diese Welt. Wenn das Wesen aufhört, sich mit der Welt auszutauschen, ist die Verbindung unterbrochen. Das Lebewesen stellt die Beziehung ein, was nichts anderes bedeutet, als dass es wieder ganz zu Welt wird: Es stirbt.

Nur durch die Einbeziehung des Anderen kann das Selbst fortbestehen. Das Begehren nach Individuation bindet alle aneinander, indem es sie zunächst voneinander trennt und erst damit die Möglichkeit zur Verschränkung – und damit zur Erfahrung – gibt. Wir können die Struktur dieser »biotischen Verschränkung« in einigen grundlegenden Prinzipien zusammenfassen:

1. Da wir durch unseren Körper in Austausch mit der Welt treten, ist Wahrnehmung immer materielle Veränderung und Verschränkung. Wir nehmen etwa Licht

durch Verschränkung der Energiewelle/des Energieteilchens mit der energetischen/räumlichen Konformation der Rhodopsin-Stäbchen in der Netzhaut wahr.

2. Der materielle Austausch ist nicht einseitig, sondern wechselseitig. Die Energiewelle/das Energieteilchen wird absorbiert und damit in die physikalische Konformation unserer Netzhaut umgewandelt.

3. Weil unsere Körper keine Informationsmaschinen sind, sondern existenzielle Prozesse, die nach Identität streben und diese im Gefühl erleben, ist Wahrnehmung immer symbolische Imagination. In ihr verändern sich beide Seiten. Eine Lichtwelle wird zu einer Farbe durch den Kontakt mit bestimmten verkörperten Präferenzen und durch das kulturelle System, das auf diese Präferenzen einwirkt – ein Prozess, den Francisco Varela als »gegenseitige Bestimmung« bezeichnet hat.[99]

4. Weil unsere Körper materiell Teile der Welt sind, befindet sich das Wahrgenommene bereits in unserem Körper, es ist unser Körper. Daher nimmt sich die Welt durch den Körper eines Lebewesens selbst wahr, indem sie sich selbst präsentiert, so wie ein Zuckermolekül auf der Oberfläche einer Blutzelle einer anderen präsentiert wird.

5. Die Reichweite der Gefühlsverschränkung folgt der Reichweite der materiellen Verschränkung. Die materielle Wirklichkeit ist nicht nur eine wahrnehmende Gegenseitigkeit aus Stoff, sondern zugleich ein seelisches Innen.

Organismen führen einen Standpunkt ein, eine Perspektive des Interesses, und machen so den Vektor sichtbar, der das allgemeine Werden der Wirklichkeit kennzeichnet. Alle Prozesse folgen tendenziell diesem Vektor, einem schwachen Sog hin zu mehr Verbindungen, zu mehr Verwandtschaft, zu weiteren gegenseitigen Transformationen.

Die materielle Realität wird durch Prozesse der Anziehung, Abstoßung und Verwandlung, durch die »sexuellen Wasser«[100] der schöpferischen Realität, ständig transformiert. Die materielle Realität ist ein Potenzial, das durch jede Berührung, jeden Schritt im Werden, einer ständigen Metamorphose unterliegt. Die (in den jeweiligen Bindungsenergien verkörperte) Neugier der Sauerstoffatome gegenüber den Wasserstoffatomen ist so groß, dass ihre Begegnung unter bestimmten Umständen ein neues Molekül hervorbringt. Dadurch verändern sich beide Akteure. Durch diese Veränderung wird Erfahrung ermöglicht, die etwas Neues in die Welt bringt: flüssiges Wasser.

Die Materie als solche ist Potenzial, das sich im Kontakt mit sich selbst als etwas nie Dagewesenes verwirklicht und neue Potenziale hervorbringt. Organismen verwirklichen das Potenzial der Materie, indem sie eine Tendenz zu intensiver Beziehung explizit ausdrücken und sogar wie wir bewusst empfinden. Organismen bringen dadurch etwas zum Vorschein, das in der Tiefe der Realität schon vorhanden ist. Sie tun dies, indem sie ihren je einzigartigen Standpunkt einnehmen. So wird die kosmische Tendenz – schöne Komplikation, tiefe Selbsterforschung, Interesse für das Andere – zu einem individuellen Anliegen.

Durch die Ich-Perspektive, die wir als Organismus haben, erleben wir die Verschränktheit mit allen als Gefühl. Dieses Gefühl manifestiert sich als aktives Interesse. Dadurch drückt ein Lebewesen die Tendenz der Realität, sich durch tiefere Beziehungen zu entfalten, in seiner Individualität aus. Wir erleben in uns die »Motivation-zum-Sein« die das fundamentale Anliegen des Einen ist.[101] Wir erkennen sie darin, dass alles Materielle zu anderer Materie hingezogen ist und sich von ihrem transformativen Potenzial fasziniert zeigt. Wir können dieses Interesse in chemischen Reaktionen lesen, in den Spuren, die Wind und Regen im Lauf der Zeit auf dem Gestein hinterlassen, im organischen Stoffwechsel, der immer auf Nahrung angewiesen ist – und in unserer eigenen Neugier auf das, was wir nicht selbst sind. Dieses Interesse ist die subjektive Form des physischen Vektors, des Interesses der Realität an Begegnung, Berührung und Verwandlung.

Die existenzielle Erfahrung der Lebewesen fügen der Physik somit das hinzu, was ihren Gleichungen bisher fehlte: Eine bevorzugte Richtung, die mit der physikalischen Neutralität bricht. Dem Universum geht es um etwas. Es hat einen Drang, mehr Lebendigkeit in die Welt zu bringen. Die Wirklichkeit ist ein Potenzial, das sich nach Entfaltung sehnt. Am Anfang steht das Begehren des Einen, sich zu verschenken, Leben zu schenken.

Es ist denkbar, dass es nichts weiter braucht als diese kosmische Sehnsucht Fruchtbarkeit zu stiften, damit die Wirklichkeit den Weg der intensiven Selbsterforschung beschreitet, der in der kosmischen Geschichte aufgezeichnet ist. Das Verlangen, dass sich die innere Fruchtbarkeit immer wieder in Leben manifestiere, führt zu einer Aufspaltung des Ganzen. Die Aufspaltung bringt eine individuelle Sehnsucht nach Verbindung und ein ebenfalls in den Individuen wirksames Begehren hervor, selbst weiter Leben zu stiften. Diese beiden Sehnsüchte entspringen im Grunde einer einzigen, nämlich der, dass Lebendigkeit sei. Sie haben zur Folge, dass die unendliche Vielzahl von Verbindungen und Verwandlungen erforscht wird, durch die sich die so verknüpften Einzelteile immer wieder ineinander, zurück ins Eine, und in neue Individualitäten transformieren.

Wenn es ein kosmisches Interesse an lebensstiftender Berührung und Verwandlung gibt, dann besteht auch einen Maßstab, inwieweit dieses Interesse erfüllt wird. Wenn die Welt selbst Berührung, Durchdringung, Tiefe will, dann gibt es etwas in ihr, dass gelingen oder missraten kann. Dann ist die Naturgeschichte des

Kosmos nicht neutral, wie es die Wissenschaft bislang immer annimmt. Es geht ihr um etwas. Weil das, um was es der kosmischen Entfaltung geht, Lebendigkeit ist, ist Leben im Kosmos unausweichlich. Ja, der Kosmos ist potenziell immer schon lebendig, weil er sich danach sehnt, Leben zu schenken.

Wir haben im zweiten Kapitel gesehen, dass Lebewesen ihre Innerlichkeit hervorbringen, weil es ihnen um etwas geht. Sie begehren nach Fortbestand und Entfaltung. Diesen Lebensdrang nannte der Barock-Philosoph Baruch de Spinoza »Conatus«.[102] Jede Erfahrung ist ein inneres Erleben des Conatus. In Bezug auf dieses Ziel, nämlich lebendig zu sein und lebendig zu machen, erhält alles, was den Wesen widerfährt, einen emotionalen Wert. Alles, was einem Lebewesen begegnet, ist nicht nur eine physikalische Konstellation, sondern wird immer auch nach innen hin als Bedeutung erfahren.

Der Kosmos verhält sich spiegelbildlich dazu. Auch er ist von einem Conatus getrieben. Weil es ihm um Berührung und Vereinigung zu tun ist, macht es einen Unterschied, ob diese Ziele erreicht werden oder nicht, und auf welchem Wege es gelingt oder missrät. Dem Einen geht es darum, Berührungen zu stiften, und sich in diesen Berührungen zu verwandeln. Fühlen ist die Erfahrung, wie die Verwandlung durch Berührungen, durch die Aufnahme des Anderen, das mich berührt und durchdringt, gelingt. Das Fühlen des Einzelnen ist somit ein Spiegel des Fühlens des Ganzen. Das Prinzip, in dem das Eine sich fühlend realisiert, findet sich auf der Ebene des individuellen Lebewesens wieder. Es geht ihm in der Tiefe darum, Leben zu stiften.

Wenn wir den Vektor dieses Begehrens, der alles auf subtile Weise zu mehr Verbundenheit drängt, als profundes Merkmal der Realität akzeptieren, dann sehen wir, dass bereits auf dieser basalsten materiellen Ebene Ereignisse dem Vektor mehr oder weniger stark folgen können. Der Vektor hin zu mehr Leben führt eine inhärente Zielgerichtetheit auf der grundlegendsten Ebene der physischen Realität ein. Diese »Teleologie« ist ein zartes Interesse an neuen Verbindungen. Es hat eine Richtung, einen Antrieb, eine Tendenz, eine Sehnsucht. Die Erfahrung eines Lebewesens ist eine Subjektivierung dieses kosmischen Vektors. Was diesen Vektor bestimmt, ist nicht der Überlebenstrieb, sondern das Begehren, dass Leben sei.

Verbindung durch Verwandlung ist ein Mittel zur Herstellung von Identität. Dies gilt bereits für die (sub-)atomare Ebene, wird aber im Stoffwechsel lebender Subjekte noch deutlicher. Identität ist die innere Erfahrung des Prozesses der Verbindung durch Verwandlung. Hier treffen wir wieder auf die Wand, die eine Tür ist. Auf diese Weise erschien mir der auskeimende Ahorn im zeitigen Frühjahr als selbstgewisse Geschlossenheit, die sich in aller Verletzlichkeit zu öffnen vermochte. Eine

Wand, die eine Tür ist, ist ein Widerspruch – genau wie die oben beschriebene Verbindung durch Verwandlung ein Widerspruch ist. Um diesen Widerspruch auszuhalten, ja als aktive Einheit zu verkörpern, ist der tätige Aufbau einer Individualität notwendig. Nur sie kann gleichzeitig das eine wie das andere sein: die Wand und die Tür, die Verbindung und die Verwandlung, das Einzelne und das Eine.

11 GISCHT

Wie sehr die Welt nicht nur Materie ist, sondern als diese Materie immer zugleich empfindende und ausdrucksvolle Innenseite, wird mir stets am Meeresufer deutlich. Offenbar geht es Anderen auch so. Und wie ich haben sich viele Menschen, die das Meer besuchen und die Küsten lieben, immer wieder gefragt, worin diese besondere Anziehungskraft besteht. Und dennoch haben wir kaum Antworten darauf gefunden. Ich glaube, wenn uns etwas zutiefst fasziniert, dann sagt das immer auch etwas über unsere eigene, innere Beschaffenheit aus – und darüber, wie diese mit der Beschaffenheit der Welt in Resonanz steht.

Auf einem meiner vielen Pfade dem Meer entlang, auf dem Küstenweg zwischen Bonassola und Levanto an der ligurischen Riviera mit seinen vielen ehemaligen Eisenbahntunneln, fesselte mich lange ein kleines Steinbecken. Es hatte sich auf natürliche Weise im Fels nah an der Brandungslinie geformt. An jenem Frühsommertag, als ich es oben vom Weg entdeckte, wurde es immer wieder von den Wellen überspült, die ein frischer Wind vor sich hertrieb.

Ich kletterte die Felsen hinab. Der warzige, leuchtend orangefarbene Tang am Grund des kleinen Felsbeckens wurde vom einströmenden und sich zurückziehenden Wasser hin- und her bewegt, wenn ein neuer Schwall Meerwasser mit einer Welle über den kantigen Rand des Beckens im Fels brach. Die Poren des Steins waren vollgesaugt mit Nass, an der Oberfläche glänzend, in der Tiefe dunkel. Weiter draußen bewegte sich gekräuselte Gischt, die sich jedesmal, wenn ich aufschaute, zu neuen gleißenden Flächen arrangiert hatte. Der fleckige schwarze Stein oberhalb der Wasserlinie war von Spritzern benetzt, von Salzstaub befleckt, von Schaum übersprüht.

Wenn ich genau hinschaute, sah ich im kleinen Gezeitentümpel des felsigen Beckens die Welt. Feine Fäden zarter Algen, die rhythmisch im Schwell schwangen.

Filigran gebaute Krebse mit behenden Gliedmaßen, die am Grund entlang eilten. Sandkörner mit glitzernden Kanten. Schillernde Muschelsplitter. Die Wolken wanderten über den Himmel, gespiegelt von dem, woraus sie selbst bestanden: einer durchlässigen Masse aus Wasser.

Während ich schaute, brandete der regelmäßige Atem der See an meine Ohren. Die Wellen rollten an, brachen sich und liefen aus. Die See atmete in ruhigen Zügen. Die Gezeitenpfütze in ihrer rhythmischen Bewegtheit war ebenso Teil dieses Atems wie die anrollenden und sich wieder zurückziehenden Wogen, wie meine sich hebende und senkende Brust, mein an- und abschwellender Leib, wie mein Blut, das vom Herz mit jedem Schlag in einer neuen Welle durch die Adern gepresst wurde. Ich musste an Rainer Maria Rilke denken, der in einem seiner Sonette diese pneumatische Einheit beschrieb: »Atmen, du unsichtbares Gedicht! / Immerfort um das eigne / Sein rein eingetauschter Weltraum. Gegengewicht, / in dem ich mich rhythmisch ereigne. / Einzige Welle, deren / allmähliches Meer ich bin …«[103]

Was erkennt der Ozean in uns? Was sehen wir in ihm? Lange glaubten Psychologinnen und Philosophen, der Grund für die Anziehungskraft des Ozeans liege in unserem Bedürfnis nach der Erfahrung des »Erhabenen«. Sie stellten sich dieses Erhabene als das »ganz Andere« vor: Das Tellurische, Leblose, das, was uns zerbrechlichen, verwundbaren Geschöpfen entgegengesetzt ist, was uns zerstört, was uns zermalmt. Erhaben ist die See, die Gletscherhöhe der Berge, ein Gewittersturm, das eisige Weltall. Das Erhabene, so eine immer noch sehr beliebte Theorie, versetzt uns in Panik – aber in kleinen Dosen, von der gemütlichen Terrasse einer bewirteten Almhütte oder von einem bewachten Strand aus genossen, versetzt es angenehme Schauer einer sogenannten »Angstlust«. Diese genießen wir wie Kinder, die gern ein kleines Stück zu hoch schaukeln (nochmal! nochmal!).

In der bis heute gängigen Auffassung des Erhabenen gefällt uns dieses Zerstörerische, solange wir uns in Sicherheit wähnen – solange es also nur auf einem 7.1-System ins Wohnzimmer gestreamt wird oder hinter dem aufgeräumten Strand als Brausen zu vernehmen ist. Das Erhabene, so heißt es, schenke uns die narzisstische Heimeligkeit, die genießt, wer sich unbehelligt glaubt. Es beglücke uns mit der Schadenfreude des warm durchbluteten Körpers gegenüber dem von tellurischen Kräften umgepflügten, durchgewirbelten, zusammengepressten und dann wieder für Äonen in Starre gefangenen Material.

Der Königsberger Philosoph Immanuel Kant machte, seinem britischen Kollegen Edmund Burke folgend, die Idee des Erhabenen als Genuss dessen, was uns existenziell bedroht, populär. Lange war Kants Theorie das letzte Relikt des Gedankens dafür, dass es etwas Objektives in der »Natur« gebe, was uns anziehe. Das Erhabene blieb übrig als einzige Gewähr dafür, dass unser Interesse für die Welt außerhalb eben doch nicht ausschließlich der menschlichen Selbstbespiegelung entsprang. Das Erhabene – die Endlosigkeit der Wasser, die Unnahbarkeit des Steins – setzte unseren Projektionen eine Grenze. Wir können das Erhabene nicht formen, denn es formt uns – auf bedrohliche und möglicherweise zerstörerische Weise.

Aber zugleich verblieb als das einzige wirklich greifbar und begründbar Anziehende an der Natur das Zerstörerische und Düstere. Alles andere – Ebenmaß und Harmonie, Lebendigkeit und die Sehnsucht danach – so dachte man von nun an, projizierten wir angeblich in sie hinein. Das einzig Objektive, was unseren Sinnen und unserer Imagination zugänglich blieb, war somit etwas, das uns schaudern machte. Es bedrohte uns mit dem Tod. Seine Gegenwart erinnerte beständig daran, dass dieser Tod, die endgültige Überwältigung, einst auch der unsere sein würde.

Heute bin ich überzeugt, dass das Erhabene etwas ganz anderes ist. Die vorgebliche Angstlust hat weniger mit Angst zu tun als mit Lust. Und dieser geht es um Leben. Das heranwalzende Wasser ist keine Projektionsfläche, sondern Körper von meinem Körper. Ich habe erfahren, dass es nicht der Schreck über seine kalte Gewalt ist, der mich erregt, und dass mich keine masochistische Lust an der Verletzung erfüllt. Ganz im Gegenteil. In den wilden Elementen kommen wir uns selbst ganz nah. Wir erkennen in Wasser und Fels unsere Heimat. Wir begreifen: Dieses Wasser und dieser Fels sind wir selbst. Denn wir bestehen ja aus Wasser und Fels, nicht symbolisch, nicht in einer dichterischen Phantasie, sondern real. Unser Körper ist aus den Elementen gemacht. Er setzt sich aus dem Mineralischen, dem Steinernen und dem Flüssigen zusammen.

Indem wir dem gischtenden Fließen und dem aufsplitternden Festen begegnen, erfahren wir, dass auch diese Leben von unserem Leben sind. Wir erfassen, dass unsere eigene Lust die Lust der Materie ist. Wir begreifen, dass die Materie eine Form von Lust ist – ja, vielleicht die einzige Form, in der sich der wilde Übermut des Ineinanderprallens, die Ekstase der Begegnung, die Gier zur Verwandlung (des Eigenen, des Anderen) wirklich erfüllen kann. Das war etwas, das Kant und seine Vorgänger und Nachfolger nicht sehen konnten und auch nicht sehen wollten. Denn die Voraussetzung für diese Erfahrung besteht darin, die Idee fallenzulassen, dass der menschliche Geist von der vorgeblich geistlosen Welt getrennt sei – und dass unsere Lust etwas anderes als die Lust der Materie.

Um wirklich zu werden, muss Lust Materie sein. Das ahnen wir, weil wir Materie sind, die Lust empfindet – Lebenslust, Lust, von der Lebendigkeit berührt zu werden und diese weiterzugeben. Und wir sehen es, indem wir auch in den unendlich vielen Ausdrucksweisen Anderer die gleiche Lust empfinden, die in den Spielarten der Materie steckt. Sie macht sich erfahrbar, wenn es uns bei ihrem Anblick kribbelt. Das Erhabene ist somit nicht das, was uns übersteigt, sondern das, was uns im tiefsten Kern beschreibt – und was diesen tiefsten Kern zugleich auslöscht und für sich beansprucht. Das Erhabene ist die Erfahrung unseres Ichs, dass es in seiner Mitte selbst die Welt ist – und dass die Welt nichts anderes ist als ein Ich. Ich lerne die letzte große Lust, die Lust, Materie zu sein.

Dem Erhabenen zu begegnen heißt also, sich als essbar zu erleben. Die eigene Essbarkeit und die Erhabenheit der verkörperten Welt sind zwei Seiten der gleichen Erfahrung. Das Glück angesichts des Erhabenen ist ein Stück weit das Glück darüber, dass wir sterben dürfen. Es ist die versteckte Freude, dass wir diesen Tod bereits in uns tragen – und mit ihm unsere Zugehörigkeit zur Welt. Das, was wir so oft als das »ganz Andere« bezeichnen, die scheinbar fremde, kalte Materie, ist in Wahrheit unser Innerstes, und damit zugleich das Ganze, das wir sind.

Der Effekt des Erhabenen – Ehrfurcht, Sehnsucht, Hingerissenheit angesichts der unüberschaubaren See, in der Gegenwart des unbewegten Steins – ist auch ein Hinweis darauf, wie wir dem eigenen Tod begegnen können, nämlich im Vertrauen auf die Lust, Materie zu sein. Diese Lust ist eigentlich das Glück darüber, dass ich immer schon mein eigener Tod bin. Sie ist Ausdruck meiner Zugehörigkeit zum Ganzen. Dieses Glück ist nicht einmal mein eigenes; es ist die Lust dessen, was immer ist, was gewesen ist und bleiben wird, und was zugleich ich bin, als Außen und als Innen, als Spüren und Begehren. Der Ozean und der Fels repräsentieren nicht das Andere, sondern das Eine. Die Ekstase angesichts des Erhabenen entspringt somit dem Jubel darüber, ganz zugehörig zu sein. Sie ist die Lust, Materie zu sein, die Lust, sich als diese Welt zu erleben, die Lust des Einen, das Geschenk des Lebens gegeben und angenommen zu haben, und damit die einzige Lust, die existiert.

Das Meer macht es uns leicht, das Außen als Innen zu erfahren und unsere Sinne direkt in ein Wissen über die Welt zu übersetzen. Das Meer brandet nicht nur vor uns an seine Gestade, es wiegt sich auch in uns. Es ist kein Spiegel und gewiss keine Projektionsfläche, sondern ist wir selbst, in anderer Form. Das Meer ist eine Erweiterung unserer Physiologie. In jeder der unzähligen Formen, in denen es uns begegnet, spiegelt sich ein Kristall unserer selbst. Es begegnet uns im glattgeleckten, von der pochenden Hand jeder neuen grauen Welle stets makellos polierten Sand an einer nordeuropäischen Küste. Im wirbelnden, quirlenden, ins Türkis spielenden Weiß auf tiefblauem Glas zwischen den Felsriffen des nördlichen Mittelmeers. Im leuchtenden Grün der Karibik. Im stumpfen Grau des stürmischen Atlantiks, von Strähnen fahlen Weißes zerrissen. Im Nachtschwarz der Nordsee im Februar, eisig, ohne jeden Boden.

Mir ist es zweimal in meinem Leben geschenkt worden, ein paar Wochen in unmittelbarer Nähe des Meeres zu verbringen. Zuletzt war ich für zwei Monate Gast in einer Villa über der Riviera südlich von Genua. Ich hatte mir viel Arbeit mitgebracht und nicht vorgehabt, dem Ozean besondere Aufmerksamkeit zu widmen. Aber das Meer rief mich. Jeden Morgen begrüßte es mich erneut mit Geduld und Gleichmut.

Ich konnte nichts daran ändern. Ich konnte nichts dafür, und ich konnte nichts dagegen tun. Das Meer gewöhnte sich an mich. Es hielt seine Arme weit offen und öffnete langsam auch meine. Es hieß mich willkommen, ein ums andere Mal. Alle Konfigurationen des Lichts und der Gestalten waren in Wahrheit Akte einer freundlichen Begrüßung: der bronzene Abendhimmel über dem in dumpfem Türkis erlöschenden Wasserspiegel; die Schuppen und Häute über dem Himmel im Osten, das Meer entblättert, der Himmel abgeschält, seine Hüllen in orangefarbenen und violetten und transparent blauen Fetzen abgestreift; das Flimmern der Lichter der kleinen Orte entlang der Küste, die ich vom Garten der Villa aus sehen konnte, Bogliasco, Pieve Ligure und Sori; die türkisfarbene See, die den alten Schiefer seit unvordenklichen Zeiten zwischen ihren weichen Händen rieb.

Das Wasser erschien mir auf halbem Weg zwischen Flüchtigem und Schwerem, das Paradox des Fest- und doch ganz Durchlässig-Seins, des Ganz-durchdringbar-Seins, das zugleich vollkommen in sich selbst beharrt. Die Figuren des türkisen Wassers, Muskeln der Veränderung, Jubel der Beharrung. Wunderte ich mich noch, dass ich diesem Ruf nicht entsagen konnte, wo wir doch selbst aus Wasser und selbst seine Verwandlung sind?

Das Meer war meine Wiege, es hielt mich, es sah mich, es gab mir Licht. Es ließ sich auf mich ein und erlaubte mir jeden Tag, ein Stück näher zu kommen, nicht allein physisch, sondern emotional. Es verwandelte sich in den Grund meiner Seele, der damit weich wie Wasser wurde, bewegt wie der Atem der Wellen. Das Meer hatte begonnen, mich zu atmen. Erstaunt fühlte ich, wie sich meine Brust von selbst hob und senkte. Meine Haut erschauerte wie die Wasseroberfläche unter den Berührungen des Windes. Was aus meinen Augen leuchtete, war das Meer.

Der Schriftsteller Italo Calvino hat in seiner Kurzgeschichte »Il sangue, il mare« aus dem Band »Ti con zero« diese Erfahrung beschrieben. Er schilderte dort die Welt durch das Erleben eines Tropfen Bluts in einem menschlichen Körper – also vom Erfahrungshorizont des Flüssigen her. Calvino beobachtete etwas Entscheidendes: Das Blut, das in unseren Adern schwillt und ebbt, hat einen bestimmten Salzgehalt. Das Salz in unserem Blut beweist, dass unsere Körperflüssigkeit in direkter Linie dem Meer entstammt. Das Leben wurde im Meer geboren und wir tragen es noch in uns. Auch Landwesen haben das flüssige Milieu ihrer Herkunft in ihren Zellen und deren wässrigen Zwischenräumen eingeschlossen. Wenn wir eine Träne weinen, schmecken wir auf der Zunge das Meer, dem das Leben entstammt.

»Inneren Ozean« nennen Biologen das mineralhaltige Wasser in den Körpern der Lebewesen daher auch manchmal. Und umgekehrt bezeichnete der Renaissancegelehrte und -künstler Leonardo da Vinci die Gewässer als »Blut der Erde«. Wir tragen die salzigen Wellen eingebettet in uns. Wir sind Explikationen des Meeres, eine Weise des Meeres zu existieren, eine Selbsterkundung seiner Möglichkeiten.

Unser Körper ist die Weise, wie der Ozean seine Einfaltung in einen winzigen Raum denkt. Der Ozean ist die Möglichkeit, wie mein Körper seine eigene Innerlichkeit erfährt. Wenn ich mich mit dem Ozean verbinde, dann trete ich mit dieser Innenseite in Verbindung. Sie ist immer da, immer in mir, weil sie das Mittel ist, um überhaupt Erfahrungen zu machen. Ich kann diese Innenseite nicht als ein Objekt vor mir sehen, weil sie das Werkzeug ist, durch das ich überhaupt erst zu sehen vermag. Der Ozean trägt mich auf seinen Wellen und schenkt mir das Gefühl, getragen zu sein, umarmt, gekühlt und gewiegt. Er erlaubt mir, mein salziges Selbst auf meinen eigenen Lippen zu schmecken.

Dieser Ozean ist eine unendliche Variation dessen, wie es sich anfühlt zu sein – nicht nur als einfacher Körper im Raum, sondern als Teil dieses allumfassenden Raums, der ich und der Ozean sind. Im Seewasser zu treiben heißt, meine Innenseite zu erkunden. Ich kann sie nur in dieser Begegnung erfassen. Ich vermag sie nicht direkt zu sehen, weil sie das Auge ist, durch das ich zu sehen vermag. Mich berührt mein Inneres, nämlich Wasser. Und zugleich ist dieses Wasser das »Andere« außerhalb meines Körpers. Im Seewasser zu treiben bedeutet, mich selbst als Ozean zu erfahren.

Italo Calvino deutete die Welt als Transformation dieses Ozeans, der uns alle durchzieht und der sich in allen erfährt. Das ist nicht nur eine phantasievolle dichterische Metapher. Es ist eine akkurate Beobachtung. Sie entspringt poetischer Objektivität. Poetische Objektivität wird möglich, weil wir immer schon mit der lebenden Welt verbunden sind. Wir tragen sie in uns. Wir können daher über die Welt etwas erfahren, indem wir das Netz von Verwandlungen erforschen, dessen Teil wir sind.

Der Stoff dieser Welt ist ein kein Ding, sondern ein Prozess, in dem sich das Eine beständig in das Andere verwandelt. Atmen ist eine Erforschung des Stoffs durch Verwandlung. Der Wellenschlag auf den Fels eine andere, der Atem der Gezeiten, der das Land formt und die Evolution der Lebensformen im flachen Wasser leitet, eine weitere. Poetische Imagination ist ebenfalls eine Form, welche das in den verkörperten Erscheinungen ausgedrückte in einer weiteren Verkörperung zugänglich macht, in dem sie es ausspricht.

Wir zeichnen das Bild des Meeres als Selbstporträt und drücken unser Selbstporträt als Bild des Ozeans aus. Calvino hat mit dichterischen Mitteln dargestellt, dass wir der Ozean sind; dass unser fühlendes Erleben das Wellenspiel des Ozeans ermisst; dass der Ozean fühlendes Erleben ist; und dass unsere Weise, zu sein, eine Variante davon ist, wie der Ozean fühlt – denn wir sind das Meer, nach innen gefaltet, das Meer als Innerlichkeit. Am Rand des Ozeans wird uns das leichter bewusst als anderswo.

Darum vielleicht lieben wir die See. Die Felsen. Die schroffen Spitzen der Berge, vom Salzhauch beatmet. Das Tellurische. Das Mineralische. Das, was uns übersteigt und verschlingt. Nicht, weil Felsen und Wasser uns unheimlich sind, als das »ganz Andere«; sondern weil sie uns begrüßen, als das, was wir in der Tiefe sind. Wir lieben die Felsen und das Wasser, weil wir das auch sind: Felsen und Wasser. Das zu erfassen mag, sehr wohl ein Schock sein, nicht nur ein Jubel. Im innersten Kern das Rollen der Wellen zu sein, Woge auf Woge, vollkommen leer und immer gleich, bis zum Bersten angefüllt und immer anders, heißt zwei Dingen zu begegnen: der Erfahrung, dass das, was wir gewöhnlich als starr und tot erfahren, Innenseite ist, ekstatisches Erleben. Und dem Tod in unserer eigenen Innenseite, dem Tod, der wir immer schon sind, in der Mitte unserer Ekstasen.

Das Meer spiegelt die Farben der Atmosphäre und schüttelt sie zugleich von sich, während seine bewegte Haut jede Tönung reflektiert: Türkis, Celeste, Grau, Orange, Violett, Ultramarin. Das Meer hat keine Farben, es hat nichts als Kraft. Der Atem des Ozeans, das flüssige Licht des Wassers, die leise Berührung, mit der die Nadeln der Schirmpinien unsere Haut streicheln, die flüsternde Brise, die mit Sonne gesättigten Steine: All das heißt mich willkommen, all das möchte, dass ich eintrete! Ich verstehe endlich, dass ich in dieser Liebe nicht als Individuum begehrt werde, sondern als Materie. Es geht darum, Materie zu sein, das ist, was ich verstanden habe. Es geht darum, Körper zu sein. Es geht darum, verwundbar zu sein und der Berührung offen, auf einer profunden Ebene der Existenz. Es geht um Liebe, und Liebe spielt sich auf einer profund körperlichen Ebene ab.

Das zu sehen, in meinen Wochen über der Ligurischen See, war eine glückliche Erfahrung, und ist es immer noch. Ich sehe den Ozean vor meinen inneren Augen, die Wellen, das Wasser, die Tropfen, die Moleküle der Sprühnebel. Ich stehe im Leuchten des Meeres, das heller ist als der Himmel, wenn sich die auf leerem Himmel stehende Sonne auf dem Wasser ausbreitet, ein See aus geschmolzenem Licht. Es tut gut, mich selbst als Materie zu denken. Das ist es, was der Ozean, die Wellen, die sich auf den Felsen brechen und immer wieder brechen, mich hier lehrten. Sie lehrten es mich, indem sie diese Freude in mir hervorriefen. Und ich verstand, dass froh zu sein bedeutete, Materie in Ekstase zu sein. Unser Jubel angesichts der See im Sturm, die auf den Stein brandet und zu Staub zersprüht, ist mehr als das Glück, mit Materie in Verbindung zu sein. Wir selbst sind ja Stoff durch und durch. Unser Jubel über die See im Sturm ist die Ekstase der Materie.

Für die australische Philosophin Freya Mathews hat alles Physikalische eine psychische Dimension. Umgekehrt äußert sich in unserem Fühlen die Gegenwart der Welt: Die Welt selbst ist das eine Subjekt, das allem voraus geht, weil es eine seelisch-körperliche, eine »psychophysische« Ganzheit ist. Alles ist eins. Dieses Eine, das wir vor allem als Stoff, als Schwere, als unbelebte Materie erfahren, ist in Wahrheit ein unvorstellbar komplexes Subjekt. Dieses Subjekt ist nicht in der Materie verborgen, und schon gar nicht hinter der Materie als ein transzendenter Weltschöpfer zu finden. Seine Subjektivität – seine fühlende Erfahrung – *ist* die Materie. Und das, was wir als Materie klassifizieren, ist eigentlich fühlende Erfahrung.

Der »Panpsychismus« hat viele Jahrzehnte lang keinen besonderen Leumund unter Philosophen gehabt. Mit anderen Worten: Wer ihm anhing, musste schon ziemlich versponnen sein. Einen Lehrstuhl gab es mit dieser Auffassung jedenfalls nicht. Das hat sich aber geändert. Man könnte fast sagen, die Auffassung der Welt als beseelt ist schon beinahe in Mode gekommen – wenn sie mittlerweile auch Timothy Morton, der anglo-amerikanische Pop-Philosoph und Vertraute der Sängerin Björk, vertritt. Für Morton ist diese Wirklichkeit, der wir angehören, ebenfalls unter einem psychischen Begriff zu fassen: Sie ist das »symbiotisch Reale«. Dieses kann nur in Kooperation und Gegenseitigkeit existieren, in der Solidarität, gemeinsam wirklich zu sein.

Es gibt viele Spielarten des Panpsychismus. Eine ist die Vorstellung, dass überall göttliche Wesen anzutreffen seien – jeder Baum, jeder Fluss, jedes Meer eine Göttin, ein Gott. Das heißt dann unter Philosophen »Pantheismus«, oder, wenn wir uns alle als Teile eines einzigen Göttlichen verstehen, »Panentheismus«. Und dann gibt es natürlich den »Animismus« der archaischen Völker (und ebenfalls der paläolithischen Europäer und der Anhänger eines »neopaganen« Glaubens). Animismus ist eher eine Haltung: Sie kommt der Welt als Sitz des Beseelten einladend entgegen, rechnet mit der Gegenwart von Geistern oder Göttern, von Wesen, Subjekten also, mit denen sich kommunizieren lässt, und mit denen man kommunizieren sollte, um auch wirklich zuhause in der sinnlichen Welt zu sein.

All das wäre noch vor fünfzehn Jahren von der Wissenschaft verlacht worden. Inzwischen gibt es eine ganze Schule der Anthropologie, die dafür plädiert, dass wir mit Hilfe animistischer Praktiken, die indigene Kulturen heute noch pflegen, unser entseeltes Weltbild wieder reparieren könnten. Wenn die Welt in Wahrheit ein fühlender Körper ist, dann ist die Auffassung, dass alles nur unbeseelte Mechanik und sinnlose Maschinerie sei, ein kollektiver Wahn, eine Geisteskrankheit.

Eine fundamentale panpsychische Erfahrung macht in der Tat den Kern jedes lebenden Wesens aus: Ich erfahre mich als Materie, und ich erlebe mich zugleich als fühlende Innerlichkeit. Als Kinder schreiben wir diese Erfahrung allem zu, was mit uns koexistiert. Erst die Anstrengung von Eltern und Lehrern macht aus geborenen Animisten wohlerzogene Dualisten. Dann vermuten wir eine empfindsame Innenseite nur noch in anderen Menschen, möglicherweise noch in Hunden, Walen und Kraken, gewiss aber nicht in Insekten oder gar in den Wellen des Meeres oder den Felsen der Küste.

Dabei löst der Panpsychismus alle Dilemmata, an denen sich die Philosophie seit der Renaissance abarbeitet. Diese konzentrieren sich vor allem in der Frage: Wie kann es sein, dass wir die Welt erkennen, obwohl sie doch ganz anders ist als wir selbst? Die Antwort des Panpsychismus ist denkbar einfach: Die Welt ist eben nicht anders. Sie ist wie ich Stoff mit einer Innenseite. Ich und die Welt sind nicht geschieden. Wir bestehen aus derselben Substanz, die immer zwei Seiten hat, die äußere, materielle, und die innerliche, seelische.

Aus dieser Perspektive gibt es das große Eine – und nichts als dieses. Zugleich erscheint dieses Eine als Mannigfaltigkeit von Individualitäten. Dieses Eine ist es, das sich erfährt – aber jeweils einmalig in allen einzelnen Wesen. Indem ich mich erlebe, indem ich die pulsierende Kraft der Wellen erfahre, das Licht des Ozeans, erfahre ich mich selbst als das Eine.

Um sich selbst zu erfahren, muss dieses Eine loslassen, muss sich erlauben, mehr als das Eine zu sein und sich in einer inneren Differenzierung in eigenständige Individuen auffächern. Diese Differenzierung kann man sowohl als primordiale Trennung wie auch als allererstes Geschenk betrachten. Das Eine begehrt nach Lebendigkeit und lässt sich auf die Läufe der Zeit ein, auf eine unendliche Geschichte der Trennungen, Begegnungen und Veränderungen. Das ist ein sowohl innerlicher wie äußerlicher Prozess. Die äußerliche Geschichte kennen wir aus der Schule: Aus der Singularität des Urknalls formt sich Energie, diese verklumpt aufgrund innerer Asymmetrien zu Materie, und die Zeitgeschichte des Kosmos beginnt. Die innerliche Geschichte erleben wir jeden Tag.

Der Panpsychismus nimmt eine radikale Haltung ein. Das unterscheidet ihn von anderen Ideen der Beseelung. Denn er gibt jede Dualität auf. Er verabschiedet sich von der Idee, dass Innen und Außen komplementär seien, also gleichzeitig vorhanden, aber getrennt. Nein, die seelische Erfahrung ist die innerliche Perspektive auf das, was sich in der äußerlichen Perspektive als Objekt darstellt. Das heißt dann auch: Lebewesen *haben* nicht eine Seele, sie *sind* Seele, weil alles, was ist, Seelisches ist, das als Körper existiert, sobald es sich zeigt. Die fühlende Subjektivität schläft in allen Dingen, so wie unser Selbst in seinem schlummernden Körper ruht – nicht wach, aber sensibel hinsichtlich Lust und Schmerz, Gehaltensein oder Sterben.

Schauen wir Materie aus unserer eigenen Perspektive an, nämlich von innen, enthüllt sie sich als Fühlen. Sie ist aber Fühlen nicht »innerhalb« des Stoffs, so wie wir uns früher vorgestellt haben, dass die Seele in einem kleinen Gehäuse »innerhalb« unseres Gehirns säße. Der Stoff ist nicht die »verschlackte« Erscheinungsform des Innerlichen, wie es der Physiker Hans-Peter Dürr gern wiederholte. Im Gegenteil, es gibt keine Hierarchie zwischen Geist und Stoff. Das Innerliche ist eine Präsenzweise des Stoffs.

Des Rätsels Lösung kommt also durch eine radikalere Einheit zustande, als lange denkbar schien. Es ist nicht so, dass wir in unserem materiellen Inneren »eigentlich« Immaterielles sind – und das Universum »in Wahrheit« ein seelischer Zusammenhang ist (»Energie«, »Liebe«, »Geist«). Sondern es verhält sich schlicht so, dass Materie Psyche ist. Sie ist Psyche, weil sie Materie ist, und ist Materie, weil sie Psyche ist.

Auch bevor sich dieses Seelische – als Empfindung oder als Ausdruck – zeigt, ist es schon da. Es ist ein Begehren nach Wirklichsein. Es ist nicht allein »Potenzial«, sondern Potenz: der Drang, das zu sein, was man sein kann. Diese Potenz ist ein dauerndes Begehren. Das Eine begehrt nach Sein, und dieses Begehren ruft nach Begegnung, ruft den Andern auf den Plan, ruft nach Verbindung mit dem Anderen. Es muss sich, um den Anderen ganz zu empfangen, diesem hingeben und sich vollkommen davon durchdringen und verändern lassen.

In jeder noch so kleinen atomaren Konformationsänderung realisiert sich dieses Begehren. Die Wahlverwandtschaften zwischen chemischen Körpern, die zur Anziehung und Verbindung und zur Geburt neuer Stoffklassen führen, sind Ausbildungen dieses Begehrens. Freya Mathews meinte: »Indem die nicht-selbstbewussten Vielen dem Begehren ihres eigenen Lebenswunsches (Conatus) folgen, setzen sie zugleich die Selbstverwirklichung des Einen fort. Das ist eine basale ökologische Ordnung des gegenseitigen Begehrens, die als der Weg des Einen und der Vielen beschrieben werden kann. Diese Ordnung des gegenseitigen Begehrens ist nicht nur eine der materiellen Gegenseitigkeit, sondern der Intersubjektivität.«[104]

Die Zeit selbst ist der Weg. Die Zeit erscheint als die fundamentale Manifestation des Begehrens, das ständig zu Begegnungen und Veränderungen führt. Zeit ist ja nicht – obwohl das gemeinhin noch heute angenommen wird – unabhängig vom Raum und den darin bewegten Körpern oder Energieniveaus. Die Zeit ist vielmehr das Maß der Verwandlung. Ohne Verwandlung gäbe es keine Zeit. Die Regelmäßigkeit der Zeit folgt nur daraus, dass viele Verwandlungen periodisch sind und ihre Perioden kaum schwanken – der Lauf des Jahres um die Sonne, der Lauf des Tages um die Erde, der Zerfall von Stoffen, mit dem die Atomuhr ihre Zeit besonders präzise misst. Wenn wir aber die Verwandlung von Materie als realisiertes Begehren auffassen (die Partikel sehnen sich danach, einander zu durchdringen und zu berühren), und wenn wir die Schwerkraft, welche die Planeten in ihren Verhältnissen balanciert, als Ausdruck von Angezogenheit und somit ebenfalls eines Begehrens verstehen, dann ist Zeit deren tiefste Manifestation. Schwerkraft ist Liebe. Ist das nicht ein radikaler Unterschied zu unserem bisherigen Weltbild?

Die Erfahrung der Zeit verwandelt sich in der neuen Sichtweise von einer neutralen Messgröße zu einer uns unablässig begleitenden Einsicht in den Begehrenscharakter der Wirklichkeit. Das Eine bringt Zeit hervor, indem es sich realisiert, und dieses Sich-Realisieren gelingt nur in der verwandelnden Begegnung, deren Wiederkehren wir als Abfolge von Momenten messen. Vor dem Beginn der kosmischen Zeit, vor dem Urknall, der »Singularität«, gab es keine Zeit, weil sich das Begehren nicht als Körper, die einander verändern, realisiert hatte. So meinte Freya Mathews: »Dieser Zustand war unbestimmt – unendlich kurz oder unendlich lang, und wird, wenn sich das Universum in einem großen Knall oder beim universalen Wärmetod wieder zusammenzieht, wieder zeitlich unbestimmt sein.«[105]

Vielleicht folgt daraus, dass die Grenzen des Universums in Wirklichkeit unsere eigenen körperlichen Grenzen sind. Es sind unsere Grenzen, aber die in unserem großen Körper, dem fühlenden, sich unermesslich weit ausdehnenden Körper des Einen. Jenseits dessen können wir nichts erfahren. Die Unendlichkeit des physischen Universums, die der Physiker immer wieder antrifft, ist de facto die Identität seines Körpers mit der gesamten physischen Materie. Die Grenze des Universums, das weiter expandiert, ist der Beginn des Nichtseins, dem das Potenzial zu sein entströmt. Der Urknall ist unendlich lang oder unendlich kurz, weil er zeitlos ist. Der eigene Tod ist dann eine ebensolche Singularität als Zeitlosigkeit. Wir werden ewig tot sein, nicht bloß einen Wimpernschlag lang. Vor dem Beginn der Zeit sind wir das Begehren, das sich noch keinen Raum gegeben hatte. Das verborgene Juwel, das sich danach sehnt, sich ganz zu verschenken.

Biologen wissen, dass auch Lebewesen – als wären sie kleine Universen – ihre Eigenzeiten erzeugen. Vorgänge im Organismus – Verdauung, Wachstum, Paarungsbereitschaft – sind zyklisch. Die periodische Erzeugung eines körperlichen Selbsts bringt ein Lebewesen überhaupt erst hervor. Auch die Zeit, die Organismen generieren, ist das Ergebnis eines Begehrens nach Sein. Zeit ist also in Wahrheit eine psychische Aktivität. Der in ihr aufgehende Raum ist ein psychischer Prozess. Zugleich erschafft sich jeder psychische Prozess im Raum, nämlich als Körper. Freya Mathews erklärte: »Unser Begehren ist somit grundsätzlich ein Begehren nach Welt. Das Begehren ist unser Drang, in die Welt einzutauchen, ganz am Wirklichsein der Welt teilzunehmen.«[106] Das Ticken der Zeit ist der Herzschlag der Materie.

Am Meer erfuhr ich meine Existenz in einer »Hochzeit des Lichts«.[107] Die Farben der See, ihr Weiß, ihr Petrol, ihr Kobalt, die im Gegenlicht des Morgens erschienen, enthielten bereits allen Sinn, bis zum Rand. Es war nicht mein Geist, der sie erkannte, es war meine Haut. Es waren meine eigenen Pigmente, mit denen ich die Farben sah. Es waren meine eigenen Atome, mit denen ich in den Wellen floss.

Während meiner Zeit am Ozean saß ich auf der kleinen Terrasse knapp über der Brandungszone des Meeres. Ich durfte in seinem Licht gedeihen, seinen Geräuschen lauschen, seinen Sprühnebel atmen. Selbst in Momenten, in denen ich ihre Schönheit nicht verstehen konnte, heilte mich die See. Sie heilte mich wie Materie, die auf Materie wirkt. Es war eine Kommunion der Stoffe, der ich persönlich nicht viel hinzufügen konnte. Es war eine Allmende der Minerale und des Wassers, aus der wir alle gemacht sind, aus der wir alle uns in jedem Moment neu erschaffen.

Diese Allmende ist Stoff, aber als Stoff ist sie Subjektivität. Subjektivität zeigt sich nur als Stoff. Aller Stoff ist Bestandteil und Ausdrucksform einer einzigen Innerlichkeit, die in jeder individuellen Innerlichkeit erwacht. Auch der Körper ist ein Prozess des Begehrens: Kein Wesen ist festgefügte Materie, sondern immer ein dauernder Austauschprozess mit der Welt. Freya Mathews stellte diesbezüglich fest: »Mein Geist ist ein ganz spezieller Ort von Reflexivität in einem weiteren Feld der Subjektivität, genau der eigene Körper. Das Feld der Subjektivität ist in letzter Hinsicht unteilbar. Erkenntnissubjekte sind, in anderen Worten, nicht vollständig lokalisierbar: Kein endliches Subjekt kann sich seiner selbst allein bewusst sein, weil die Subjektivität des weiteren Felds in allen möglichen Zuständen von Bewusstheit des individuellen Subjekts mit im Spiel ist«.[108]

Für Mathews gilt die Regelhaftigkeit der physischen Welt nicht als Beweis, dass sie unbeseelt ist. Im Gegenteil: In den Naturgesetzen zeigen sich die charakteristischen Muster, in denen die subjektiven Prozesse des Einen ihren Teilnehmern erscheinen. Die seelischen Prozesse des Einen sind Wellen, Windrippel, salzige Spritzer, die die Lippen benetzen, die Haut kühlen und mit all dem sagen: Ich bin. Wieder zu Materie zu werden bedeutet dann, wieder ein Teil der totalen Subjektivität zu sein. Es heißt nicht, zu fühlen aufzuhören, sondern mit dem eigenen Fühlen in einem großen Fühlen aufgehoben zu sein.

Der ganze Kosmos fühlt. Der Kosmos ist Fühlen. Der Ablauf der Zeit hin zu mehr Komplexität ist bereits Anzeichen, dass es ihm um etwas geht. Aber der Kosmos fühlt nicht, wie wir uns unser Fühlen (zu Unrecht) meist noch vorstellen: Indem er in sich Gefühle und Erfahrungen produziert, so wie der Computer eine Software laufen lässt. Es gibt kein räumliches Innen, in dem die Gefühle hausen, weder in uns noch in der Welt. Die Seele – unsere und die des Universums – ist nicht das Innere einer Schachtel. Alles ist Innen, weil alles, was sich als Wirklichkeit ereignet, das Fühlen des Einen ist. In unserer fühlenden Erfahrung wissen wir, wie es ist, lebendig zu sein. Wir erfahren den Innenaspekt des Stoffwechsels, der Biochemie, und erleben, dass unser Leben immer ein Begehren nach Weiterleben ist. Damit erfahren wir, wie es ist, Materie von innen zu sein. Materie von innen zu sein heißt, Freude und Schmerz zu erfahren und das eigene Existieren als ein Anliegen zu erleben.

Das Ganze ersehnt beständig mehr Verbindungen, mehr Intensität, mehr Selbsterkenntnis durch fremde Berührung, durch gegenseitige Transformation, durch Verbindung mit dem Anderen. Warum dieses kosmische Bedürfnis, Verbindung in sich selbst zu stiften? Um uns ein Bild zu machen, steht uns das doppelte Zeugnis der kosmischen Geschichte und unseres eigenen Lebensdranges zur Verfügung. Beide zeigen, dass es darum geht, Fruchtbarkeit zu erzeugen: Fruchtbarkeit als eine Berührung in Gegenseititgkeit. Fruchtbarkeit als eine Maximierung der Berührungsfläche, in der Neues entstehen kann. Wir leben in einer Wirklichkeit, die eine Richtung hat, nicht, weil jemand sie dahin steuern würde, sondern weil der Eine sie ersehnt wie das Glück eines geliebten Wesens. Diese Wirklichkeit ist Begehren nach Fruchtbarkeit, und ihre Materie ist der Ausdruck dieses Begehrens: Sie folgt dem Ziel maximaler schöpferischer Tiefe. Das Eine ist Fruchtbarkeit. All seine Verwirklichungen müssen sich in Gänze fruchtbar machen.

Wenn alles, was existiert, die Art und Weise ist, wie das Ganze sich nach sich selbst sehnt (also begehrt, seine Liebe zu verschenken), dann müssen dieses Begehren auch die anspruchslosesten anorganischen Formen ausstrahlen. Dann müssen auch Atome fühlen. Nicht freilich in dem Sinn, dass sie wie wir sich selbst in einer individuellen inneren Perspektive und womöglich bewusst erfahren, wohl aber in dem Sinn, dass sie Fühlen ausdrücken. Dass sie als Gestalt die Bedeutung ausdrücken, die Verwandlung bewirkt. Denn der Ausdruck ist so schon das Aufscheinen einer Innerlichkeit. Die Gestalt dieses Außen drückt ein Innen aus. Auch wenn sich dieses nicht bewusst erfährt, ist es doch präsent.

Weil sich in uns selbst das Ganze realisieren möchte, können wir ahnen, worum es dem Ganzen geht. Es geht ihm darum, das Lebendige fruchtbarer zu machen. Das schließt uns als Individuen ein, und verbindet uns zugleich mit Allem. Und auf eine seltsame und schwer zu verstehende Weise ist diese Realisierung des Ganzen das Gleiche wie die Erfahrung, in meiner Lust Materie zu sein: Nicht ich selbst bin darin, sondern die Ekstase des namenlosen Einen. Mein eigenes Begehren nach Sein ist somit die individualisierte Form der alles durchziehenden Sehnsucht, dass Fruchtbarkeit sei. Sie ist ihre Übersetzung in die Individuation. Es ist ein Fehler, wenn wir vergessen, dass der eigene Lebensdrang der kosmische Lebensdrang ist, und wenn wir nicht berücksichtigen, dass die eigene Verwirklichung immer zugleich eine Verwirklichung des Kosmos sein muss.

Die Botschaft des Ozeans ist die Erfahrung, dass mein Fühlen das Erleben der Materie ist. In diesem Fühlen als Materie erlebe ich mich selbst als Materie von innen. Ich bin Materie, die sich erfährt, weil Materie sich immer erfährt, weil Materie der Weg ist, um sich in Individualität zu erfahren. Die Grundsätze einer solchen Wirklichkeit unterscheiden sich radikal von den Prinzipien des wissenschaftlichen Mainstream-Weltbilds (»Materie ist unbelebt; Leben erklären heißt, es auf Unbelebtes zurückführen; Empfindung ist Illusion«). Sie setzen sich auch von den Leitsätzen des christlichen Abendlandes ab (»die materielle Welt ist Gottes Schöpfung; die Geschöpfe sind vom Schöpfer getrennt; Gott gibt Regeln vor, denen man folgen muss, um nicht verstoßen zu werden; Liebe muss verdient werden, um sich den Zutritt in der jenseits der Körperwelt liegenden Ewigkeit zu sichern«). Und sie sind von den Lehren verschieden, wie sie der Westen oft aus den spirituellen Systemen Asiens zieht (»Erscheinungen sind Illusion; es gilt, sich allein mit der dahinter liegenden Eigentlichkeit zu verbinden; das einzig Wirkliche ist die Leere«).

Die Leere bleibt nicht leer. Sie ist zugleich das Ganze, das bis zum Rand voll ist. Sie vibriert vor Begehren nach Sein. Die Welt ist unumgänglich Materie und erst darin unabweisbar Geist. Wenn wir ihr angehören wollen, können wir nicht vor dem Einen ins Andere fliehen. Es gibt keinen abgetrennten Bereich des Göttlichen, in dem wir uns nach dem Tod oder nach der Erleuchtung vor dem Schmerz der Erscheinungen verbergen können. Alles, was wirklich ist, ist beseelt und in dieser Beseelung die Präsenz des Einen, der einzigen Seele, in der wir untrennbar enthalten sind.

Unter den Windstößen erschauert der Körper der See. Ich hebe einen kleinen Stein am Strand auf und nehme ihn mit. Er ist glatt, er hat viele ineinander gebrochene Flächen, er ist kühl, er ist grau, er glänzt. Das Meer hat ihn erst vor kurzem aus den schwarzen Schieferfelsen der Küste geschlagen. Dieser Stein ist ganz bei sich selbst. Plötzlich scheint mir, dass alles das Glück ausstrahlt, im Einklang mit sich selbst zu sein. All diese Härte und Schwere und Glätte des Steins ist das Bewusstsein, in sich selbst schön zu sein und in der Wirklichkeit zu existieren. Was den Stein schön macht, ist nicht eine erkämpfte Vollkommenheit, nicht überlegene Effizienz oder evolutionärer Erfolg, sondern Akzeptanz dessen, was ist.

Ich lasse mich vom Wasser anschauen und von den Wellen belauschen. Draußen ist eine Handvoll von Optimisten verstreut. Die winzigen Segelboote sind mit Kindern aus dem Küstenstädtchen Bogliasco besetzt, die hier das Handwerk lernen, dem Meer zu begegnen. Ein flaches Motorboot kurvt rastlos zwischen ihnen hin und her. Der Himmel ist mit einer weichen, grauen Decke abgehängt, aus der bald ein leichter Regen fallen wird.

12 KREIS

Der Biologe Bernd Heinrich schildert in seinem Buch »Leben ohne Ende« ein auf den ersten Blick makaberes Ansinnen. Ein unheilbar an Krebs erkrankter Kollege wandte sich mit einer heiklen Bitte an ihn. Er wolle, dass sein Leichnam nicht in einem geschlossenen Behälter in der Erde versenkt werde. Stattdessen wünsche er sich, im weitläufigen Waldareal, das Heinrich gehört, ohne Sarg bestattet zu werden. Tiere sollen seinen Körper fressen und so die darin enthaltenen Nährstoffe anderen Wesen zur Verfügung stellen. »Wie jeder gute Ökologe«, zitiert der Wissenschaftler den Freund, »betrachte ich den Tod als Übergang in andere Lebensformen.«[109]

Heinrichs Kollege hatte das Bedürfnis, nach seinem Ende nicht vom Zyklus des Lebens abgesondert zu werden. Er brachte in seinem Wunsch auf den Punkt, worin der zentrale Charakter der Biosphäre, ja, des gesamten »Erdsystems« besteht: Es ist ein gewaltiger Kreislauf, in dem Altes abstirbt und doch niemals vergeht, weil es immer wieder in die Geburt neuer Existenzen eingewoben ist, weil Altes immer wieder Neues nährt und dieses so erst ermöglicht.

Dieser Kreislauf – der genau genommen aus einer annähernd unendlichen Zahl kleinerer, jeweils mit anderen verknüpften Zyklen zusammengesetzt ist – verbindet die Gegenwart mit der Vergangenheit und der Zukunft. Die Materie, aus der jedes Individuum besteht, mit all ihren Atomen und Molekülen, stammt zu einem Gutteil von den Körpern fremder Wesen und wird nach dem Tod des Individuums erneut Bestandteil anderer Organismen. Der Tod sorgt dafür, dass das Leben nicht endet, sondern in anderer Gestalt immer wieder neu beginnt. Das ist das Grundprinzip der Biosphäre. Wir können ihm nicht entkommen, denn es hat uns selbst die Existenz erst geschenkt.

Weil ökologische Flüsse als Kreisläufe organisiert sind, kann die Natur nicht ohne den Tod auskommen. Er schenkt dem Ganzen seinen Fortbestand. Nur wenn Bau-

und Nährstoffe immer wieder getauscht werden, geht das Leben weiter. Zugleich verschwindet kein Teilnehmer aus dem Kreislauf. Er wechselt nur die Form – und das schon zu Lebzeiten. »Wir bestehen aus Leben und wir sind ein Übergang in ein anderes Leben«, betont Heinrich. In diesem dauernden Verwandlungsprozess, schreibt der Biologe, »werden unsere Ausscheidungen unmittelbar zu Käfern, Gras und Bäumen recycelt, die ihrerseits in Bienen und Schmetterlinge umgewandelt werden, diese in Fliegenschnäpper und Finken, in Habichte und wieder zurück in Gras, dieses in Rotwild, Rinder und Ziegen, und diese – in uns.«[110] Ob Pflanzen oder Tiere – die Ökologie beruht darauf, dass all ihre Teilnehmenden von anderen essbar sind, denn nur so kann der Zyklus immer wieder geschlossen werden.

Das gewaltige Rad des Lebens verbindet nicht nur die Organismen über die Zeit hinweg, es verrührt auch beständig, was in unserer Vorstellung in »belebt« und »unbelebt« geschieden ist. Nach dem Tod zerfallen wir in Phosphor, Nitrat, Schwefel und vor allem Kohlenstoff. In chemische Elemente und Verbindungen, die so lange durch Boden, Wasser und Luft zirkulieren, bis sich ein Lebewesen wieder daran bedient, bis zum Beispiel Wurzeln Phospat und Stickstoff wieder aufnehmen. Durch das Zyklische dauert das Leben nicht nur ewig, es ist auch grenzenlos. Die Gase der Atmosphäre, das starre Gestein, ja selbst der Weltraum sind vom Leben der Erde nicht abgetrennt, sondern werden davon eingesogen.

Hauptmotoren dieses Karussells der Stoffe sind die Pflanzen mit ihrer Photosynthese: Sie nehmen das Licht der fernen Sonne und das anorganische Kohlendioxid der Atmosphäre auf, um daraus (mit Hilfe mineralischer Nährstoffe und Wasser) ihr Gewebe, die Körper der grünen Gewächse zu erschaffen. Damit speisen sie Energie aus dem Weltraum in den irdischen Lebenskreislauf ein und verwandeln ein lebloses Gas in den Grundstoff der Zellen. Dabei entsteht Sauerstoff – das Element, das die Pflanzen aus- und wir Tiere wieder einatmen. Die Tätigkeit aller nicht photo- oder chemosynthetisch tätigen Organismen besteht darin, diesen Sauerstoff aufzunehmen und dabei die von den Pflanzen zur Verfügung gestellte Biomasse und die darin gespeicherte Sonnenenergie zu verstoffwechseln und in eine Zustandsform zurückzuverwandeln, welche die Pflanzen erneut nutzen können.

Solche systemischen Abhängigkeiten lassen sich vielleicht sogar mit Vorgängen im Kreislaufsystem eines Körpers vergleichen. Dort gibt es auch unterschiedliche Gewebe, sogar unbelebte Elemente (den Kalk innerhalb des lebenden Gewebes unserer Knochen etwa). Aber zugleich hängt alles zusammen, weil sich der Körper immer wieder neu als ein Individuum erzeugt und bestätigt. Das eindringlichste Beispiel dafür ist der zentrale Motor unseres Stoffwechsels, wiederum ein Kreislaufprozess: der sogenannte Zitronensäurezyklus. Hier wird der als Nahrung aufgenommene Kohlenstoff in den eigenen Körper eingebaut und zugleich dem Körper entstammender Kohlenstoff als Kohlendioxid ausgeschieden.

Ein Kreislauf verbindet somit nicht nur einander fremde Elemente (belebt und unbelebt). Er kann sich auch selbst stabilisieren und damit eine Art eigener Identität hervorbringen – einen optimalen Zustand, der nach Störungen wieder eingenommen wird. In einem der wichtigsten Ökosysteme der Erde ist diese Selbststabilisierung besonders augenfällig: im Amazonas-Regenwald. Hier kreisen die Nährstoffe auf dem kürzesten Weg zwischen dem Laubdach und den Baumwurzeln. Eine die Ressourcen puffernde Humusschicht gibt es kaum. Regen wäscht Nitrat und Phosphat aus den Blättern, wo die Wurzeln diese gelösten Mineralien – ebenso wie diejenigen aus dem herabrieselnden, rasch verrottenden Laub – sofort wieder aufnehmen.

Und selbst der Regen wird in einem Kreislaufverfahren vom Wald erzeugt: Der den Blättern bei der Photosynthese entströmende Wasserdampf verändert die Atmosphäre über dem Regenwald so, dass feuchte Luft vom Ozean heranströmt und über dem Laubdach abregnet. Überschüssiges Nass fließt dann in den großen Strömen des Urwaldbeckens zusammen und ergießt sich im mächtigen Amazonas wieder zurück ins Meer.

In einem solchen zirkulären System ist es unmöglich, zu sagen, welcher Teil des Zyklus Ursache, welcher Wirkung ist. Das gilt auch für unsere eigene Stellung in den Prozessen der Biosphäre. So verbindet uns jeder Atemzug ebenfalls mit dem Ozean, wo Mikroorganismen mehr als die Hälfte des atmosphärischen Sauerstoffs herstellen. Im Gegenzug strömt das Kohlendioxid, das wir ausatmen, mit den Winden über die Meere, wird dort von Algen aufgenommen und so in die ozeanische Nahrungskette eingeschleust. In dieser fressen winzige freischwimmende Krebse die Algen. Sie enden ihrerseits als Beute größerer Garnelen, die wiederum im Magen eines Finnwals landen. Wenn dieser stirbt, nimmt er das Kohlendioxid unserer Atemluft für viele Jahrtausende mit in die Tiefsee. So sind wir auf intime Weise mit dem dunklen, stummen Meeresboden verbunden – und mit dem Klimakreislauf, in dem der Ozean eine entscheidende Rolle spielt.

Blicken wir in die Natur, so sehen wir immer Spuren dieses zyklischen Charakters – und das nicht nur in den Meereswellen, die wie in stetigem Ein- und Ausatmen an den Strand rollen und vielleicht Spuren des Kohlenstoffs aus unseren Lungen enthalten. Kreisläufe erblicken wir überall: Die Frühlingsknospe verheißt die Blüte und diese die Frucht, unter dem Stamm welkt vorjähriges Laub. Eine Sommerwiese ist schön, weil ihr Bouquet nur wenige Wochen währt, weil ihr Vergänglichkeit eingeschrieben ist. Unsere Freude an der Natur entstammt womöglich der Ahnung, dieses Zyklische zu teilen, selbst Teil der Kreisbahn zu sein, ein Punkt auf einer niemals endenden Linie.

Der Kreislauf ist also nicht nur ein abstraktes Konzept, sondern eine Erfahrung des Lebens. Wohl auch darum galten Kreis und Kugel seit Urzeiten als heilige Symbole und waren mit magischen Kräften versehen. Viele alte Kulturen stellten sich den Kosmos zyklisch vor: ein Wechsel aus Werden und Vergehen. In diesem Weltbild ist das Alte nie erschöpft. Es schlummert als Keim im Gegenwärtigen und wird eines Tages wieder hervorbrechen.

Solche Kulturen – wie sie heute noch in indigenen Gemeinschaften bestehen – haben eine eingebaute ökologische Bremse. Weil alles Nahrung des Kommenden ist, darf nichts völlig verbraucht werden. So dienen Rituale bei den australischen Aborigines dazu, Fülle für einzelne Arten »herbeizusingen«. Zugleich ist mit solchen Zeremonien ein Jagdverbot für die entsprechende Spezies, die Gegenstand des Rituals ist, verbunden.[111] Erst die abrahamitischen Religionen – Judentum, Islam und vor allem das Christentum – brachen mit der Idee, dass die Geschichte ein Kreislauf ist. Für den Kirchenvater Augustinus waren sowohl die Schöpfung als auch die ausstehende Erlösung einmalige, unvergleichliche Ereignisse.[112] Der moderne Fortschrittsglaube ist ein Erbe dieser Erlösungshoffnung. Es hat den Anschein, dass er damit das Leben der zyklisch orientierten Biosphäre nachhaltig stört.

Aber vielleicht sind diese Störungen, die sich in der »Sechsten Aussterbewelle« und dem Klimanotstand unserer Gegenwart manifestieren, ihrerseits Phasen in einem viel größeren Zyklus. Denn was den Betroffenen linear erscheint, kann gleichwohl Teil eines Kreisprozesses sein. Systemforscher wissen, dass Kreisprozesse nicht ebenmäßig verlaufen. Viele sind gestreckt, verzerrt und mehrfach überlagert. Lange Phasen der Stagnation werden von rapiden Umschichtungen abgelöst.

Dafür hat der amerikanische Ökologe C.S. Holling[113] den Begriff des »adaptiven Zyklus« ersonnen: In ihm kommt es periodisch zu langen Phasen, in denen anscheinend wenig Neues passiert. Weil dabei aber immer mehr der verfügbaren Ressourcen gebunden werden (und immer weniger zur freien Verwendung zur Verfügung stehen), werden solche stabilen Perioden störungsanfällig. Irgendwann brechen sie schlagartig ab. Die dabei massenhaft freigesetzten Bausteine können findige Neuankömmlinge ganz anders als vorher arrangieren. Heute weiß man: Auch Ökosysteme sind als adaptive Kreisläufe organisiert. Sie durchlaufen entsprechend Phasen der relativen Ruhe, die von katastrophenartigen Umschichtungen unterbrochen werden. Die Biosphäre hat sogar eigens Akteure hervorgebracht, die gezielt die Rolle der Destabilisierer einnehmen. Das sind die Parasiten – und unter diesen vor allem die Viren.

Obwohl wir bei Viren zuerst an ansteckende Krankheiten und Seuchen denken, spielen die winzigen Infektionspartikel ihre wichtigste Rolle auf den unteren Stufen der Ökosysteme. Ein Großteil der vermutlich Millionen verschiedenen Virenarten befällt vor allem Mikroorganismen – Bakterien und Algen, die direkt an der Quelle der Stoffströme mit der Umwandlung zwischen Organischem und Anorganischem beschäftigt sind. Viren sorgen für den Zusammenbruch zu dicht gepackter Populationen und organisieren so die Umverteilung biologischen Kapitals. Sie sind Demokratisierer des Lebenskreises.

Das spielt besonders in den Ozeanen eine Rolle. Dort machen Mikroorganismen 95 Prozent der gesamten Biomasse aus.[114] Ein ganzes Fünftel dieser mikroskopisch kleinen Schwimmer wird täglich von Viren zur Auflösung gebracht und stellt seine nahrhaften Säfte dem übrigen Leben neu zur Verfügung. Entsprechend betont der kanadische Mikrobiologe Curtis Suttle: »Die Rolle der Viren als Nährstoffrecycler ist für die geobiochemischen Stoffzyklen essenziell. Ohne Viren gäbe es vielleicht kein Leben.« Auch wir, meint Suttle »hängen auf Gedeih und Verderb davon ab, dass Material in den Ökosystemen recycelt wird.«[115]

Der Tod ist eben nicht nur ein Nehmender, sondern auch ein Gebender. Er verteilt außer Nähr- und Baustoffen auch Informationen. So hinterlassen Viren, die Organismen befallen, dort oft dauerhafte genetische Spuren. Virale DNA bleibt im Erbgut der Wirtszellen gleichsam hängen und kann dann dort neue Funktionen übernehmen. Das ist auf dem biologischen Weg zum Menschen viele Male geschehen. Viren brachten den genetischen Code für ein Protein mit, das später bei Säugetieren eine essenzielle Rolle für die Bildung der Plazenta spielte, die das Kind im Mutterleib nährt. Was Vernichtung sät, stiftet auch neues, anderes Leben.

Dieser Aspekt von Kreisläufen ist in unserem ökologischen Bewusstsein noch nicht wirklich angekommen. Er besagt: Nachhaltig kann nur sein, was die eigene Vergänglichkeit mit einplant. Was auf ewige Dauer angelegt ist, stört den Kreislauf hingegen, trennt, anstatt zu verbinden. Bis heute klingt beim Wort »nachhaltig« die Idee von Dauer mit, und damit die menschliche Hoffnung auf ewiges Sein. Um aber wirklich dauerhaft zu werden, Nährstoff für den Kreislauf des Lebens und verbindender Leim zwischen unzähligen noch nicht geborenen Geschöpfen, sollte etwas nicht dauerhaft, sondern essbar sein.

Kreisläufe sind immer Schleifen, die andere Kreisläufe mit einbinden. Sie sind integrativ. Und sie sind inhärent zerbrechlich. Sie verlaufen von Höhen zu Tiefen und wieder zu Höhen hinauf. Das hat etwas Faszinierendes: Wenn man einen Kreislauf nicht als Zyklus darstellt, sondern gleichzeitig die Zeit mitlaufen lässt, entsteht das Bild einer Schwingung – das wie die Frequenzanzeige einer Tonaufnahme aussieht, wie sie bei digitalen Medien, etwa bei Soundcloud, zu sehen ist. Klang ist ein Kreislauf über die Zeit. Der Wechsel von Werden und Vergehen ergibt über die Zeit die Linie einer Melodie.

Verstehen wir das Leben – oder sogar die Wirklichkeit – als in Kreisläufen organisiert, wird klar, dass in ihr Krisen auftreten müssen. Es geht nicht ohne Tod. Die Schwingung muss immer wieder durch den Tiefpunkt. Ökosysteme sind sogar so organisiert, dass sie diese Tiefpunkte von selbst anstreben. Wollten wir dem Leben die Sterblichkeit aberziehen, erzögen wir ihm seine Lebendigkeit ab. Dem Tod lässt sich nicht entkommen. Denn er ist es, der das Leben spendet.

Es gibt eine Übung, der Initiation in die Natur der Native Americans abgeschaut. *Medicine Wheel,* »Medizinrad« heißt sie. Ich habe sie in Wolfgang Pehams Wildnisschule nach der Methode des Wildnislehrers Jon Young kennengelernt. Die problematische europäische Übersetzung indigenen, nordamerikanischen Sprachgebrauchs – die Übersetzung in eine Geistes- und Sprachwelt, in der das Ganze nirgendwo kohärent zum Ausdruck kam – hat das Wort »Medizin« hervorgebracht, aber besser wäre es, wie ich weiter oben geschrieben habe, »mystische Potenz« zu sagen. Lebensspendende Gegenwart. Die Kraft des Einen im Einzelnen, in Allem. Beim Medizinrad gestaltet man einen Kreis – mit dem Material, das sich gerade leiht und schenkt – und markiert die Himmelsrichtungen. Denn diese sind die Richtungen, nach denen sich der Lauf der Sonne und des Tages ausrichten, der Lauf des Jahres, alles Zyklische, das alles Lebendige und alles Kosmische kennzeichnet. Das Zyklische ist der Kreis, und ist er einmal ganz durchlaufen, schließen wir ihn mit einem Punkt in der Mitte ab.

Im Norden dieses Medizinrads liegt der Winter, die Zeit, in der die Sonne (auf unserer Erdhalbkugel) sehr früh im Westen untergeht und der nördliche Himmel unbeleuchtet bleibt. Im Tageslauf ist das die Nacht. Der Norden, die Nacht und der Winter sind der Tod der Dinge. Es ist die Zeit, in der die Blätter endgültig herabgesunken sind, die letzte Hummelarbeiterin leblos auf den Wiesenboden gefallen ist, der spät erblühte Kelch sich seiner Kelchblätter entleert hat. Der Winter ist die Leere.

Das Medizinrad, abgewandelt nach Jon Young et al. (2014)

NORDEN
Tod
Begehren
Intuition
Bär

WESTEN
Reife
In-Beziehung-Verwandeln
Denken
Eule

OSTEN
Geburt
Verlieben
Fühlen
Amsel

Blüte
Vereinigen
Wahrnehmen
SÜDEN
Wolf

Im Medizinrad wird deutlich, dass diese problematische Zeit eine entscheidende Phase in einem Zyklus ist, der ohne sie zerreißen oder stillstehen müsste. Es ist die Phase des Nichts, in dem sich die Geburt vorbereitet, weil die Fruchtbarkeit ganz im Innen arbeitet. Die Fruchtbarkeit hat sich auf winzige Keime zurückgezogen, ähnlich den Imaginalzellen im sonst gänzlich flüssigen Körperinhalt einer Schmetterlingspuppe. Nachdem sich der alte Leib der Raupe unter dem schützenden Panzer der Puppenhülle vollständig abgebaut hat, beginnen diese Imaginalzellen, in der nährstoffreichen Ursuppe eine ganz neue Form zu bilden.

Der Norden ist die Phase des Nichts, welche die Wurzeln der Anemonen durchlaufen müssen, um im März ihre Blüten wieder aus der Erde wachsen zu lassen.

Es ist der *point vierge* (Thomas Merton), jener unbeschriebene, undefinierte, leere Punkt, durch den wir schon einmal gegangen sind, bevor wir gezeugt wurden, und durch den wir am Ende unseres eigenen Lebens wieder gehen werden. Das Nichts ist Leere, und die Leere ist höchste Aktivität, und sie ist obligate Wiedergeburt. »Die Leere kann nicht anders, als zu blühen, so wie hunderte von Gräsern, die blühen«, sagte der buddhistische Gelehrte Dogen im 12. Jahrhundert.[116] Und der japanische Dichter Matsuo Basho schrieb vierhundert Jahre später: »Während ich still sitze / Und nichts tue, / Kommt der Frühling, / Und das Gras wächst von selbst.«[117]

Erweiterte Bedeutung der Himmelsrichtungen im Medizinrad

Nord	**Ost**	**Süd**	**West**	**Erfahrung im ganz durchlaufenen Zyklus**
Tod	*Geburt*	*Blüte*	*Reife*	*Unsterblichkeit und Nichtsein sind eins*
Intuition	*Fühlen*	*Wahrnehmen (Sinnlichkeit)*	*Erfassen (Geist)*	*Loslassen ermöglicht Verbindung*
Begehren	*Verlieben*	*Vereinigen*	*In-Beziehung-Verwandeln*	*Das Selbst existiert durch den Anderen*
Empfängnis	*Kindheit*	*Erwachsensein*	*Alter*	*Zyklischer Fortbestand*
Sich gemeint fühlen	*Mühe der Dankbarkeit*	*Werk*	*Weitergabe, Schenken*	*Sich im Werk in Welt verwandeln*
Frustration	*Trennung*	*Eigenes Leben*	*Innere Selbständigkeit*	*Wiederverbindung*
Verschwinden	*Spielen*	*Gestalten*	*Verstehen*	*Explizite Mystik*

Das Ökosystem ist genau das: unsterblich, stets sich erneuernd, sich wandelnd und verjüngend, und doch zugleich immer schon tot; ein dauerndes Gefressen- und Verdautwerden; Leben, das nicht in Form von pulsierenden Körpern vorliegt, sondern vor allem als Humus, also als organische Materie. In der Überzahl sind nicht aktive Körper, sondern ist das Potenzial zum atmenden Körper. Über 95 Prozent der Biomasse etwa in Mischwaldböden sind solcher Humus. Gestorbene Wesen. Doch zugleich wissen wir, dass Humus die Quelle des Lebens ist. Kompost ist das Milieu der Geburt, Leben als Potenz.

Es ist eine bewegende Erfahrung, sich mit dem Winter in allen seinen Formen und in allen denkbaren Zyklen auseinanderzusetzen. Eine solche Arbeit rührt innerlich auf, weil sie zeigt, dass das Nichts notwendig ist. Es ist der Garant der Fruchtbarkeit, das, woraus die Fruchtbarkeit entspringt. Und damit ist es das Refugium der Liebe. Es ist das, was vor dem manifesten Begehren kommt, die sich in Knospen und pulsierenden Leibern und nach Mücken schnappenden Fischen und in ihren Bahnen einander umkreisenden Sternen zeigt. Das Nichts ist voll bis zum Rand. Es kann nicht anders, als sich immer neu in die Welt der Körper hineinzugeben, weil es sie so sehr begehrt, weil es jeden Einzelnen will und begehrt als Zentrum des Universums. »Das Ungeschaffene ist nicht Etwas. Überzähliges. Abwesenheit. Vollkommene Armut des Schöpfers, und doch entspringt aus dieser Armut alles«, beschrieb dies der christliche Mystiker Thomas Merton.[118]

Das Medizinrad zeigt, dass ein Tod gar nichts anderes sein kann als eine Geburt. Das ist nicht symbolisch gemeint. Es ist real. Der Tod ist eine Pforte – die durch etwas führt, das wie eine Wand aussieht, solange man noch nicht hindurchgegangen ist.

13 LEERE

Anfang Januar folgen wir im Wagen der unbefestigten Straße, die auf dem Deich an der Südseite des Flusses Po läuft. Der Fluss ist flach und breit. Das Ufer auf unserer Seite von kahlen Pappeln bestanden. Das gegenüber liegende können wir im Dunst nicht sehen. Es ist schon fast dämmrig. Die Luft erfüllt ein feiner Nebel, der alles in sich ertränkt. Keine Spur von den blauen Bergen des Apennin. Wir fahren langsam, als vor der Frontscheibe drei Vögel im rasenden Flug auftauchen, zwei Sperlinge und ein Sperber.

Mit einem dumpfen Schlag kollidiert einer der Sperlinge mit der Scheibe. Ich halte sofort an. Ich hoffe, dass der Vogel gleich weitergeflogen ist. Doch ich sehe ihn im Gras, auf der Seite, das große schwarze Auge auf mich gerichtet, der Schnabel geöffnet, hechelnd. Ich bleibe stehen, warte darauf, dass der Spatz stirbt, dass dieser Unfall sein Ende ist. Aber er bleibt liegen, mit fliegendem Atem, das Auge aufgerissen.

Der Nebel ringsum schließt sich. Nur noch der Scheitel des Damms ist zu sehen, alles andere ertrinkt im Grau. An der Deichflanke recken einige aufgeschossene Weiden ihre dünnen Äste ins Grau. Davor reihen sich Stengel kanadischer Goldrute, schon vor langer Zeit abgeblüht, die Reste ihrer Rispen aufgerollt wie Schnecken aus silbernem Samt. Dazwischen verstreut ragen Wilde Möhren empor, die Blütenschirme fahl und farblos, groß wie Untertassen, mit nach innen gebogenen Rändern, als wären es Nester. Ich nehme den Spatz in die Hand. Er ist warm. Sein Herz rast. Ich drehe ihn vorsichtig, so dass er bäuchlings in meiner Handfläche liegt.

Auf ihr Bitten gebe ich den Vogel meiner Frau. Sie bedeckt ihn mit der halb geöffneten Hand, schaut ihn unter ihren Fingern verstört an. Tränen laufen über ihre Wangen. »Er ist so klein«, sagt sie. »Er ist so warm.«

Ich nehme den Spatz zurück, gehe ein paar Schritte den Deich hinunter und setze ihn ganz vorsichtig auf die gerundete Innenseite einer Möhrenblüte. Er kann nicht herausfallen, weil sich die Blüte zwischen den anderen Stengeln in ein kleines Gestrüpp lehnt. Dann gehen wir ein paar Schritte im Nebel die Straße entlang, bang, beklommen, schweigend. Als wir umkehren, sitzt der Vogel noch da. Ich sehe ihn aus der Ferne im Nest seiner Möhrenblüte. Er blinzelt mich an. Er ist noch nicht gestorben.

Dann, gerade als ich mich umdrehen will, fliegt er auf, fliegt mit der Leichtigkeit und Selbstverständlichkeit eines kleinen Singvogels empor, rhythmisch flatternd, dann wieder im Schwung sinkend, fliegt durch die leeren Finger der Weidenäste, ins graue Nichts. Von einer großen »Zärtlichkeit, die nicht eine Eigenschaft der Schwachen, sondern der wirklich Starken ist«, schrieb Papst Franziskus in seiner Enzyklika.[119] Daran muss ich in diesem Moment denken.

Was für eine ungeheure Kraft zeigt sich in diesem Vogel? Der winzige Sperling ist von einer gewaltigen Kraft erfüllt, eine Kraft, die wir sonst fast nie unverhüllt sehen. Er war praktisch schon gestorben. Jetzt fliegt er auf wie neu geboren. Vielleicht hat ihn sein Beinahe-Tod sogar vor dem Sperber gerettet. Bei seinem flinken Abflug scheint der Sperling beinahe mehr Leben als zuvor zuvor zu haben.

Wir stiegen ins Auto und rollten durch den Nebel zurück. Inzwischen war es beinahe dunkel, der Raum kaum noch durchdringbar. Die Lichter der anderen Fahrzeuge tauchten spät aus dem Nichts auf. Wir fuhren sehr langsam.

Nur eine Haaresbreite hatte den Sperling vom Tod getrennt. Eine unsichtbare Linie teilte seine lebendige Existenz von der Ruhe inmitten der stummen Dinge. Mir kam es so vor, als hätte der Vogel diese Linie schon überschritten gehabt, als wäre er auf die andere Seite hinübergewechselt. Ich war erleichtert, dass er schließlich wieder diesseits des Lebens herausgekommen war. Der schwerelose Flug, mit dem er sich aus dem Nichts gerettet hatte, erschien mir als das Wunder einer Rückkehr aus dem Nichts.

Der Unfall des Sperlings zeigte mir, wie nahtlos unser Übergang vom Leben in den Tod ist. Mir kam es geradezu so vor, als würde das Leben selbst, in seiner sorglosen Schwerelosigkeit, bereits voller Tod stecken. Und umgekehrt: Das Nichtsein konnte sich jederzeit in Leben verwandeln. Was dem Sperling passiert war, erschien mir weniger als ein Triumph über den Tod (für wie lange?), denn vielmehr als ein Nachweis dafür, dass beides – leichtfüßige Selbstbewegtheit und stumme Erstarrung – aus der einen, gleichen Substanz gemacht waren. Der Sperling war so leicht gestorben, wie er dann wieder neu geboren worden war. Zwischen dem Nichts und dem Existieren gab es keine feste Barriere; es ließ sich fugenlos vom Einen ins Andere überwechseln.

Was ist am Lebenden lebendig? Was gehört bereits zum Tod? Der Stoff, aus dem der Körper des winzigen Sperlings besteht, ist kein anderer, als der Stoff, der sich in den abgestorbenen Möhrendolden findet, in der lehmigen Erde, aus der sie im Sommer gewachsen sind, in der nebligen Luft, im grauen Wasser des Po. Der Spatz frisst anderen Stoff und verwandelt ihn in sich in sein Leben. Er kollidiert mit einer Windschutzscheibe und ist – beinahe jedenfalls – tot. Aber er besteht auch dann noch aus dem gleichen Stoff wie im Augenblick zuvor. Wo genau verläuft die Grenze? Ist sie überhaupt erkennbar? Ist sie vielleicht nicht nur unsichtbar, sondern inexistent? Ist eigentlich in der Tiefe alles immer lebendig – und wir können in Wahrheit gar nicht sterben? Oder ist die »Natur« – die Welt der nichtmenschlichen Wesen, das Reich von Wasser, Luft und Stein – in Wirklichkeit eine grausame Todeszone, an die wir bei unserem eigenen Ende wieder zurückfallen?

Die Begebenheit mit dem Sperling – sein Unglück, während er dem Sperber zu entkommen suchte – würde manchen Menschen als Beweis für die Grausamkeit dieser Natur erscheinen, von der sich unsere menschliche Zivilisation vielfach abzusetzen versucht. »In der Natur ist der Tod so nah« – oft wird mir das entgegnet, wenn ich über meine Auffassung einer lebendigen Welt spreche. Manche Zuhörende finden das Bild, das ich zeichne, zu positiv. Kürzlich sprach ich mit einer Botanikerin, die Pflanzen aus tiefstem Herzen liebt und mir das sehr bewegend beschrieb. Aber dann unterbrach sie sich und sagte: »Aber Pflanzen sind ganz anders als wir. Wir werden sie niemals verstehen können. Denn die Natur ist grausam.« Ein Riss lief durch das Glück dieser Kollegin. Aber sieht sie die Welt im richtigen Licht? Es gibt ein Gedicht der polnischen Lyrikerin Wisława Szymborska über das »Schweigen der Pflanzen«, in dem Szymborska, das, was uns mit den Gewächsen verbindet, poetisch auflöst: Wir und die Pflanzen, so sagt die Lyrikerin, werden vom selben Stern in Reichweite gehalten.

Die Auffassung, dass die Natur grausam sei, zieht sich als roter Faden durch das Selbstverständnis des Abendlandes. Er läuft durch die christliche Unterscheidung zwischen dem »Gottesebenbild« Mensch und dem irdischen Jammertal hienieden. Er durchwirkt die einflussreiche Auffassung vom »Naturzustand« des Barockphilosophen Thomas Hobbes, der meinte, wenn sich der Mensch keiner autoritären Regierung unterordne, dann sei sein natürlicher Zustand vom blutigen Kampf, Auge um Auge, Zahn und Zahn geprägt, wie wir ihn in »der Natur« sehen.

Wahrscheinlich kann man sagen, dass das ganze westliche Zivilisationsprojekt der Versuch ist, aus einer Natur auszuscheren, die in der Überlieferung als blutig, grausam und willkürlich dargestellt wurde und von den Meisten zum größten Teil noch so erfahren wird. Die westliche Zivilisation könnte also als Projekt definiert werden, das die Verbannung der »grausamen Natur« aus dem Lebensbereich des Menschen zum Ziel hat. Das ist eine zweischneidige Taktik, denn die Natur zieht sich ja tief ins Menschliche hinein. So besteht bis heute eine schmerzliche Folge dieses Versuchs der Aufteilung in das Grausam-Natürliche und das Zivilisiert-Menschliche etwa darin, all jene Menschen und Völker, denen eine Nähe zur »grausamen Natur« nachgesagt wird, ebenfalls zu unterdrücken und zu kolonialisieren. Eine andere Folge ist die immer weiter zunehmende Kontrolle des Lebens durch technische Mittel. Sie ist zur Abwehr der vorgeblichen Brutalität der Natur gedacht, aber zersetzt dabei alles Leben.

Ist die Natur wirklich »grausam«? Wir sollten bereits bei der Wortwahl aufmerksam sein. Denn das Adjektiv »grausam« stellt keine neutrale Beschreibung eines Vorgangs dar, sondern bewertet diesen. Es nimmt eine moralische Zuschreibung vor – nicht unbedingt an Algen und Asseln, aber an die Prinzipien, welche die Biosphäre leiten. Zugleich aber glauben die Meisten, die behaupten, Natur sei grausam, dass nur Menschen moralisch handeln könnten. Hier stimmt also etwas nicht. Ist »grausam« wirklich das richtige Wort?

Wie sehr das menschliche Moralurteil »grausam« an der biologischen Realität vorbeigeht, zeigt sich zum Beispiel daran, dass kaum ein Raubtier allein von selbst geschlagenen Opfern lebt. Fast alle Beutegreifer, also die mehrheitlich ausführenden Akteure einer vorgeblichen Grausamkeit der Natur, tun sich auch an bereits gestorbenen Tieren gütlich. Das Dasein als Raubtier steht somit in fließendem Übergang zu dem von Aasfressern. Diese gelten aber gerade nicht als grausam. Sie bilden die Gruppe von Organismen, denen Biologen sogar eine besondere Nützlichkeit nachsagen, weil sie die Ökosysteme »aufräumen«, also die Zerfallsprodukte wieder in den Kreislauf des Lebens zurückführen.

Wie der deutschamerikanische Biologe Bernd Heinrich schrieb, sei die Unterscheidung zwischen Raubtieren und Aasfressern sei »unscharf und [...] fast willkürlich. Ein ›reiner‹ Aasfresser ernährt sich nur von toten Organismen, ein reines Raubtier nur von dem, was es tötet. Aber nur sehr wenige Tiere sind ausschließlich das eine oder das andere. Raben und Elstern mögen im Winter reine Aasfresser sein, aber im Herbst sind sie Pflanzenfresser, die sich von Beeren ernähren, und im Sommer sind sie Raubtiere, die sich von Insekten, Mäusen und allem anderen, was sie töten können, ernähren.«[120] Immer aber verwandeln diese Lebewesen fremde

Körper in ihren eigenen, bis dieser selbst von einem anderen in sich selbst hinein umgewandelt wird.

Die Idee der Grausamkeit folgt also einer rein menschlichen Perspektive – einer Sichtweise, die in unserer westlich geprägten Kultur entstanden ist. Menschen aus nichtwestlichen Zivilisationen, ja, vor allem Angehörige indigener Kulturen, schreiben der natürlichen Welt keine Grausamkeit zu. Sie tun das schon allein darum nicht, weil es für sie gar keine vom Humanen abgegrenzte Natur gibt. Die Gesellschaft des Seins, die Menschen und nichtmenschliche Personen umschließt, ist nicht grausam, sondern streng geregelt. Zu den strengsten Regeln gehört, dass jedes Wesen seinen Körper wieder abgeben muss, um anderen Nahrung und Fruchtbarkeit zu spenden. Das wird als Bürde erlebt und darum (etwa bei Initiationen oder Fruchtbarkeitsfeiern) auch intensiv rituell begleitet. Aber insgesamt sind die Menschen solcher Gesellschaften meist felsenfest davon überzeugt, dass unsere irdische Existenz trotz aller Härten köstlich und glücklich ist – und das ganz ohne solche Annehmlichkeiten wie Antibiotika und Zentralheizung.

Was uns westliche Menschen im Reich des Lebens erschreckt, ist nicht Grausamkeit, sondern Tod. Wir sehen, dass die ökologische Wirklichkeit darauf beruht, dass alle ihre Teilnehmenden sterblich sind – und für alle anderen essbar. Dass wir für alle anderen essbar sind, liegt daran, dass wir alle einen einzigen gewaltigen Körper bilden, in dem sich beständig die Stoffwechselprodukte austauschen. Unsere Essbarkeit ist der Beweis dafür, dass alle Wesen gemeinsam einen einzigen Leib bilden. Was Menschen westlicher Herkunft als brutal erscheint, ist somit zugleich die Versicherung, dass wir mit dem großen Ganzen des Lebens auf intime Weise verschwägert sind.

Wer sich über die vermeintliche Grausamkeit der Natur beklagt, distanziert sich vor allem davon, dass in ihr gestorben wird. »Die Natur ist mir fremd, denn sie ist grausam«, wie meine Kollegin, die Botanikerin, sagte, heißt also eigentlich: »Die Natur ist mir unheimlich, weil sie den Tod enthält«. Der Vorwurf der Grausamkeit beruht – wie viele moralische Urteile – vor allem auf Empörung darüber, wie die Dinge nun einmal sind. Und die Dinge sind so, dass gestorben werden muss, damit gelebt werden kann. Das hat nicht nur mit dem relativ leicht zu verstehenden Umstand zu tun, dass Altes vergehen muss, damit Neues sich bilden kann. Es beruht vielmehr auf dem viel weiter reichenden Prinzip, dass die einzelnen Wesen in Wahrheit gar nicht wirklich voneinander getrennt sind. In der Tiefe der Wirklichkeit gibt es nur diese eine Welt. In der Tiefe existiert keine Zweiteilung. Dort, wo sie sich vor unserem Blick auflöst, sehen wir Leere. Das ist der Tod, vor dem wir uns fürchten. Doch gerade er ist zugleich die Eingangspforte ins Ganze.

Die Weigerung der westlichen Zivilisation, unter dem Vorwand, gegen Grausamkeit zu kämpfen, den Tod als Quelle der Fruchtbarkeit zu akzeptieren, führt nicht zum Ziel. Sie hält das Sterben nicht auf. Im Gegenteil: Sie führt zu tieferem Leiden. Nur ist dieses Leiden nicht das derjenigen, die den Tod ausklammern wollen, sondern das der anderen – der geschundenen nichtmenschlichen Personen und der ausgegrenzten Menschen. Beide begegnen sich etwa heutzutage – als benachteiligte Menschen und als zur Ware deklarierte Kreatur – in den Schlachtfabriken der Fleischindustrie. Nur im Bezug auf menschliche Brutalität würde ich das Wort »grausam« oder »gewalttätig« zulassen. Denn nur Menschen haben die Wahl. Kaum ein nichtmenschliches Wesen arbeitet aktiv daran, andere an der Teilhabe vom produktiven Leben abzuhalten.

Es ist dieses Leiden, das aus der Weigerung resultiert, mit dem Leben sterblich zu sein, das wir derzeit als die Lebenskrise der Biosphäre erfahren: die kombinierte Sterbekrise der Arten und der klimatischen Stabilität. Die Weigerung, den Tod als Teil des Lebens und als Brücke ins Ganze zu akzeptieren, führt also dazu, dass sich dieser Tod potenziert. Aber der potenzierte Tod trifft nicht zuerst die, die auf seiner Ablehnung beharren und sich gegen ihn verschanzen. Er trifft die Wesen und Menschen, die einfach nur versuchen, weiterhin lebendig zu sein. Wer den Tod aus dem Leben verbannen will, beginnt für die Abschaffung des Todes zum Mörder zu werden. So wird jemand zum Gewalttäter, weil er glaubt, sich nur so vor Gewalt schützen zu können. Wenn Menschen sich über andere erheben, diese unterjochen oder vernichten, dann tun sie das, um die Illusion ihrer eigenen Unsterblichkeit zu verteidigen. Um den Tod kleiner, sanfter zu machen, dürfen wir ihn nicht ausgrenzen, sondern müssen ihn einladen.

Ich möchte auf diesen Seiten dafür plädieren, dass wir den Tod als einen Teil der Lebendigkeit akzeptieren. Aber nicht allein das. Ich möchte noch für etwas Radikaleres argumentieren. Ich möchte sagen, dass der Tod in Wirklichkeit innerhalb einer Wirklichkeit geschieht, die das vollständige Leben ist. In dieser gibt es den Tod, wie der Westen ihn sich vorstellt, gar nicht. Der Tod als Ende existiert nicht. Es ist nicht zu Ende; jedes Ende ist nur der Gang durch eine Tür, die vorher als Wand erschien. Der Tod ist – wie die Individualität – eine Verwandlungsform der umfassenden Lebendigkeit. Wir können nicht aus dem Leben fallen. Wir sind, wie alles, unvergänglich. Wir wandeln nur unsere Form. Das, was wir »Natur« nennen, ist der greifbare Ausweis dieser unvergänglichen Lebenshaltigkeit und ihrer unaufhaltsamen Verwandlung. Wenn wir uns von der vermeintlichen Grausamkeit des Lebens einschüchtern lassen, verlieren wir die Unsterblichkeit aus dem Blick, die allen Metamorphosen unterliegt.

Das heißt freilich nicht, dass der Tod nicht real sei. Natürlich ist er es, genau wie auch das Individuum real ist. Denn nur in der erlebten Realität individueller Erfahrungen – und des individuellen Endes – erfährt sich das Eine selbst. Der Tod – und die Individualität – sind zugleich Erscheinungsformen, in denen sich das Eine zeigt und immer wieder neu verwandelt. Das Eine aber ist mehr als seine Verwandlungen. Diese Verwandlung mit dem Vorwurf der Grausamkeit abzulehnen, ist naiv. Es heißt, sich der Wirklichkeit zu verweigern. Besser wäre es, zu verstehen, was die unabweisbare Metamorphose der Wirklichkeit von uns verlangt – was wir ihr schenken dürfen, und was sie uns geben möchte.

Dass wir wie alle Wesen sterblich sind, heißt, dass wir die Welt mit allen anderen teilen. Diese Situation zu akzeptieren, ist anspruchsvoll. Es bedeutet, die eigene Individualität als relativ zu akzeptieren und zu sehen, dass sie nicht unabhängig vom restlichen Kosmos steht, sondern dass sie der Weg ist, auf dem sich dieses Ganze gebiert. Das Wechselspiel dieser verwundbaren Identitäten nannte Gary Snyder die »Ordnung des Vergänglichen«. Das klingt schön – ist aber, als eigenes Leben gestaltet, eine Herausforderung. Weil wir mit allem anderen Leben die Sterblichkeit und Verletzlichkeit teilen, meinte Snyder, sollten wir diesen anderen nicht mit Kleinlichkeit begegnen. »Sei nicht geizig«, sagt Snyder, »das Leben ist schon so hart genug, wir müssen es uns gegenseitig nicht noch schwerer machen«. Wir brauchen so etwas wie eine Loyalität im Diesseits, die sich des tieferen Zusammenhanges alles Lebens bewusst ist und nicht vergisst, wie viel es kostet, in der Welt als Körper zu erscheinen.

Alles ist immer gegenwärtig. Der Tod spielt nicht die absolute Rolle, die unsere vom Sterben hypnotisierte westliche Kultur ihm zuschreiben will. Er beherrscht uns nicht. Aber er lässt uns leiden – uns alle, uns verkörperte Wesen, Menschen ebenso wie Maikäfer und Grünalgen. Und doch ist Sterben der einzige Weg, auf dem die Einzelnen an der Entfaltung dieser durch nichts zu gängelnden Lebendigkeit teilhaben können. Umgekehrt heißt das aber auch, dass wir unsterblich sind. Denn wir sind die Welt selbst. Diese Welt ist unsterblich, weil das Begehren nach Gegenseitigkeit nicht aufhört. Wir brauchen uns vor dem Tod nicht zu fürchten, weil wir nicht in ihm vergehen werden. Ich kann nicht aus diesem Ganzen fallen, weil dieses Ganze nichts je verliert, und nichts je auslöscht. Zugleich aber ist der Tod real als eine Verwandlung, als ein Abschied, als das Ende einer Individualität und der Anfang einer anderen.

Im frühen Buddhismus, im zweiten Jahrhundert nach Christus, hat sich der Gelehrte Nagarjuna viel mit dem Paradox des verkörperten, in Fleisch und Blut sinnlich erfahrenen, und letztlich dem Tod anheim fallenden Lebens auseinandergesetzt. Nagarjuna betonte dabei immer wieder die widersprüchliche Einheit zwischen der Welt der Erfahrungen – der Welt der sterblichen Individuen und dem, was ihnen widerfährt – und dem, wovon diese getragen ist – dem Einen. Für Nagarjuna ruhte alles, was in »gegenseitiger Bedingtheit« auseinander hervorgeht, was also Teil des lebenden Netzes der Verwandlungen ist, in einer tieferen Schicht. Diese bezeichnete Nagarjuna als Bodenlosigkeit, oder auch als Leere.

Die eigentliche Welt ist das, was nicht in gegenseitiger Bedingtheit verkörpert erscheint. Aber diese eigentliche Welt ist vollkommen leer, solange sie nicht erscheint. Sie ist das Nichts – aber es ist ein Nichts, das beständig darauf drängt, aus sich selbst heraus Verkörperung zu produzieren. Tod und Individualität sind Aspekte der gegenseitigen Bedingtheit. Beide werden von der Leere gehalten. Der Tod ist nicht die Leere; die Leere ist, was den Tod als eine der Formen ihrer Verwandlung enthält. Den Tod zu vermeiden, rettet nicht davor, dass alles, was im Beziehungsnetz der Wirklichkeit stattfindet, nur ein Ausdrucksmoment der alles tragenden Leere ist, das wieder in dieser einschmelzen und als etwas ganz Anderes hervortreten wird.

Aus der westlichen Denktradition kommend, fällt es schwer, sich diese Leere vorzustellen. Wir denken das Nichts immer im Gegensatz zum Sein. Gerade daher kommt die Schärfe unserer Todesvorstellung: Wer lebt, ist, wer tot ist, ist nicht. Die Logik des Westens baut auf dieser polaren Unterscheidung auf: Im binären System gibt es Sein und Nichtsein, Null und Eins. Auf dieser Grundlage funktioniert der Computer und damit die gesamte zeitgenössische Kultur. Es ist die Logik des Aristoteles, die Widerspruchsfreiheit verlangt. In der Sprache der Logiker kann p nicht gleichzeitig $-p$ sein. In der Auffassung Nagarjunas sind p und $-p$ beide in einer tieferen Realität gehalten, in der sie identisch sind, aber nicht in individuierter Form existieren.

Im Inneren aller Verkörperungen herrscht Leere. Die Verkörperungen entstehen aus der Leere, denn diese ist zugleich die allerhöchste Potenz des produktiven Wollens. Dieses Wollen, das Begehren, dass etwas sei, ist ohne Raum, Zeit, Körper, Ort und Gestalt. Es ist ein reines In-die-Form-Drängen. Das Nichts ist fruchtbar. Nichts ist fruchtbarer als das Nichts. Die Leere, die alles hält, sie ist die unsichtbare Sehnsucht nach Fülle, die sich beständig verschenkt. Die Leere ist die vollkommene Veräußerung. Sie ist das, was uns die Geburt schenkt, und sie ist das, was uns ruft, selbst Leben zu spenden. Sie ist das, was uns enthält, gleich wie stark wir uns weigern, das anzuerkennen.

In der buddhistischen Tradition, die Nagarjuna mitbegründet hat, besteht die »Erleuchtung«, die ein Mensch erlangen kann, im tiefen inneren Verständnis, dass alles in dieser Leere ruht. Aber das heißt nicht unbedingt, von nun an zu glauben, dass alle Erscheinungen eine »Illusion« seien. Sie sind nicht die ganze Wahrheit, aber sie entspringen aus dem Bedürfnis dieser Wahrheit, sich zu zeigen und sich zu erfahren. Denn die Leere ist aktiv. Sie ist das Innere des Begehrens nach Sein. Der ganze Kosmos – also die Gesamtheit der physischen Wirklichkeit – wird aus dieser Leere geboren. So können wir uns die Singularität vorstellen. Diese ist der unendlich kleine Punkt am Beginn des Universums, aus dem beim Urknall alles entstand. Und noch immer entsteht. Denn nach wie vor expandiert das Weltall. Es verwandelt sich an seinem Rand vom Nichts in die Welt der gegenseitigen Bedingtheit. Im Zentrum des Urknalls ist Nichts, und damit nichts als das körperlose Begehren nach Sein. Die expandierenden Grenzen des Kosmos, die sich mit rasender Geschwindigkeit ausbreiten, lösen dieses Begehren nach Sein kontinuierlich ein.

Manche mögen nun einwenden, dass das Bild Nagarjunas nur eine Vorstellung unter vielen sei. Zudem gehe sie auf mittlerweile leicht veraltete Quellen zurück. Hat sich unsere Erkenntnis der Welt seit dem zweiten Jahrhundert nicht ein wenig weiter entwickelt? Gibt uns nicht allein die Wissenschaft solche Mittel an die Hand, mit denen wir die Natur des Kosmos ergründen können, so dass alles andere Spekulation bleibt?

In der Tat hat die Wissenschaft unser Bild davon, wie sich Materie zu Leben verbindet, entscheidend erweitert. Dabei sind Forschende freilich immer wieder an Punkte gestoßen, an denen die Welt der Verkörperungen in die Leere des Ganzen übergeht. Genau diese Punkte sind die großen Rätsel der Wissenschaft geblieben. Warum kam es zum Urknall? Was existierte davor? Warum dehnt sich der Kosmos weiter aus? Was liegt der Materie zugrunde? Was ist die Innerlichkeit, die wir als unsere Seele erfahren? Was ist Leben? All diese Fragen sind bis heute nicht gelöst. Einige von ihnen schneidet dieses Buch an. Die Fragen weisen auf einen grundlegenden tieferen Zusammenhang des Wirklichen hin – in dem auch eine Verbindung zwischen der Materie und dem Erleben herrscht.

Erstaunlicherweise entdecken gerade die Lebenswissenschaften immer stärker, wie sehr Organismen in ihrer biologischen Existenz die von Nagarjuna beschriebenen Grundsätze verkörpern. Alle inneren Strukturen von Lebewesen, ihre Verhaltensweisen und insbesondere auch die Gesamtheit jedes Ökosystems sind Archetypen der »gegenseitigen Bedingtheit«, von der Nagarjuna sprach. Und genau wie die Verkörperungen, die den Raum der Wirklichkeit ausmachen, ruhen auch die Bedingtheiten der Organismen in der Leere. Sie haben kein Zentrum. Alles ist gegenseitige Regulation, gemeinschaftliche Verwandlung. Es gibt keine befehlende Instanz. Es gibt nur gemeinsame Verkörperung. Das hat meinen Lehrer, den Biologen Francisco Varela, dazu bewogen, von Organismen als »Selbsten ohne Selbst« zu sprechen.[121]

Varela bezog sich mit dieser Formulierung auf die frustrierende Erfolglosigkeit der Hirnforscher und Entwicklungsbiologen, im Körper von Lebewesen einen Ort zu lokalisieren, wo deren »Selbst« residiert. Der Sitz des Ichs im Gehirn ist nicht zu finden. Was die Prozesse in einer Zelle steuert, ist nicht zu identifizieren – die DNA ist es jedenfalls nicht, denn sie ist selbst ein regulatorisches Schaltsystem, keine zentrale Instanz. Leben organisiert sich selbst. Dieses Selbst, das sich dabei herausbildet, besteht aber ausschließlich aus dem biochemischen Prozess, der es immer wieder neu aus den Bausteinen der Welt hervorbringt. Nichts und niemand hält hinter den Kulissen die Fäden zusammen.

Wir selbst sind Organismen. Daher erfahren wir im Kern unserer eigenen Existenz, wie die Wirklichkeit beschaffen ist. Auch wir sind Zentren, deren Mitte leer ist. Wir erfahren diese leere Mitte als beständiges Begehren nach Fortexistenz. Wir tragen die Leere in unserem Innersten. Wir wissen, dass sie keine Form hat, dass sie keine Befehle erteilt, sondern ruft. Sie ruft das Leben in die Welt. In unserer lebendigen Existenz wissen wir, was es mit der Leere auf sich hat. Sie ist ortlos, raumlos, körperlos, aber sie hält unseren Körper auf seiner Bahn. Die Leere ist der Quell der Liebe zum Sein.

Durch die Mitte jedes Wesens scheint die Leere des Ganzen. Der Schwerpunkt eines jeden Individuums ist diese Leere. In seinem Zentrum enthüllt sich das unstillbare Begehren, weiter zu sein, das aber keinen Raum hat und für das kein biologisches Organ existiert – ja, überhaupt keine körperliche Struktur – als die Leere des Ganzen. Das Begehren nach Fortexistenz ist die Leere. Es ist die Leere, die sich in jedem Atemzug wieder neu in die Form gebiert. Das, was uns als unbedingt bewahrenswert erscheint, das empfindende Zentrum unseres Selbsts, ist das, was in uns gerade nicht existiert. Es ist leer. Es sehnt sich aus dieser Leere nach Sein. Die Verkörperung dieser Sehnsucht ist der Organismus.

Das Leben verkörpert das mystische Rätsel, dass wir zugleich Individuen im Hier und Jetzt sind, und doch auch die Leere, Zentren ohne Grund, bodenlos. Im Herzen der Biologie finden wir das Paradox der Wirklichkeit wieder. Lebewesen sind nicht festgefügt wie Statuen, sondern Prozesse, die sich am Leben halten, weil sie dem Bedürfnis nach Sein folgen. Dieses Bedürfnis aber ist nicht Teil des Stoffs, aus dem sie bestehen. Es folgt aus keiner seiner physikalischen Eigenschaften. Es ist vielmehr das Bedürfnis der seltsamen Ganzheit, die wir einen Organismus nennen. Wir sehen daran, dass Wesen im Kleinen wie das umfassende Eine organisiert sind: Auch sie wünschen, dass sich Leben einstelle und vermehre.

Aus dieser Perspektive ergibt der ungreifbare Fluchtpunkt, auf den hin wir als verkörperte Wesen unser Leben leben, plötzlich Sinn. Das Ich, das nirgendwo ist, durch das hindurch wir aber von der Welt berührt werden und sie berühren, ist kein Teil der materiellen Welt. Das Selbst, das zu sein begehrt, und von dem her noch der einfachste Organismus seine Reaktionen auf die Welt organisiert, ist selbst nicht verkörpert. Es gehört nicht in den Bereich der gegenseitigen Bedingtheit, sondern ist die Leere, welche diese hält.

Das Selbst der Wesen, die Leere in ihrer Mitte, ist nicht anwesend, sondern abwesend. Sie ist das Begehren nach Sein, weil dieses Sein noch nicht erreicht ist, weil es erst im kommenden Augenblick vollzogen werden muss. Die Leere im Zentrum der Wesen, jener »Selbste ohne Selbst«, ist darum einerseits immateriell, andererseits aber zutiefst von Bedeutung gefärbt. Sie ist ein körperloser seelischer Zustand, so wie die Leere, aus welcher die Erscheinungen der Welt perlen, ein seelischer Zustand ist: das unstillbare Begehren, dass etwas sei.

Unsere Identität ist im Nichts eingefasst. Nur durch das Nichts – die Leere – führt die Verbindung zwischen innerer Erfahrung – die keinen Ort und keine Zeit hat und reine Qualität ist – und der durch den Lebensdrang dieser inneren Erfahrung verkörperten Existenz. Das Nichts hält beide zusammen, weil es beide entspringen lässt, und beide letztlich wieder in sich aufnimmt. Das Nichts begehrt unablässig, dass etwas aus ihm heraus hervortrete. Das Begehren – dessen Aktivität darin besteht, Sein zu schenken – und das Nichtsein sind in engster Verbindung verschwistert.

Varela beschrieb dieses »Mehr«, das sich aus dem Nichts heraus in den Erfahrungen verletzlicher Körper entfaltet, als »Bedeutungsüberschuss«, als *surplus of signification.*[122] Er bezog sich auf die Weltfülle, die sich für ein Wesen einstellt, weil es weiter zu sein begehrt. Daher misst es alles, was ihm widerfährt, daran, wie sehr es ihm hilft, sein Begehren nach Existenz zu verwirklichen. Bedeutungsüberschuss kennzeichnet die ganze Welt, die beständig überzählige Bedeutung aus der Leere hervorbringt. Das Wesen der Welt besteht in den Manifestationen dieses Begehrens, ohne die es unsichtbar bliebe. Denken wir noch einmal an die Worte, die der Zen-Mönch Dogen im 12. Jahrhundert schrieb: »Die Leere kann nicht anders als blühen, so wie hunderte blühender Gräser.«[123]

Ein Wesen ist in seinem Zentrum freilich nicht auf eine Weise leer wie der Kopf vor der Matheklausur, sondern es ist leer wie die Welt vor dem Urknall. Sein Zentrum ist gestaltlos, zugleich überall und für alle Zeiten – ein reines Innen. Die Leere im Mittelpunkt ist der innige Wunsch, Leben zu schenken. Das Begehren, dass Leben sei, ist das Zentrum des »selbstlosen Selbsts« im Inneren eines Organismus.

Darum können wir ein Wesen in seiner körperlichen Erscheinung als Kristallisation des Begehrens verstehen. Im Körper »kollabiert« die Leere in der Form. Das, was ein unbestimmter Drang ist – nämlich in die gegenseitige Bedingtheit zu treten –, wird als Fleisch und Blut manifest. Dieses Fleisch und Blut ist allein nicht lebensfähig, sondern immer nur mit Anderen und durch ihre Gegenwart. Das Leben ist mit anderem Leben verflochten, weil jede individuelle Existenz eine Manifestation der einen begehrenden Leere ist.

Wie sehr das Zentrum jedes Wesens von diesem fruchtbaren Nichts durchzogen ist, zeigt sich auch daran, dass seine materielle Substanz nicht sein fester Bestandteil bleibt, sondern ihm beständig wieder genommen wird. Unser Körper bleibt ja stofflich in keinem Moment derselbe. Beständig stirbt er den Tod des Abbaus und verteilt sich durch Ausatmen und Ausscheidung in kleinsten Teilen zurück an die Umgebung und damit an die anderen Wesen. Zugleich bauen wir uns durch Essen, Trinken und Einatmen beständig neu auf. Auch die physische Gestalt der Organismen ist somit leer. Sie hat keine bleibende Substanz. Woraus bestehen wir *eigentlich?* Aus Nichts. An dieser Stelle wird deutlich, dass der Tod nicht außerhalb unserer Selbst liegt, sondern vielmehr unser Zentrum bildet.

In diesem Zentrum verbindet sich die Leere mit der Essbarkeit. Weil wir essbar sind, sind wir im inneren Kern leer. Weil wir Manifestationen der Leere sind, die sich gegenseitig bedingen, sind wir essbar. Essbar sein heißt ja bereits, dass es keinen unteilbaren, substantiellen Kern gibt, der einem einzigen Individuum gehörte. Sonst bliebe ein unverdaulicher Rest. Essbar sein heißt, dass wir stets wieder zu Nichts werden müssen, um von da aus die produktive Sehnsucht einer anderen Individuation mit Sein zu versorgen.

Jedes Ökosystem ist seine eigene Negation, denn es ist im Ganzen essbar; es isst sich beständig selbst und bringt sich dabei immer neu hervor. Wir selbst sind das umfassende Eine. Wir bekennen uns zu diesem Einen, wenn wir in Gänze essbar werden. Essbar werden ist der Schlüssel dazu, dass wir ein Teil der Erde bleiben dürfen. Nur die eigene Hingabe ermöglicht uns zu leben. Essbar sein erlaubt Koexistenz mit der Wirklichkeit als deren Teil. Es ist das ökologische Schlüsselprinzip. Alles ist für andere essbar, die wiederum selbst essbar sind. Essbarkeit ist entsprechend das Prinzip, in dem sich das Eine selbst realisiert: das in Stoff zu verwandeln, was durch so viele Münder und Poren der Wesen hindurch verwandelt wird.

Sich selbst essbar machen, ermöglicht die Gegenwart des Ganzen in unseren Taten. Nur wenn ich essbar bin, kann das Eine sein. Nur wenn ich essbar bin, kann aber auch ich überhaupt sein. Die eigene Essbarkeit ist der Schlüssel zur eigenen Behauptung. Sie ist zugleich das Unterpfand für die Gegenwart des Einen. »In den meisten mystischen Traditionen, heißt sterben wahrhaftig am Leben zu sein. Wer nicht sterben kann, kann nicht vollständig lieben«, sagte der Sufi-Lehrer Lewellyn Vaughan-Lee.[124]

Das einzelne Individuum in seiner wechselseitigen Bedingtheit wird von der Leere des Ganzen gehalten. Das Individuum ist nichts anderes als diese Leere, die sich in materielle Erscheinungen auffächert. Wie könnte es anders beschaffen sein als sie? Das einzelne Wesen steht somit in einem Verhältnis zum Ganzen, das sich als Mikrokosmos in Relation zum Makrokosmos beschreiben ließe. Die Realität des Individuums ist die verkleinerte Version des Ganzen. Das Individuum ist dabei kein Abbild des Ganzen, auch nicht dessen Sinnbild, sondern es ist dieses Ganze in seiner Individuation. Individuation ist immer das Ganze, aus seiner Totalität in die Einmaligkeit gewendet. Wirkliche Nichtdualität bedeutet, dass das Individuum zugleich das Eine ist. Das heißt auch: Das Seiende ist zugleich das Nichtseiende.

Ich trete vor die Haustür. Es ist kalt, seit Wochen schon. Draußen liegt eine Landschaft in Schwarz und Weiß, der Schnee hat radikal alle Farben getilgt. In den niedrigen, kahlen Büschen hüpfen die Sperlinge auf und ab und tschilpen, der Kälte zum Trotz, oder vielleicht auch durch sie angeregt. Es sind Dutzende, die seit Jahren in den Büschen der Gartenanlage hausen. Jemand versorgt sie sommers wie winters mit Körnern. Wenn ich in die Kälte trete, rührt mich ihr munteres Tschilpen. Ihre Federn schwirren, wenn sie von einem Busch zum anderen fliegen. Sie sind in ihrer Sperlingswelt absorbiert, so dass allein der Gedanke, etwas könnte ihnen zustoßen – so wie dem Spatzen am nebligen Po –, als Absurdität erscheint, als außerhalb der Welt. Ihre kleinen Vogelkörper sind von der gleichen Zerbrechlichkeit wie der ihres Artgenossen in Norditalien. Ihr feines Federkleid wärmt den gleichen winzigen, warmen Körper. Sie sind von der gleichen ungeheuren Kraft erfüllt.

Nagarjuna schrieb: »Wenn eines Tages alle Buddhas gestorben sein sollten, wird Erleuchtung von selbst mit überwältigender Macht aus der Leere hervorbrechen.«

14 SMARAGD

Es ist noch früh, ich sitze vor dem Haus. Für ein paar Sommerwochen habe ich den nördlichen Grunewald mit den grünen Hügeln und schroffen Hängen des Apennins vertauscht, der Heimat meines Herzens. Im Apennin habe ich die Liebe gehen und kommen sehen, habe düstere Regentage verbracht, lichte Momente wie aus der Kindheit der Zeit erfahren, und zähe Schwere, die mich hat fliehen lassen. Doch die Berge, die sich, wenn man von Norden kommt, blau aus der Ebene von Mantua erheben, haben mich immer zurückgerufen, so oft ich sie auch verlassen wollte. Sie haben mich mit Sonne gerufen und mit Regen, mit Sturm und schwarzen Wolken, wie ein Freund, der mir manchen Kummer bereitet und der mir in einem unerwarteten Moment zeigt, wie wahrhaftig seine Zuneigung ist – nur, dass mir diese Zuneigung nichts erspart.

Einmal, nach einer sehr langen Abwesenheit, hat mich der Apennin im Tal der Scrivia mit einem Wolkenbruch begrüßt, mit Sturzbächen, die aus einem Himmel rauschten, der schwärzer wirkte als die Nacht, um dann in zwei strahlende Regenbögen überzugehen, gen Süden, später sogar um einen dritten ergänzt, schwächer sichtbar, im milchigen Himmel. Damals wurde mir klar, dass wir immer nur den ersten Regenbogen oder bestenfalls die ersten zwei oder drei wahrnehmen, dass aber nach dem Sturzwasser, im schrägen Licht des Abends, der Himmel mit Regenbögen gefüllt ist. In Wahrheit gibt es immer unendlich viele Regenbögen, die sich übereinander bis zum Zenit auffächern. Doch jeder weitere ist in einem bestimmten Verhältnis schwächer als der unter ihm stehende, und so sehen wir nur einen oder zwei. Aber mit dem Rücken zur Sonne und dem Gesicht zum Wind stehen wir unter einem randvoll von Regenbögen erfüllten Himmel.

Jetzt sitze ich vor dem Haus, in der Frische des Apennin, an einem Sommermorgen. Es ist noch kühl, es riecht nach nassen Pflanzen und Wachstum. Die sanften

Wiesen am Haus sind noch nicht von der Morgensonne berührt, welche die Hügel im Südwesten schon leuchten lässt. Die Pflanzen sind noch mit Feuchte vollgesogen. Sie atmen weiterhin die Nacht und ihre unsichtbaren Augen und Stimmen, die Präsenz von Wildschwein und Reh, Eule und Wolf.

Die Wiesen auf den Terrassen am Haus waren stoppelkurz, als wir vor ein paar Wochen kamen. Nun sind sie wieder blühende Matten, ungesehen herangeschwollen, unbeobachtet mit Schönheit vollgesogen. Das Versprechen des Sommertags, dass er mich im Licht tragen werde, breitet sich in meinem Herzen aus. Es ist dieses Kinderversprechen, dass die Welt warm ist, gut und tragfähig, dass sie mit Freundlichkeit den eigenen unschuldigen Wünschen entspricht und meine Begeisterung erwidert. Ich nehme das Blau der entfernten Bergrücken in mich auf, ich lasse meinen Blick in den leichten Nebel am Fuß der Hügel tauchen, deren Linien man nur zu folgen braucht, um zum Meer zu gelangen.

Das plötzliche, schlagartige Erfassen trifft mich, dass all dies das Eine ist: der grüne und goldbraune Hügelrücken, den ich von der Terrasse aus sehen kann. Die Wiesen, auf denen gelb blühende Platterbsen die Grashalme durchflechten, auf denen Kornblumen stehen, die hier *Fiordalisi* heißen. Über dem Gras bilden die flachen Dolden der wilden Möhren eine ätherische Schicht des Blühens in der Luft, ein Orbital aus Licht. Die Dolden schweben vor mir, schweben vor dem Herzen der Welt, bereit, empfänglich, mich einladend, von mir eingeladen.

Die Sonne steigt. Der Waldrand hinter der Lichtung bekränzt sich mit einer Aureole, verliert sich im Strahlen, als stiegen Eruptionen von ihm auf, Sonnenwinde, die Trichter und Strudel des Strahlens bilden. Licht tastet sich mit durchsichtigen Fingern durch die noch dunklen Bäume, fasst nach den Spitzen der Wiesenkräuter und lässt einzelne Halme entflammen, fängt sich im Tau und zerspringt dort wieder in Strahlenkaskaden, als würde es neue Sonnen gebären.

Ich stehe auf, streife die Decke von meinen Beinen, gehe mit bloßen Füßen auf die Wiese. Ich trete auf im Gras verborgene Steinchen, die sich in meine Fußsohlen graben. Ich wate durch den stachligen Unterwuchs der von Tau durchnässten Wiese. Ich gehe langsam durch die feuchten Pflanzen, atme den Gras- und Blumengeruch. Die meisten Blüten sind noch geschlossen. Ich bleibe vor einer Wilden Möhre stehen, die nach der Mahd wieder Blüten angesetzt hat. Die Dolden bilden Kreise aus Licht und tragen in der Mitte einen schwarzen Punkt. Die Möhre zeigt sich als Symbol des Einen-im-Ganzen, das in vielen mystischen Traditionen für den individuellen Tod steht: ein Kreis mit einem Punkt darin; das Eine, das ins Ganze aufgeht.

Ich atme den Duft des Morgens, blinzle ins Gold der Lichtstrahlen, die mir schräg in die Augen fallen. Alles ist vergänglich und alles ist da. Alles ist zeitlich, und alles ist jetzt. Und dass alles jetzt ist, enthebt mich nicht der Zeitlichkeit, sondern begehrt von mir, dass ich ihre Gegenwart zur Tat werden lasse. Ich möchte in meiner Zeitlichkeit dem Augenblick erlauben, groß und rund und vollständig zu werden. So wie die Dolde einer wilden Möhre, duftend mit Kindheitsmöhrenduft (komplett mit feuchter Erde daran, die zwischen den Zähnen knirscht), mit Heu- und Sommerduft. Das Jetzt, unermesslich groß, die Zeit, in sich geborgen, so wie die Dolde, die daraus besteht, dass sich einzelne, kleinere Blüten aus weiß und violett blinzelnden Kelchblättern in kleinen Kreisen angeordnet auf haarigen Stielen im Rund nach innen beugen, unwiderstehlich im Bann der einen schwarzen Blüte im Zentrum, die gar keine Blüte ist, die nur den Fluchtpunkt bildet in einer Mitte, welche selbst leer ist, pflanzliche Manifestation einer tiefen schwarzen Farbe, fast purpurn in ihrer samtigen Dunkelheit. Die eigentlichen Blüten der Möhrenpflanze sind die kleinen weißen Kelche. Botaniker bezeichnen sowohl den schwarzen Fleck in der Mitte als auch die Gesamtheit der Möhrenblüte als »Scheinblüte«. Diese ist ein Kreis von Licht um eine leere Mitte. Ihr Zentrum besteht aus Nichts.

Hier ist die letzte Station der Reise und ihr Anfang. Hier ist die Gegenseite des Winters, der in seiner Innenseite das Keimen barg, nicht als Handlung, sondern als Begehren nach Licht. Hier ist seine Übersetzung ins Fleisch der Blüte. Hier suche ich Antwort auf die Frage, wo das Begehren seinen Ursprung nimmt.

Es ist die Frage, die das Kind stellt, wenn es sich zu erkundigen beginnt: Papa, wohin kommen wir, wenn wir sterben? Was ist hinter dem Universum? Dass unsere Kultur diese Fragen als irrelevant abtut und höchstens auf Messungen und Kalküle beschränkte Antworten zulässt, ändert nichts an ihrer Relevanz. Es ändert nichts daran, dass jedes Kind eines Tages fragt: Papa, was ist hinter der Welt?

Die alten Kulturen lebten nach den Regeln der »ursprünglichen Anweisungen«. So nennt die Botanikerin Robin Wall Kimmerer die Prinzipien zur Bewahrung ökologischer Gegenseitigkeit, die von indigenen Völkern rund um die Welt in ähnlicher Form befolgt werden.[125] Angehörige solcher Kulturen betrachteten es als ihre Pflicht, für die Fülle dieser Welt zu danken und damit eine aktive Verbindung zum Herkunftsort dessen, was erscheint, zu suchen. Sie stellten die »Kinderfragen« in den Mittelpunkt: Was ist hinter der Welt? Wie ist das Beziehungsnetz des Kosmos organisiert? Wer hält es? Wer nährt es?

Indigene Kulturen haben Antworten auf diese Frage, die alle miteinander verwandt sind, auch wenn sie sich in die je unterschiedlich gefärbten Gewänder der Ursprungsmythen ihrer jeweiligen Kulturen kleiden. In einer indigenen Überlieferung, berichtet Kimmerer, fällt die Himmelsfrau, »Sky Woman«, auf die Erde, und überlebt, verirrt und verwundert, allein deshalb, weil sich das kleinste der Tiere opfert, um sie zu retten. So wird ein weiteres Mal die Welt fruchtbar gemacht. In den Schöpfungsgeschichten der australischen Aborigines wanderten die Urwesen über das Land und transformierten sich in dessen sicht- und fühlbare Gestalt, in Felsen, Bäume und Wasser. Nach wie vor sind die Schöpfungswesen im Land gegenwärtig, unsichtbar, aber gerade darum voller schöpferischer Potenz.

Es gibt einen Urgrund, der von einem anfänglichen Begehren gerührt wird, sich zu öffnen und zu differenzieren und in dieser Differenzierung sich selbst kennenzulernen. Die Differenzierung des Urgrunds findet beständig weiter statt. Sie bildet den Prozess unserer Welt. Dieser Prozess lässt sich nähren, indem die »ursprünglichen Anweisungen« beachtet werden, indem für die Fülle gedankt wird, indem wir Menschen auf schöpferische Weise an dieser Fülle teilnehmen. Der schöpferische Grund, selbst ohne Gestalt, nur von Begehren erfüllt, ist beständig anwesend. Er hat keine Form, aber ist die höchste Potenz: das innigste Begehren, dass Leben sei; das innigste Begehren, dass jedes einzelne Individuum sei, weil es vom Anbeginn der Zeit vom Einen sehnsuchtsvoll erwartet wurde. Dieses Begehren nach Sein ruft aus sich selbst, aus der Leere, aus der absoluten Abwesenheit heraus, Sein ins Leben. Es ruft jedes Wesen auf seine eigene Art. In einer mystischen Sichtweise ist das die Liebe Gottes. »Gott liebt nicht, wie ich liebe, sondern wie ein Smaragd grün ist: Er ist ›Ich liebe‹«, schrieb die katholische Mystikerin und Sozialaktivistin Simone Weil.

Die Antworten der ursprünglichen Kulturen auf die Kinderfrage nach dem, was hinter der Welt ist, lauten: Es ist namenlose schöpferische Potenz. Der Wille, sich fruchtbar zu machen. Der Wunsch nach Sein. Dieser Wunsch ist im Sein ablesbar als sein Drang nach Berührung, nach Verbindung und nach Transformation. Die alten Kulturen haben diese kosmische Potenz mit Fruchtbarkeitsritualen gefeiert – ja, nicht nur gefeiert, sondern in der Ekstase des Fests tätig erneuert. Diese Rituale sind entsprechend kein naiver »Zauber« zur Beschwörung spukhafter Mächte, sondern eine Bekräftigung des Kosmos. Sie nähren die kosmische Fruchtbarkeit. Sie versuchen so, dem tiefsten Anliegen des Realen zu entsprechen, nämlich Sein ins Leben zu rufen. Und sie drücken diesem kosmischen Begehren, dass Leben sei, unseren Dank aus, weil es uns und alles, was uns nährt, und alles, mit dem wir dieses teilen, hervorgebracht hat und beständig weiter hervorbringt.

Der philosophische Panpsychismus, den Freya Mathews vertritt, trifft sich hier mit der Mystik – der jüdisch-christlichen, aber auch jener der Sufis, die für mich in der Erfahrung des Lebendigseins eine besondere Inspirationsquelle geworden ist. Aber die hier beschriebene Erfahrungsweise hat auch viele Berührungspunkte mit der des Buddha-Dharma. Auf den kürzesten Nenner gebracht, heißt »Mystik«, die Präsenz des Göttlichen im Alltäglichsten zu erfahren. Eine solche Haltung bedeutet, in sich selbst die Erfahrung zu machen, dass Lebendigkeit das Begehren des Einen ist, fruchtbar zu werden. Dann ist die Erfahrung meines eigenen Seins nichts anderes als die Selbsterfahrung des Einen – nicht nur in meinem, sondern in jedem Sein, in jedem Blütenblatt, in jedem Krümel Boden, jedem Spritzer Ozeangischt, jedem Gneiskristall, in deinem Blick, auf meiner Haut.

Ein mystisches Weltbild ist eines, das die Liebe als eine kosmische Kraft ernstnimmt – nicht die strenge Liebe eines strafenden Vaters, die wir europatriarchalisch geprägten Menschen nur zu gut kennen, auch nicht die trotzig-hedonistische Liebe eines bestraften Kindes, die uns ebenfalls sehr geläufig ist. Sondern die Liebe des Seins, die mütterliche Kraft des Stoffs, der Mater-Materia, die will, dass Leben sei. Diese Mater-Materia ist immer bereit, zu halten und zu wiegen, weil in ihr noch das Nichtsein geborgen ist, denn es ist der Innenraum der Mütterlichkeit selbst. Die Mütterlichkeit ist das Wollen, dass Leben sei.

Es gibt in der Sufi-Mystik eine Meditationsform, bei der der Meditierende nicht wie etwa im Zen-Buddhismus versucht, innerlich ganz »leer« zu werden, sondern sich stattdessen in die Liebe versenkt. Dazu vergegenwärtigt er sich eine ganz konkrete Liebe, die er zu einem bestimmten Wesen empfindet, und versucht dann, sich ganz in diesem Gefühl aufzulösen. Nicht leer zu sein, sondern voll zu werden bis zum Rand, allein erfüllt von Liebe, und dann in dieser Fülle zu ertrinken. Es geht in der Meditation nicht darum, über diese Liebe nachzudenken, sondern diese Liebe von innen zu *sein* – um so in jenen Teil des Herzens zu gehen, der nichts als Liebe birgt, das »Herz der Herzen«.

Ziel ist, sich so in dieser Liebe aufzulösen, wie sich die frischen Triebe der Lärchen darin auflösen, die im Frühjahr ganz Licht sind, die nichts wollen, die nur sind. Die Lärchen, die im Sommer die Sonne durch die zarten Fiedern ihrer Nadeln auf den Waldboden fallen lassen, eine dünne, halbtransparente Schicht zwischen sich und dem Himmel, vom Wind immer wieder neu zerrissen und sortiert. Die Lärchen, die im Herbst in Gold und Orange verbrennen, wo das Jahr sonst in Leere und Stumpfheit erblindet. Die Lärchen, die im beginnenden Winter mit der Wärme des Sommers weiter leuchten, bis die letzte Nadel gefallen ist, die letzte Glut verbraucht.

Unter diesen Lärchen saß ich im Spätsommer, allein auf der Lichtung, am Rand eines dichter gewachsenen Waldstücks, im dem die Lärchen gemeinsam mit Birken und Kiefern wuchsen. Ich saß im warmen Halbschatten der Lärchennadeln und versuchte die Liebesmeditation der Sufis. Ich dachte an meine Tochter, meine zu jener

Zeit oft schmerzlich vermisste Tochter, die ich – anders als meinen Sohn – aufgrund der Trennungsregelungen, die nicht ich entschieden hatte, nur noch für knappe Zeiten sehen durfte.

Aber ich dachte nicht über diesen Schmerz nach. Der Schmerz machte die Süße ihrer Gegenwart nur lebendiger. Ich dachte über das Gefühl nach, das ihre Gegenwart in mir erzeugte: dass es unendlich richtig war, dass sie da war, wie sie war, dass alles stimmte, dass ich war und sie war und Welt war. Dass. Und ich versuchte, auch darüber nicht nachzudenken, sondern diese Gefühlsqualität aufzusaugen, zu spüren, in mich zu trinken, ganz in ihr zu sein, sie ganz in mich hineinzunehmen.

Und dann merkte ich, dass ich dieses Gefühl immer habe, dass es in einem Winkel meines Selbsts immer da ist, dass dieses Gefühl ich bin, dass es nicht meine Tochter ist, sondern dass es ein Teil von mir ist, dass es mich erfüllt, dass ich es immer und überall empfinden kann, weil ich es bin. Und ich versuchte, nur noch dieses Gefühl zu sein, versuchte, nichts als diese Liebe zu sein, versuchte, nicht mehr ich zu sein, sondern diese Liebe, die größer wurde und wuchs, und mich umgab und mich in ihre Mitte nahm und die Welt wurde.

Es war ein warmes, rotes Licht, wie die brennenden Lärchennadeln im Herbst, wie die untergehende Sonne mit ihrer Feuerglut, mit diesem besonderen Rot, das den Himmel in Bronze und Gold von unten erhellt, es waren Bänke und Nebel von diesem Licht, die sich umspielten, sich umarmten, sich zärtlich nacheinander reckten und liebkosten und einander durchdrangen, und ich wusste, dass dieses zärtliche Suchen des Lichts nach anderem Licht die Welt auf ihrer Innenseite war.

Ich wusste, dass auch ich in diesem Innen war, dass es kein Außen gab und dass alles dieses Innen war: ich und die Welt und mein Sohn und meine Tochter und mein kleiner Pudel, den ich auch sehr liebe und der neben mir im Halbschatten lag und ins Licht blinzelte und den ich in diesem Licht wiedertreffen werde, wenn er eines Tages stirbt, weil alles in dieser Liebe ist, die Licht ist, weil schon jetzt alles dieses Licht ist und weil in diesem Licht alles Eins ist, weil es nichts gibt als diese Liebe und weil diese Liebe zugleich alles ist, was als Körper existiert, und so unendlich nach der Berührung und der zärtlichen Durchdringung begehrt.

Ich wusste, dass alles, was ist, leuchtet, weil es diese Liebe ist, die ich sah und spürte und in der ich schwamm. Und ich wusste und spürte, dass diese Liebe in einer unablässigen, niemals endenden zärtlichen Neugier nach sich selbst war, und dass diese Begegnungen die Welt ausmachten, die ich berührte und atmete, dass das Licht der Liebe, in der ich mich ganz aufgelöst hatte, die Lärchennadeln war; dass nichts die Liebe und die Lärchennadeln, jetzt noch dunkelgrün vor lauter Sommer, dunkelgrün und süß nach Harz und Koniferen duftend, unterschied.

Die Liebe war nicht hinter den Nadeln in ihren weichen Fächern, mit den kleinen holzigen Vorsprüngen, aus denen sie am Zweig wachsen und in ihrer durchsichtigen Weichheit aus dem dunklen und festen Holz geboren werden. Die Liebe war nicht auf eine Weise mit ihnen verbunden oder ihr eigentliches Wesen, sondern sie *waren* die Liebe, in einer anderen Gestalt, der Gestalt ihrer Erscheinung, wenn das Licht der gegenseitigen Berührung auf sie fällt, aber es gab nichts anderes als diese Liebe, die in Wahrheit keine Gestalt und keinen Raum und keinen Ort hatte, die nicht mir gehörte und in der ich mich ganz auflöste und einst wieder ganz auflösen werde.

Was ich spürte, war nicht eine Sehnsucht danach, geliebt zu werden, sondern eine Sehnsucht danach, sich ganz zu geben. Ich spürte diese Sehnsucht nicht als meine eigene, oder vielmehr, ich erfuhr sie als Sehnsucht der Wirklichkeit und darin als meine eigene. Das Innerste der Welt erschien mir als die Sehnsucht, sich ganz zu geben, als das Nicht-anders-Können als sich zu geben – rückhaltlos, vollständig, ganz.

Das Lärchenerlebnis prägte mich. Ich habe es bisher keinem Menschen erzählt. Jetzt schildere ich es, weil es einen Abdruck hinterlassen hat. Es hat eine Tür aufgestoßen, die seitdem immer einen Spalt weit offen bleibt. Ich kann sie jederzeit aufmachen und hindurchgehen. Ich verliere diese Tür nicht mehr aus dem Blick. Ich sehe sie im Angesicht jedes Wesens geöffnet und kann durch den Schlitz hindurchschauen. Ich sehe die Tür in der weichen Entschlossenheit der Lärchennadeln. In der biegsamen Unnachgiebigkeit der Fichtennadeln mit ihrem kantigen Dreiecksquerschnitt. In der beharrlichen Geduld der langen, gebogenen Kiefernnadeln. Im Graublau der Taubendaune mit ihren feinsten Verästelungen, zart wie Zirruswolken am abendlichen Himmel.

Ich dachte nach meinem Lärchenerlebnis, dass das Gefühl des Liebens, das Gefühl der Süße, Gott *ist*. Gott, das Ganze, das Eine. Die »absolute Wahrheit«, wie der Sufi-Heilige Radha Mohan Lal sagte. In diesem Gefühl zu sein heißt, im Innenraum zu sein. Dieses Ganze selbst zu sein. Die Außenseite dieses Gefühls ist die Lärche in ihrer Körperlichkeit, ihr Körper, ihr Holz, ihr Duft. Die Krähen. Der Sperling. Der Mulmbock. Sie sind nichts anderes als dieses Gefühl, dieses Innen-Sein, und sie sind es von Außen. Aber ohne sie wäre es kein Gefühl, sondern ein reines Innen, Leere, Quell im Nichts. Die blaugraue Ringeltaube, die zwischen den fast orange leuchtenden, ganz geöffneten Haselkätzchen auffliegt und wieder landet – ein Schauer auf der empfindsamen Haut der Welt.

Dabei ist die Verfassung, in der ich mich unter der Lärche befand, eigentlich die ganz gewöhnliche Existenz. Was ich erlebt habe, bildet einen grundlegenden Teil meiner Wahrnehmung, auf dem alle anderen Erfahrungen aufbauen. Eigentlich ist unsere Wahrnehmungsfähigkeit viel größer, als wir glauben. Wir besitzen die Fähigkeit, unsere Existenz im Sehnsuchtskern der Wirklichkeit zu erfahren, ja, daraus unser alltägliches Bewusstsein zu bilden. Unsere Kultur aber hat diese grundlegende Wahrnehmung heute vielfach verschüttet. Das glaubt auch Vaughan-Lee. »Wir haben den tiefsten Zweck, den das Menschsein hat, vergessen – nämlich die Art und Weise, wie wir an dem sich entfaltenden Realen in uns und um uns herum teilnehmen«, schrieb der Mystiker.[126]

Wir nehmen am Ganzen teil, indem wir unsere fühlende Existenz in Fleisch und Blut als die Enthüllung des Realen erfahren, als die Präsenz des Einen in jedem Atemzug – und zugleich erkennen, dass alles das Eine ist. Der Sufi-Gelehrte Ibn Arabi sagte: »Hervorgebrachtes Sein, die Schöpfung, ist nichts als Imagination, aber in Wahrheit ist es real. Wer das verstanden hat, hat die Mysterien des Weges erfasst.«[127]

Diese Wirklichkeit ist ganz hier, und sie ist ganz die Sehnsucht, Sein zu spenden. Die Art, wie sich das Reale entfaltet, macht die Wirklichkeit lebendig, und sie sucht Lebendigkeit. Die Liebe ist die Kraft, die alles zusammenhält, und die Macht, die alles voneinander scheidet. Die Sehnsucht nach Lebendigkeit ist ein In-Erscheinung-Treten der Liebe. Wir können sie im Innersten erkennen, mit unserem »Herz der Herzen«.

Das »Herz der Herzen« ist die leise Stimme in uns, welche die Wahrheit sagt. Es ist die Leere in unserem Zentrum, welche nach Fruchtbarkeit begehrt. Es ist das, was Thomas Merton den *point vierge,* den unbeschriebenen, undefinierten, leeren Punkt nannte (siehe Kapitel 12). Er ist unser Zentrum, in dem wir alle fühlenden Erfahrungen machen. Und er ist zugleich das, was wir nicht sind, was unterhalb und oberhalb unserer Individualität steht, nämlich das Ganze. Der *point vierge* ist das kosmische Selbst, das zugleich innen und außen ist. Er ist das »Selbst«, das Leben begehrt, um das die Lehre von Ramana Maharashi kreiste und mit dem der Psychotherapeut Siegfried Essen als Quelle der Heilung arbeitet.

Das »Herz der Herzen« ist vollkommen unsichtbar, weil es ein reines Innen ist, jenseits von Raum und Zeit. Zugleich ist es unverhüllt sichtbar und in jeder Geste des Ausdrucks zu erfahren. Es ist das Gesicht Gottes in jedem Gesicht, es ist die Juniblüte der Himbeere, der knisternde Seidenflügel der Erdbiene, die sich im frühen März aus einem engen Holzrohr schält, die Bronze, die im tiefen Blau des beginnenden Abends erkaltet, das Himmelsblau, das in der Glut der Bronze verdampft. Es ist die Leere im Zentrum jeden Wesens. Es ist das Begehren, das in allen Wesen die Atome so zusammenhält, dass sie einen empfindsamen Körper bilden. »Diese Leere in uns selbst ist ein lebendes Vehikel für Liebe, eine Weise, das Absolute im Leben zu bezeugen«, schrieb Vaughan-Lee.[128]

Simone Weils Satz »Gott ist ›Ich liebe‹« heißt also: Das Ganze ist, wo es noch nicht verkörpert ist, das unendlich zärtliche Begehren nach Sein. Und es ist dieses Begehren, inkarniert, als Sehnen des Fleisches. Dieses offenbart sich im Schmelz der Zärtlichkeit, im Licht, das aus den Blattknospen scheint, wenn sie die Augen zum Himmel aufschlagen, in den Flügeln, welche die Knospen zum Himmel entfalten, aus zartem grünen Glanz, dem Licht entgegen.

Menschen haben eine Fähigkeit, die uns explizit in diesen Innenraum führt. Und das ist die Poesie. Unsere menschliche Fähigkeit zur »Poiesis« – zur Schöpfung von etwas, das aus sich selbst heraus lebt und einen winzigen Kern aus aktiver Leere in sich trägt – ist unsere arteigene Gabe, so wie der arteigene Genius der Napfschnecke darin besteht, sich felsenfest an den steinernen Meeresboden anzusaugen. Menschen können den Makrokosmos als Mikrokosmos nicht nur beleben, sondern aktiv erschaffen. Weil wir es können, müssen wir es. Statt den Kosmos zu erschaffen und mit Poiesis zu nähren, versucht unsere Zivilisation derzeit freilich, sich von ihm abzukoppeln.

Ganz selbst und zugleich alles zu sein, das ist die Realität des Poetischen. In der Poesie ist etwas im Anwesenden abwesend, etwas vom Abwesenden anwesend. Ein Bild, eine Wendung, die Art, etwas zu sagen, ist niemals selbst das, was gemeint ist. Sie weist oft nicht einmal darauf hin. Sie erzeugt eine Leere, in der etwas entsteht. Das Poetische ist somit etwas anderes als eine »ästhetische Erfahrung«. Es ist kein Kontakt mit einer Oberfläche, sondern die Art, wie sich das Abwesende zeigt. Poetische Imagination ist empirisch wahr und zugleich ein Traum. Sie zeigt alle Kriterien der Paradoxie von Sein und Nichtsein, die uns quälen und die uns glücklich machen. Sie ist nichts, und sie vermag, alles zu bedeuten. Jede poetische Geste ist ein mystischer Akt.

Die Fähigkeit des Poetischen, Welterfahrung als Ganzes zu ermöglichen, hat den Dichter Rainer Maria Rilke zeitlebens beschäftigt. Seine Gedichte, vor allem die späten, und unter diesen ganz besonders die »Sonette an Orpheus«, sind mystische Erkundungen, und zugleich Manifeste einer Poetik, in der das Unsichtbare in den Körpern dieser Welt zuhause ist. Zugleich ganz in den Sinnen zu sein und dabei zu wissen, dass der eigentliche Fluchtpunkt die Leere ist, heißt unseren Fähigkeiten gemäß zu existieren. So ruft Rilke in einem seiner Sonette Orpheus zu:

Sei, und wisse zugleich des Nichtseins Bedingung,
den unendlichen Grund deiner innigen Schwingung,
dass du sie völlig vollziehst dieses einzige Mal.
Zu dem gebrauchten sowohl, wie dem dumpfen und stummen
Vorrat der vollen Natur, den unsäglichen Summen
zähle dich jubelnd hinzu und vernichte die Zahl.[129]

Für Rilke ist Orpheus der antiken Überlieferung zufolge der erste Poet, die Verkörperung der göttlichen Fruchtbarkeit in menschlicher Gestalt. Orpheus ist bei Rilke also eine Parallelgestalt zu Christus in der kirchlichen Überlieferung: ein Mensch, der um seine Teilhabe am Einen weiß, weil er nicht anders kann, als fruchtbar zu sein. Diese Fruchtbarkeit ist weniger ein Schöpfen aus dem Vollen als ein Begehren. Sie ist das Verlangen, fruchtbar zu machen, durch das Wort zu befruchten, im Lied eine schöpferische Antwort auf das Schöpferische der Wirklichkeit zu geben.

Der Dichter Orpheus ist dabei freilich nicht der Kärrner der Gottheit, der beflissene Kopist, der bereits erschaffene Schönheit nachzustellen sucht, sondern er ist im Momente der Schöpfung selbst Schöpfer. Orpheus ist Gott – nicht, weil Dichter alle eine besonders gute Beziehung nach oben hätten, sondern weil sein Begehren dem des Ganzen entspricht: das Leben, welches das Zentrum der Welt als Potenz ausmacht, ins Licht treten zu lassen. Mit der Verwirklichung dieser Potenz gestalten wir uns zugleich selbst, in Wohl und in Wehe. Wir leben die Lust und die Verzweiflung des Ganzen.

Orpheus vermag dann, fruchtbar zu sein, wenn er sich selbst ganz ins Irdische zu geben vermag, zugleich aber, wie Rilke schrieb, »um des Nichtseins Bedingung« weiß. Er darf nicht vergessen, dass dieses Irdische in seiner Tiefe nichts Gemachtes ist, sondern flüssige Schöpfung und fluides Begehren, wie fest und konkret seine Körper auch immer sein mögen. Das Irdische existiert um des Nichtseins willen, wird durch das Nichtsein bedingt. Die süße Lust, fruchtbar zu sein, kann alle Gestalten annehmen, weil sie unsterblich ist, weil sie nämlich immer schon gestorben ist, weil sie in der Leere, dem Nichtsein ruht. Nur das paradoxale Wissen darum, dass sich alle gegenseitige Bedingtheit in der Leere verankert, ermöglicht Fruchtbarkeit. Nur so lässt sich das ewig Fließende dieser »Welt aus Tau« nicht nur aushalten, sondern als ihre eigentliche göttliche Seele verstehen. Darum schließlich gibt Rilke im letzten Gedicht – sprechend als Stimme des Einen – Orpheus diesen Rat mit auf den Weg: »Zu der stillen Erde sag: Ich rinne. / Zu dem flinken Wasser sprich: Ich bin.«[130]

Wer ganz irdisch ist und zugleich weiß, dass allein die Leere alles Irdische bedingt, ist in der Lage zu lieben. Denn er vermag das Interesse an der Fruchtbarkeit selbst, an der Lebendigkeit des Anderen über sein eigenes zu stellen. Daher ist jede echte Liebe göttlich. Sie hat Teil am Begehren des Einen, dass Fruchtbarkeit sei. Gott hervorzubringen bedeutet damit auch, auf die eigene Unsterblichkeit zu verzichten. Die Fruchtbarkeit des Werdens verlangt Hingabe. Diese Hingabe ist das Wesen des Göttlichen.

Am Ende können wir erfassen, dass die ganze lebende Welt ein Sich-Schenken des Einen ist. Dass sie ein Sich-schön-Machen, um begehrt zu sein, ist, ein Sich-schön-Machen, um als Geschenk angenommen zu werden, dass sie als dieses Geschenk ein einziges großes Danke ist, ein Dank dafür, aus dem Einen herausgetreten und dem Einen zugehörig zu sein und eines Tages wieder in diesem zuhause zu sein. »Die Liebe ist die größte Macht, die es gibt, denn sie ist die einzige Macht in dieser Welt, die nicht von dieser Welt ist«, schrieb der Sufi-Mystiker Llewellyn Vaughan-Lee. Sie ist die Leere, an der wir teilhaben, die Leere, die Sein erschafft durch Begehren allein.

15 DIE EICHEN AM RIVER DART

Im südenglischen Totnes fließt der River Dart, von der kahlen Ebene des Exmoor kommend, durch eine weite Wiesenlandschaft zur nahen See. Der Dart ist hier ein ruhiges, über sandigen Grund langsam voranziehendes Tieflandflüsschen, kein Bach mehr, aber auch noch kein Strom. Er mäandert sanft durch ein breites Tal, das von niedrigen Hügeln begrenzt wird. Auf einem davon steht die Dartington Hall, ein Renaissance-Herrenhaus mit viel Fachwerk und großen, aus einzelnen Scheiben zusammengesetzten Fenstern. Aus dem Park von Dartington Hall kann man auf den Dart hinunter blicken, mit den Augen dem Fluss folgen. Er ist an beiden Seiten von alten Eichen bestanden. Im Winter und im zeitigen Frühjahr sind sie unbelaubt und zeigen die knorrigen Gestalten ihres Jahrhunderte überspannenden Wachstums.

Vor ein paar Jahren war ich kurz nach Ostern hier, um ein Seminar am Schumacher College zu geben. Das College ist in einem anderen Herrenhaus in einer Schleife des Dart untergebracht. Zum Seminar gehörte eine Wanderung, die der Ökologe Stephan Harding leitete. Er nannte sie »Deep Time Walk«, »Gang durch die Tiefenzeit«. Wir versuchten auf dem Weg durch die südenglische Landschaft, mit unseren Schritten im verkleinerten Maßstab die Zeitspanne abzuschreiten, in der sich die Erde entwickelt hatte. Stephan hatte diese Dauer – rund viereinhalb Milliarden Jahre – in die Distanz übersetzt, die wir zurücklegen sollten. Ein Schritt waren einige hunderttausend Jahre. Auf unserem Weg durch die kosmische Geschichte folgten wir dem Dart, machten Rast unter seinen Eichen, aßen unsere Vesper in Gesellschaft, zwischen den Köpfen dottergelber Osterglocken, die unter den noch kahlen Bäumen blühten.

Der dramatische Abschluss der Wanderung bestand darin, dass Stephan mit den letzten Zentimetern eines Zollstockes diejenigen Jahrtausende der Erdgeschichte auf dem Boden abmaß, in denen die menschliche Zivilisation zu ihrem Höhenflug aufgestiegen war. Nach mehreren Kilometern Fußmarsch in der Gegenwart von stummen Eichen und Osterglocken nahm sich der letzte Zentimeter seit Beginn der kosmischen Geschichte verschwindend winzig aus. Die meisten von uns stießen Laute des Erstaunens aus, obwohl wir es bereits hatten kommen sehen. Nach Kilometern des erdgeschichtlichen Voranschreitens füllte unsere Zivilisation nicht einmal eine Daumenbreite der Tiefenzeit. Und die Gegenwart erschien in der kosmischen Geschichte ganz und gar unerheblich, ephemer, flüchtig – und unglaublich verletzlich.

Da war dieser knappe Zentimeter, und dann waren da die Stunden in der Gesellschaft der Eichen. Wenn ich heute an diese Wanderung zurückdenke, sind mir – neben dem effektvollen Abschluss – vor allem sie geblieben. Die Bäume hatten noch ihren winterlichen Ausdruck, scheinbar unbewegt und starr, auch wenn in ihrem Inneren schon die Säfte des Frühlings emporstiegen. Die Eichen bewohnten einen Raum, in den ich eingetreten war. Sie füllten ihn ganz aus, mit ihrer Geste der Lebendigkeit.

Die Eichen waren ganz Fühlen, indem sie ganz Gestalt waren. Es ist kaum ein stärker den Raum besetzender Baum denkbar als eine Eiche. Und hier war es eine ganze Landschaft von ihnen, ein gedrungenes, knotiges Spalier mächtiger Gestalten, das sich den kleinen Fluss entlang hinzog. Sie erschienen aus einem Blickwinkel als geballte Materie (und als viele verlockende Festmeter wertvollen Holzes). Und doch war die Gegenwart der Eichen etwas ganz Innerliches. Sie war Materie, und sie war zugleich eine Konstellation des Seelischen. Nein, das klingt noch zu kalt und distanziert. In Wahrheit war es so: Die Eichen wuchsen in ihrer verspielten Massivität in der Mitte meines Herzens.

Es waren die Eichen (und ihre lichten Begleiterinnen am Boden, die Osterglocken), welche die eigentliche Erfahrung der Tiefenzeit auf dieser Wanderung bildeten. Die rein physische Distanz und die Winzigkeit der menschlichen Aktivitäten darin führten zu einem Flow-Erlebnis. Die Eichen erschienen als sein Inbegriff. Sie waren Tiefenzeit, als Leben. Zu dem damit verbundenen Lerneffekt gehörte auch die Erkenntnis, dass all die Verwandlungen der langen Erdgeschichte einem großen, distribuierten Körper widerfuhren, dessen Bestandteile wir alle auf ewig bleiben würden, verwandelt allein durch die Metamorphose der Formen, durch die alle Bestandteile der Erde und des Kosmos gingen.

Aber das ist wieder eine zu äußerliche Betrachtung, beruht auf dem Kontrast verschiedener Dimensionen, erfordert Wahrnehmung und Anschauungsvermögen. In der Präsenz der Bäume geschah noch etwas ganz anderes: Sie zeigten mir, ohne ein Wort zu verlieren, dass die äußeren Dimensionen der Wirklichkeit, in der wir gemeinsam existieren, diese Wirklichkeit nicht restlos beschreiben. Die Eichen sprachen mit mir, obwohl sie von mir getrennte Blöcke verholzter Materie sind. Ihre Körper standen im Raum und waren doch mehr als Raum, ein Innen des Raums, eine Geste, in der ich das Leben erkennen konnte.

Ich erfasste ihr Leben, und damit auch meines, weil wir alle als verwundbare, vergängliche Körper existieren, aber ich erfasste es nicht als eine Logik der Körper, sondern unmittelbar mit meinem. Die Gegenwart der Eichen (und der Blumen, und des Wassers auf seinem weichen Sand) fand in einem Raum statt, der nicht allein physischer Raum war, sondern eine innerliche Erfahrung des Gemeinsamseins, des Miteinanders. Auch auf diese Weise begriff ich, dass mich keine materielle Grenze von den anderen Wesen separierte, ja, dass die Eichen ebenfalls Wesen waren, die einerseits in Raum und Zeit, andererseits in ihrer Mächtigkeit und Zartheit in einer Dimension der gemeinsamen, geteilten Erfahrung des Lebens existierten. Wir teilten den poetischen Raum.

In einem Gedicht von Rilke, ebenfalls eines seiner Sonette an Orpheus, heißt es: »[I]ch seh' hinaus, und in mir wächst der Baum.« Lange habe ich diese Verszeile nicht richtig verstanden. Nach der Tiefenzeit-Wanderung am River Dart glaube ich zu wissen, was der Dichter damit meinte: Der Baum ist als Lebewesen in meiner inneren Erfahrung lebendig, und darum kann ich zu ihm in Beziehung treten. Leben teilt einen inneren Raum, in dem es sich fühlend begegnet. Dieser Raum ist nicht in Innen und Außen geschieden. Ich bezeichne ihn als »poetischen Raum«.

Die Pariser Philosophin Claire Petitmengin erforscht, welche Erfahrungen wir in diesem poetischen Raum machen. Sie bezeichnet ihre Arbeit als »Mikrophänomenologie«. Damit schlägt sie eine Brücke zur philosophischen Disziplin der Phänomenologie, die vom deutschen Denker Edmund Husserl Anfang des 20. Jahrhunderts begründet wurde, und in deren Tradition auch so wichtige Philosophen körperlicher Erfahrung wie der französische Phänomenologe Maurice Merleau-Ponty stehen.[131] Die Phänomenologie versucht, den Fokus vom abstrakten Denken in Begriffen wieder auf die lebendige Erfahrung zu legen.

Husserl ließ dabei die körperliche und emotionale Erfahrung noch weitgehend außer Acht, während Merleau-Ponty sich gerade auf diese konzentrierte – und schließlich, kurz vor seinem unerwarteten Tod in den 1960er Jahren, zum Schluss kam, dass unsere Erfahrung nicht »in uns« stattfindet, sondern mit einer schon von Anfang an empfindsamen Welt geteilt wird. Das ist das legendäre »Fleisch der Welt« – die Schicht gemeinsamer, geteilter Erfahrung. Auch diese Idee beschreibt, was ich als poetischen Raum bezeichne: Einen geteilten, als Bedeutung erfahrenen, existenziell erfühlten Raum, der sich vor der konkreten Differenzierung in »innerliche« (empfundene, gedachte) und »äußerliche« (gemessene, beobachtete) Erfahrungsbereiche entfaltet und aus dem die Konkretionen erst hervorgehen.

Mit ihrer Mikrophänomenologie beobachtet Petitmengin, wie sich unsere Wahrnehmung aus einer darunter liegenden Schicht lebendiger Erfahrung konkretisiert. Um möglichst viele solcher Erfahrungen zu betrachten, hat die Philosophin ausgefeilte Interviewtechniken entwickelt, mit denen Probanden etwa dazu befragt werden, wie es sich anfühlt, wenn sich ein bestimmter Gedanke bildet, oder wenn sie einem Baum gegenüberstehen – zum Beispiel einer Eiche, wie sie am River Dart wächst.

Die Fragen sind subtil. Den Befragten wird Gelegenheit gegeben, jedes Detail ihrer inneren Erfahrung Revue passieren zu lassen. Sie sollen sich ihre Erfahrungsprozesse in maximaler Auflösung vergegenwärtigen. Angelehnt ist die Technik an ein Verfahren, das der österreichischstämmige Psychologe Eugene Gendlin in den 1960er Jahren in den USA entwickelte, und das dieser »Focusing«nannte. Auch Gendlin ging es darum, auf kleinste Veränderungen im inneren Durchfühlen des Körpers zu lauschen. Wird es in meiner Brust warm? Links? Oder eher zur Mitte hin? Welche Konsistenz hat diese Wärme? Ist sie sanft? Lodernd? Welche Tönung hat sie? Eher hell? Eher ins Violette hin?

Meist können Probanden diese Fragen auch in der entsprechend hohen Auflösung beantworten. Sie müssen nur darauf gebracht werden, dass sie so fein verästelt empfinden können. Von außen betrachtet scheint es um Haarspaltereien zu gehen. Dass uns aber diese feine Textur unserer Erfahrung möglicherweise übertrieben vorkommt, liegt schlicht daran, dass wir es nicht gewohnt sind, uns auf unsere Erfahrung in gebührender Tiefe einzulassen. Wir blenden sie meist aus, meint Petitmengin. Darum bleibt uns eine Tiefendimension verschlossen, die eigentlich die Grundlage unserer Wahrnehmung von uns selbst und der Welt, die dieses Selbst teilt, bildet.

Um sich selbst mit der Welt verbunden zu erleben, buchen neugierige Sinnsuchende zum Beispiel eine Ayahuasca-Zeremonie. Hier werden sie sich der heute sonst verdrängten feinsten Erfahrungsdetails bewusst – und auch des fundamentalen Zusammenhangs aller Prozesse. Psychedelische Erfahrungen hinterlassen vielmals ein überwältigendes Verbundenheitsgefühl und die bleibende Erinnerung, dass die Wirklichkeit von der Innenseite zutiefst sinnvoll organisiert ist.

In Wahrheit aber ist unsere ganz normale Erfahrung psychedelisch. Unsere Selbstwahrnehmung überschreitet ständig die Grenzen unseres Körpers. Wir schalten diese Erfahrungen bloß meist ab. Wir sind nicht gegenwärtig, sondern abgelenkt.

Studien zeigen, dass Menschen im Schnitt mehr als die Hälfte ihrer Lebenszeiten damit beschäftigt sind, vergangene Situationen innerlich erneut abzuspielen oder sich um künftige Ereignisse zu sorgen – anstatt im Moment zu existieren und über diesen Moment hinaus die Verwobenheit mit dem Ganzen zu erfahren.[132] »Unsere Kultur fördert das Verdrängen lebendiger Erfahrung«, meint Petitmengin.

Petitmengin kommt zum radikalen Schluss: Obwohl wir von kleinauf lernen, die Welt in einen »inneren Raum« körperlicher und seelischer Empfindungen sowie persönlicher Erfahrungen einerseits und einen »äußeren Raum« von Dingen, vor deren Kulisse sich diese Erfahrungen abspielen, andererseits aufzuteilen, ist diese Trennung in Wirklichkeit nicht vorhanden. In unserem fühlenden Erleben gibt es keine Unterscheidung zwischen Innen und Außen. Die Trennung führen wir erst hinterher ein, wenn wir über unsere Erfahrungen sprechen und sie gemäß den Begriffen unserer Kultur einordnen. Die Abtrennung von Innen und Außen wäre dann ein kulturelles Artefakt, nicht der genuine Charakter unserer »lebenden Erfahrung, der ›gefühlten‹ Dimension unserer Erfahrung, wo die Trennung, die wir gewöhnlich zwischen ›innerem‹ und ›äußerlichem‹ Raum wahrnehmen, durchlässig wird und schließlich sogar verschwindet«, wie Petitmengin es ausdrückt.[133] Wir sind beständig im poetischen Raum, so wie alle anderen Wesen auch.

Der poetische Raum ist die Leere, die alles hält. Die Leere ist kein physischer Ort. Sie ist ein reines Innen, ein Gefühl ohne Raum. Sie ist von einer unaussprechlichen Süße und Wärme, das Zentrum dessen, was wir zu Hause nennen. In allem, was uns süß und warm begegnet, sehen wir ihr Gesicht. Zu leicht verwechseln wir es mit dem Gesicht der Person oder der Oberfläche der Dinge, die uns erscheinen. Aber was wir wirklich wahrnehmen, ist unsere Verankerung im poetischen Raum, aus dem alles hervortritt und in dem alles im anderen verwoben ist. Was wir wahrnehmen, ist die Wärme und das Licht des Einen, das wir selbst sind.

Alles – unsere Wahrnehmung von Gegenständen, unsere Auffassung von Ideen und Konzepten wie auch die innere Erfahrung unserer selbst ist dann in der Tiefe eine existenzielle Bedeutungsgeste, ein Vibrieren vor jeder konkreten Gestalt und vor der Trennung in Ich und Du. Petitmengin meinte: »Auf dieser Erfahrungsebene löst sich die Grenze zwischen Geist und Körper auf. Schauen wir genau hin, stellen wir fest, dass unsere Erfahrung nicht einmal in uns selbst lokalisiert ist, ja dass sie nicht in einem separaten, individuellen Privatbereich liegt, der vom Außen durch eine feste Grenze abgetrennt ist.«[134]

Diesen Schluss zog die Philosophin aus ihren mikrophänomenologischen Interviews. Für die Teilnehmenden löst sich bei genauerer Betrachtung ihre Individualität in einem gemeinsamen Feld der Welt auf. Das erfahren Petitmengins

Interviewte besonders intensiv in der Gegenwart anderer Lebewesen – in der »Natur«. »Die Landschaft liegt nicht länger als ein schönes Arrangement vor mir, das eine gutgemachte Fotografie vollständig wiedergeben könnte. Ich sehe sie nicht länger an, sondern fühle sie, und dieses Fühlen löst die Grenze zwischen der Landschaft und mir auf«, beschrieb eine Probandin bei Petitmengin diesen Effekt.[135]

Die Phänomenologin sammelte Zeugnisse wie dieses: »In solchen Momenten gibt es keine Barrieren mehr zwischen mir und den Dingen. Es ist so, als hätte ich nicht länger eine Haut. Sehen Sie zum Beispiel diese Pappel da drüben. Es ist so, als würde etwas von ihr ausstrahlen, ein Kribbeln, ein diffuses Licht, ein sehr leises und sehr feines Klingen, das direkt zu mir dringt und mich auf eine unbeschreibliche Weise berührt. Alles wird unglaublich berührend. Es ist, als würde der Raum zwischen den Dingen dichter, als würde er zu leuchten und zu vibrieren beginnen, und als wäre da eigentlich nichts anderes mehr als dieser Raum.«[136]

Für Claire Petitmengin bestätigen solche Erlebnisse die Idee des von allen geteilten »Fleisches der Welt«. So nannte der Philosoph Maurice Merleau-Ponty das Bild, das er sich von der Wirklichkeit als einem großen Körper machte.[137] Dieser existiert nicht nur räumlich, sondern vor allem in der gefühlten Gegenseitigkeit aller in ihm stattfindenden Beziehungen. Petitmengin folgerte daraus: »Die Landschaft durchdringt mich. Wir sind aus dem gleichen Stoff, aus der gleichen zarten, empfindsamen, erschauernden ›Materie‹, für die unsere Sprache kein Wort hat … und die wir auch die ›gefühlte Dimension‹ der Erfahrung nennen können.«[138]

Diese Dimension nannte Rilke »Weltinnenraum«. Der Weltinnenraum ist der poetische Raum. In ihm sind die Gesten und Erfahrungen nicht in die einzelnen Sinne geschieden, sondern existieren in einem existenziellen Modus, den wir als Bedeutung erfahren. Der poetische Raum unserer lebendigen Erfahrung ist daher immer synästhetisch. Die Sinne geben ihre Botschaften nicht in ihren spezifischen Sprachen weiter, sondern die zugrundeliegende Botschaft wird erst danach in die einzelnen sensorischen Ausdrucksformen übersetzt – in Bilder, Töne, Berührungen. Für den Körper in seiner unterschwelligen Verbindung zu den anderen Körpern gibt es auf der untersten Ebene nur die Erfahrung, ob etwas, das ihm zustößt, seinem Leben förderlich ist oder ihm schadet.

Aus dieser Perspektive können wir endlich das »heftige Problem« der Hirnforschung lösen, das der Neurophilosoph David Chalmers aufgeworfen hatte (siehe Kapitel 3). Chalmers empfand gerade die emotionale Form existenzieller Erfahrungen als Schwierigkeit: Warum nehmen wir nicht bloß Daten wahr, sondern erleben sie in einer bedeutungsvollen Erfahrung – als »Qualia« (von lateinisch *qualis,* »wie beschaffen«)? Das »heftige Problem« löst sich, wenn wir die Sicht mit Petitmengin umkehren: All unsere Erfahrungen kommen aus dem poetischen Raum, der insgesamt ein »Quale« ist – ein Sosein, eine Stimmung, eine lebendige Geste, eine Mannigfaltigkeit gefühlter Bedeutung. Sein ist zuerst Quale und dann Datum, zuerst innere Erfahrung und dann Objekt. Die Objektgestalt der Welt kristallisiert sich aus dem poetischen Raum, indem wir ihn gemeinsam in jedem Moment neu hervorbringen.

In einer Welt, die von der modernen Wissenschaft als unbelebtes räumliches Objekt definiert wurde, muss das gefühlte Sosein, das Quale, als Rätsel erscheinen. Chalmers mit seinem »heftigen Problem« ist ein Vertreter dieser Wissenschaft. Das Rätsel des Gefühls, das jede Erfahrung prägt, ist innerhalb des materialistischen Weltbilds nicht lösbar, denn seine Lösung wurde ja bereits vorher per Definition (»die Welt ist ein materielles Objekt«) ausgeschlossen. Erst wenn wir das Bild der materiellen Welt auf den Kopf stellen, löst sich das Rätsel auf. Wenn wir verstehen, dass diese Welt zutiefst lebendig ist, und dass ihre Lebendigkeit von Anfang an in einer inneren Erfahrung besteht, erkennen wir, warum alle Wahrnehmung immer eine erfühlte existenzielle Qualität haben muss.

Kürzlich habe ich mit einer Kollegin, die sich darauf spezialisiert hat, Menschen bei der mikrophänomenologischen Erkundung der eigenen Erfahrung zu begleiten, eine solche Übung gemacht. Es war Dezember, draußen hatte sich das Dunkel herabgesenkt. Wir führten die Erkundung bei einem Telefongespräch durch. Ich brauchte nur einen Liegeplatz, ihre Anweisungen aus dem Telefonhörer, die mir sagten, worauf ich achten solle, und ein Ohr, dem ich berichtete, wie sich meine Erfahrung anfühlte, in welchem Körperteil sich etwas Besonderes abspielte, und woraus das genau bestand. Das Ganze war sehr unspektakulär, langsam und angenehm. Für die Art von Fokussierung, die beim Yoga meine Muskeln und mein Bindegewebe übernehmen, war hier meine seelische Aufmerksamkeit zuständig. Für einen eher unsportlichen Typen wie mich genau das Richtige.

Ich will hier nicht die ganze Reise ins Innere meiner Erfahrung beschreiben – nur eine kurze Etappe. Es fing ganz alltäglich an, indem ich mir meiner physischen Präsenz bewusst wurde: außen an der Haut entlang, aber auch im Inneren meines Körpers. Hier ging die Pforte auf. Ich konnte auch das Innere meiner Finger sein, obwohl ich dort außer ein paar Propriozeptoren gar keinen Tastsinn habe. Ich habe keine Sensoren im Inneren meines Körpers, aber ich kann doch in ihm sein. Zuerst war das ein bisschen ungewohnt, aber irgendwann hatte ich diese Perspektive, und sie ist geblieben. Bis heute. Ich konnte meinen Körper von innen – von der Innenseite der Erfahrung, ein Körper zu sein – erfassen. Ich konnte ihn als lebende Erfahrung erspüren. Eine Couch, eine Decke, Dunkelheit vor dem Fenster und eine Stimme am Telefon reichten dazu.

Mein Körper war nicht homogen. Mein Körper hatte verschiedene Grade von Wärme und Dichte und verschiedene Farbschattierungen. Er hatte unterschiedliche Geschmäcker. Wenn ich so spreche, dann ist das schon wieder eine Übersetzung, so wie ich es als Schriftsteller tue, wenn ich eine Erfahrung durch Worte wieder wachrufen möchte, die ich aber selbst nicht in Form von Worten gemacht habe, sondern die eine existenzielle Befindlichkeit ist. Mein ganzer Körper war eine existenzielle Befindlichkeit. Ich wusste, wie er zu bestimmten Fragen und bestimmten quälenden Problemen stand, die mich zu der Zeit beschäftigten. Mein Körper war ein wesentlich größeres Stück des lebenden poetischen Raums als mein denkendes Ich. Er wusste mehr. Er hatte recht.

Meinen Körper so in seiner Wärme, als Wärmegestalt zu spüren, war eigentlich keine andere Erfahrung, als unter den Lärchen im Grunewald in die Liebe des Einen einzutauchen. Nur dass ich dort die Wärme erfuhr, welche die Welt als Ganzes erfüllte, und hier, bei der Übung am Telefon, die Wärme in ihren spezifischen Färbungen, die mein ganz persönliches lebendiges Erleben ist. Aber es war die gleiche Wärme. Es war die gleiche Substanz. In beiden Fällen wusste sie etwas über mich, das ich nicht wusste, und in beiden Fällen resultierte aus diesem Wissensvorsprung keine abwertende Arroganz, sondern haltlose Güte.

Bis ich den Telefonhörer schließlich wieder in seine Basisstation zurückstellte, hatte meine Pudelfreundin auf ihrem Schlafplatz in meinem Zimmer geruht. Ich betrachtete sie, wie sie entspannt dalag, kurz die Augen auf mich richtete und sie dann wieder ruhig schloss, um weiter zu schlafen. Und auf einmal war ich im Inneren meines Gefühls für dieses Tier, das schon so lange mein Leben begleitet. Ich sah den Hund nicht als ein Objekt, mit dem ich zusammen im Zimmer war, und auch nicht als eine sehr freundliche Person, die mir ihre Anwesenheit schenkte (die sie natürlich gleichwohl ist). Ich war plötzlich innerhalb meiner Liebe zu meinem Hund. Ich war da, wo mein Herz die ganze Zeit ist, mit einem winzigen Stückchen, im »Herz der Herzen«, das wir gemeinsam teilen, in dem wir zusammen sind, aber nicht in einem Raum, sondern in der Zuneigung selbst – in dieser warmen, liebenden Substanz, in die ich unter der Lärche eintreten durfte.

Ich sah und hörte, wie der Pudel im Schlaf atmete. Ich nahm die Atemzüge war, aber was ich in ihnen erfuhr, war nicht die sinnliche Wahrnehmung des Hundes allein. Ich tauchte in das Glück, in seiner Gegenwart existieren zu dürfen, ein. Es war in Wahrheit nicht so, dass mich das Glück erfüllte, wie man oft zu sagen pflegt. Das Glück war nicht in mir, sondern umgekehrt befand ich mich innerhalb dieses Gefühls, das nicht mir allein angehörte und nicht allein dem Tier, sondern das die Wärme ist, die uns verbindet. Auf dem Scheitelpunkt jedes Atemzugs war ich in diesem Glück, das kein Besitzen ist, sondern ein In-etwas-Sein, ein Nichts-als-Sein, ein Nichts-als-dieses-Glück-Sein, das sein eigenes Glück erfasst, weil es dasselbe ist, weil es nur dieses Eine gibt, weil dieses Eine alles ist, was ist.

Weil unsere Erfahrung aus dem poetischen Raum stammt, haben wir einen Zugang ins Innere des Ganzen. Hier treffen wir alle anderen Wesen, die wie wir ebenfalls zuerst innerhalb dieses erfühlten Raums sind. In der Erfahrung unserer Verbindung zu ihnen – der Wahrnehmung ihrer Gegenwart, aber auch unserer emotionalen Reaktion dabei, die nicht von der Wahrnehmung als reine Sinnesleistung getrennt werden kann, sind wir in einer gemeinsamen Sphäre. Hier treffen wir aufeinander, und hier kommunizieren wir miteinander.

Die Vorstellung, dass wir uns nicht nur mittels sicht- und hörbarer Botschaften austauschen, sondern zugleich auch viel direkter, aufgrund unserer wechselseitigen Verbundenheit als einzelne Dimensionen eines geteilten Ganzen, ist ungewohnt. Zumindest für unsere westliche zivilisatorische Prägung. Diese lässt außer dem Sender-Empfänger-Modell der Kommunikation wenig gelten. Das heißt: Wenn ich von einem Anderen etwas wissen möchte, muss mein materieller Körper per Schall eine gesprochene Frage senden. Selbst unsere Körpersprache gehört zu den physischen Botschaften, denn sie ist sichtbar, wenn auch meist unbewusst. Ähnlich verhält es sich mit bestimmten Geruchsstoffen, mit denen nicht nur andere Tiere und Pflanzen, sondern auch wir Menschen miteinander kommunizieren. Sie sind zwar unsichtbar und werden unbewusst wahrgenommen, lassen sich aber doch chemisch – also materiell – nachweisen.

Aber die Begegnung im poetischen Raum ist eben mehr als ein räumliches, stoffliches Aufeinandertreffen. Wenn Merleau-Ponty vom »Fleisch der Welt« spricht und argumentiert, dass ein Baum spürt, wenn ich ihn sehe, und mich in diesem Akt meines Sehens zurück anblickt, kann nicht eine Kommunikation gemeint sein, die mit physischen Mitteln allein erfolgt. Der Baum hat keine Augen, und mein Blick ist nicht der Sender eines Materiestrahls. Es handelt sich also um etwas Anderes. Der Baum und ich sind durch das Wissen verbunden, das in der lebendigen Erfahrung liegt und uns beide erfüllt. Denn auch der Baum ist Teil der lebenden Wirklichkeit, und als Lebewesen ist er mir sogar eng verwandt. Auch er hat die innere Erfahrung, wie es ist, lebendig zu sein. Wenn diese lebendige Erfahrung grundsätzlich vor aller Konkretion schon geteilt ist, ja, wenn sie die Erfahrung des kohärenten Einen ist, dann folgt daraus notwendig – obwohl das für uns westlich erzogene Menschen schwer vorstellbar ist –, dass wir mit anderen Wesen eben auch auf der Innenseite dieser Erfahrung kommunizieren können.

Diese Überlegungen erklären mir, warum ich mich in der Gegenwart der Eichen am River Dart so sehr von Lebendigkeit gehalten fühlte. Mir kam es dort vor, als sei ich in einer familiären Umgebung aufgehoben, als würde ich willkommen geheißen im Kreis des gleichen Lebens. In Wahrheit bestand mein Gefühl auch hier aus einer Variante der raumlosen und stofflosen Wärmeerfahrung. Etwas in mir erkannte es wieder, so wie ich das Eintreten in die innere Welt, in den poetischen Raum, immer erkenne, nur dass ich inzwischen viel besser darin geübt bin, mir der Einzelheiten genau bewusst zu sein.

Es gibt Forschungen, die belegen, dass Menschen so etwas wie eine seelische Verschränkung aufbauen, wenn sie miteinander kommunizieren. Die Kognitionsforschung kann das mit Hilfe von EEG-Kurven nachweisen. Diese Art, einander in einem gemeinsamen Raum zu finden, der nicht vorgegeben ist und nirgendwo physisch existiert, nannte die belgische Philosophin Hanne de Jaegher »partizipative Sinngebung«.[139] Ein anderes Forschungsgebiet, das sich gerade entfaltet, befasst sich mit »direkter sozialer Wahrnehmung«.[140] In diesem haben Forschenden ebenfalls festgestellt, dass Menschen etwas voneinander wissen, auch wenn sie sich nicht beobachten, also keine Rückschlüsse aus rein physischen Gesten ziehen können.[141]

Aus dieser Warte ist alle Naturerfahrung eine Kommunikation mit nichtmenschlichen Wesen auf der Innenseite unserer Erfahrung. Das ist es, was Menschen so an der Gegenwart anderer Wesen anzieht: Sie sind unsere Gefährten im poetischen Raum. Was Philosophen »ästhetische Naturerfahrung« nennen, ist dann eine bewusst gemachte, lebende Erfahrung, die jenseits der Subjekt-Objekt-Trennung stattfindet und damit die ursprüngliche Einheit wiederherstellt. Diese Einheit wiederzufinden, ist das Heilsame an der »Natur«. Mit dem Wiederfinden ist immer die überwältigende Erfahrung verbunden, dass das Eine, das mich durch die anderen Wesen begrüßt, niemals urteilt, sondern mich immer willkommen heißt, weil ich der bin, auf den es gewartet hat.

Vielleicht ist ja die Freude, die viele Menschen empfinden, wenn sie anderen nichtmenschlichen Wesen begegnen und sich »in der Natur« aufhalten, in der Tiefe die Erfahrung, im poetischen Raum begrüßt zu werden. Die Liebe, die mich erfüllt, wenn das Licht des klaren Himmels durch die knorrigen und dabei doch so zärtlichen Zweige fällt, ist dann nicht die Freude an einem schönen Objekt, für die sie das westliche ästhetische Denken viele Jahrhunderte gehalten hat (bis hin zur populären Idee, dass wir unsere unerfüllte Sehnsucht nach Kontakt auf eine angeblich stumme, leere und gleichgültige Welt abbilden). Die seltsame, an mir ziehende Freude angesichts der Schönheit der anderen Wesen ist ihre Begrüßung meiner Gegenwart. Mein Glück unter der Eiche ist die Art und Weise, wie die Eiche mich anblickt. Meine Freude ist das Gerufensein durch den anderen im Fleisch der Welt. Sie ist das Willkommen, das die Eiche mir entgegenbringt. In meinem Glück bin ich bereits in den Händen eines anderen lebenden Wesens und durch dieses hindurch im poetischen Raum des Einen.

Während ich an diesem Kapitel arbeite, wird in der Nachbarschaft eine alte Pappel gefällt. Die Arbeiter haben den Grundstückszaun um sie herum abgebaut, damit er von herunterfallenden Stammteilen nicht zertrümmert werde. Ein Mann im Klettergeschirr baumelt am Stamm und kappt Äste mit der Motorsäge, erst die kleinen, dann immer größere. In der Krone des alten Baums sitzt eine gewaltige Mistel, eine Kugel von bestimmt zwei Metern Durchmesser. Sie leuchtet wie eine stumme, pastellgrüne Sonne im fahlen Winterhimmel. Auch sie wird fallen, und das macht mich traurig.

Ich gehe weiter und suche zum Trost in den kahlen Bäumen der Straße nach weiteren Misteln. Ich erinnere mich, dass die Baumkronen meines Berliner Viertels im Winter vor einigen Jahren voll der immergrünen Kugeln waren. Heute finde ich keine. Wohin sind sie verschwunden?

Die Mistel ist eine Pflanze des Nordens, des Durchgangs durch den Tod. Sie bewahrt Splitter von Sonnenschein, während alles Andere erlischt. Wenn die Bäume leer in den Himmel ragen, bilden Misteln darin kugelige Zentren von Grün. Ihre glasigen Früchte speichern so viel Helligkeit, dass sie fast platzen. Mir kommt es vor, als übersetzte die Mistel den Baum, auf dem sie sich festgesetzt hat, in Licht. Ihre beinahe durchsichtigen Beeren sind eine Verwandlung des Holzes in den Himmel.

In jenem Winter voller Misteln, der schon ein paar Jahre zurückliegt, war ich irrtümlich am Heiligabend zum Vortrag eines befreundeten Malers und Philosophen in die Freie Universität gefahren. Ich hielt meinen Freund für sehr tapfer, weil er am Vormittag dieses Tages einen öffentlichen Vortrag halten wollte. Als ich dann im weitläufigen Berliner Villenviertel, in dem die Universität liegt, aus der U-Bahn gestiegen und zum Veranstaltungsort marschiert war, stellte ich fest, dass alle Türen verschlossen waren. Ich hatte mir ein falsches Datum notiert.

Auf dem Weg zurück zur U-Bahn bemerkte ich, wie viele Bäume an der Straße von Misteln durchsetzt waren. Selbst die kleinen Rotdorne trugen die aus fleischig-grünen Zweigen und Blattlanzetten gewobenen Bälle, die jetzt im Winter gut sichtbar waren, denn allein sie zeigten sich noch in Grün. Die Mistel verwurzelt sich nicht in der Erde, sondern in der Luft. Die Pflanze ist ein sogenannter Halbschmarotzer, der zwar mit Sonnenlicht Photosynthese treibt, das dafür nötige Wasser aber aus seinem Wirtsbaum saugt.

Mir kam es an jenem Heiligabend vor, als hätte ich noch nie so viele Misteln gesehen. Plötzlich war die ganze Stadt von ihnen erfüllt. Sie hingen überall, zum Greifen nah, wie in einem Feenland. Ich brach ein Stück von einer Kugel, die sehr niedrig in einem Rotdorn wuchs, und trug es als Opferschmuck in mein Weihnachtszimmer. Ich nahm nicht die erste, leicht erreichbare, sondern suchte, bis ich eine Pflanze fand, die sich mir anbot.

In meinem eigenen Viertel aus der U-Bahn gestiegen, wanderte ich auch hier unter Misteln, die ich nie zuvor gesehen hatte. Ich blickte während des Fußmarsches zu meinem Haus wieder und wieder nach oben durch die Äste in den Himmel. Ich sah die Zweige in immer zarteren Schichten in die graue Leere steigen. Dazwischen schwebten die Sphären der immergrünen Schmarotzer. Es hatte sacht zu regnen begonnen. Wenn ich nach oben blickte, fielen mir Tropfen auf die Wangen, in die Augen, in den Mund.

Die winterliche Luft war voll winziger Kugeln aus Wasser, Kugeln wie die Perlenfrüchte der Misteln. Ich atmete flüssige Sphären ein. Auch das Innere meiner Lunge besteht aus feinen Kugeln, aus membranösen Bläschen, die letztlich nichts anderes als zarte Tropfen sind. Durch die Oberfläche dieser Tropfen tritt Sauerstoff in mich ein und der Kohlenstoff meines Fleisches wandert in die Luft zurück. Ich schaute ins Licht, atmete den Regen, mischte mich mit der Feuchtigkeit. Meine Oberfläche und das Innere der Welt verbanden sich so, wie zwei schillernde Seifenblase zu einer werden, in deren bunten Schlieren sich alles reflektiert, bis sie lautlos zerplatzt.

Als ich kurz vor meinem Hauseingang war, regneten Blätterteile und Krümel auf mich herab. Ich blickte durch die Tropfen nach oben. Die Sperlinge flatterten um eine dichte grüne Kugel, die ich hier noch nie erblickt hatte. Sie fraßen die Früchte, schluckten ihr opakes Weiß, das fast schon Silber war. Jede Beere ein Tropfen aus Licht. Die Vögel nährt Himmel.

Berlin und Varese Ligure, Juli 2018 – Februar 2022

ANMERKUNGEN

Wo zitierte fremdsprachliche Werke in der Ursprungsveröffentlichung angegeben sind, ist die Übersetzung der zitierten Textstellen vom Autor, A.W.

1 »Um bei dem anzukommen, was man nicht weiß, / Muss man den Weg gehen, welcher der Weg des Nichtwissens ist. / Um zu besitzen, was man nicht besitzt, / Muss man den Weg der Besitzlosigkeit gehen. / Um bei dem anzukommen, was man nicht ist, / Muss man auf dem Weg gehen, auf dem man nicht ist.« Eliot (2015: 37).

2 Laudine (2009: 158).

3 Barad (2003); Akómoláfé (2017; 2021; 2022); Bennett (2010); Morton (2017); Latour (2017).

4 Jonas (1973).

5 Chambron (2021).

6 Vaughan-Lee (2015).

7 Mathews (2003).

8 Batchelor (2001).

9 Der Begriff »Mystik« entstammt dem altgriechischen Adjektiv μυστικός *(mystikós)*, lateinisch *mysticus*, »versteckt, geheim, geheimnisvoll«, abgeleitet vom Verb μυέειν *(myéein)*, »einweihen, eingeweiht werden, unterweisen, unterrichten« bzw. von dessen Stammwort μύειν *(mýein)*, »sich schließen, zusammengehen, den Mund oder die Augen (ver)schließen, einschlummern«.

10 Yuria Bartolomé (2020); siehe auch Andreas Weber (2023).

11 de Sousa Santos (2018).

12 Salami (2021).

13 Odum (1959).

14 Pearce (2015).

15 Marris (2013).
16 Hobbs et al. (2009).
17 Alfred, Lord Tennyson (1850), Canto LVI: »*Who trusted God was love indeed / And love Creation's final law – / Tho' Nature, red in tooth and claw / With ravine, shriek'd against his creed –*«
18 Powers (2005).
19 Graeber & Wengrow (2021).
20 Putschert (2012: 875); Rousseau (2008).
21 Hobbes (1984: 131f.).
22 Rosenberg (2000).
23 Gronenborn/Terberger (2014).
24 Morton (2017: 17).
25 Wolfe, Dunavan & Diamond (2007).
26 Diamond (1999).
27 Sahlins (1972).
28 Scott (2017).
29 Suzman (2017a).
30 Ellis et al. (2013: 7981).
31 Ebd. 7978.
32 Snyder (1990: 5).
33 Graeber & Wengrow (2021).
34 Ebd.
35 Ebd.
36 Tsing (2017).
37 Praetorius (2020).
38 Suzman (2017a).
39 Suzman (2017b).
40 Ebd.
41 Siehe Rasuly-Palaczek (2011). Die soziale »Hälfte«, im Fachbegriff »Moiety«, ist in den Dualsystemen der Aborigines eine Aufteilung der Menschen in Erblinien, die zwei soziale Gruppen mit unterschiedlichen Rechten und Pflichten erschafft. Diese unterscheiden sich auch nach der Geschlechtseinteilung noch einmal, so dass in einer Bevölkerung vier Gruppen mit verschiedenen Zuständigkeiten und Befugnissen entstehen. Ehen können nur außerhalb der eigenen Gruppe geschlossen werden.
42 Lao-Tse (2012, Kapitel 29).
43 Damasio (1999: 25).
44 D'Annunzio (1965: 91).
45 Damasio (1999: 108).

46 Damasio (1999: 312).
47 Ebd. 284.
48 Ebd. 10.
49 Ebd. 25.
50 de Waal (2019).
51 Koubová (2010).
52 Cole (1998: 148ff.).
53 Ebd. 144.
54 Ebd. 199.
55 Korb (2012).
56 Cole (1998: 186).
57 Damasio (1999: 169).
58 Ebd. 314.
59 Mueller (2017: 144).
60 Varela (1991).
61 Jastrow & Miller (1998).
62 Deleuze & Guattari (1987: 11), Guattari (1988).
63 Ich habe diese Übung zum ersten Mal im Jahre 2016 bei Stephan Harding gemacht, einem Ökologen am Schumacher College, Totnes.
64 Lane (2015: 113).
65 Ebd. 132.
66 Ebd. 27.
67 Ebd. 120.
68 Carroll (2016: 271).
69 Mathews, persönliche Mitteilung vom 13. September 2018.
70 Auden (1941).
71 Barad (2003: 818).
72 Abram (2010).
73 de.wikipedia.org/wiki/Wintergoldhähnchen
74 Bohm (1990).
75 »*The part of this being that is rock, / the part of this body that is a star, / lately I feel them yearning to go back / and be what they are.*« Aus: »In the Borderlands«, Le Guin (2023).
76 Poschmann (2016: 7).
77 Zwicky (2018).
78 Feynman (1965).
79 Adorno (1970).
80 Luckner (2000: 132).

81 Ebd. 133, unter Bezug auf Hegel (1970: 149).
82 Ebd. 134.
83 Luckner (2007: 39).
84 Für Simone Weil (1988: 164) war die Trennung, die eine Verbindung ist, die essenzielle Form unserer Beziehung zur Wirklichkeit – und letztlich zum Ganzen der Wirklichkeit, zu Gott. Weil folgte hier dem Konzept des *metaxu* bei Platon: »*Le mur est ce qui les sépare, mais aussi ce qui leur permet de communiquer. Ainsi nous et Dieu. Toute séparation est un lien.*« (»Die Wand ist das, was sie trennt, aber auch das, was ihnen miteinander zu kommunizieren erlaubt. So auch uns und Gott. Jede Trennung ist eine Verbindung.«)
85 Turner (2007).
86 Plessner (1982: 188).
87 Ebd. 186.
88 Rosa (2016).
89 Weber (2014: 71).
90 Franses (2015: 216).
91 Ebd. 213ff.
92 Ebd. 218.
93 Vgl. Luckner (2007: 39).
94 Nach Rehbein (2008: 4880).
95 Adorno (1992).
96 Eggebrecht (1986: 142f.).
97 Klobes (2019).
98 Naess (1987:41).
99 Varela et al. (1991).
100 Nach dem Titel des berühmten Gedichts »Agua sexual«, siehe Neruda (2005).
101 Franses (2015: 224).
102 Von lat. *conari,* »streben, drängen nach«.
103 Rilke (1987: 751).
104 Mathews (2003: 9).
105 Ebd. 53.
106 Ebd. 58.
107 Camus (1953).
108 Mathews (2003: 38).
109 Heinrich (2012: ix).
110 Ebd. xi.
111 Rose (2013: 142).
112 Brede (1976: 1228).

113 Holling (2001).
114 Suttle (2020).
115 Röhrlich & Lange (2021).
116 Nach Vaughan-Lee (2015: 48).
117 Basho (1985).
118 Nach Vaughan-Lee (2015: 3).
119 Papst Franziskus (2015: 242).
120 Heinrich (2012).
121 Varela (1991).
122 Varela (1997).
123 Nach Vaughan-Lee (2015: 48).
124 Ebd. 118.
125 Wall Kimmerer (2013).
126 Vaughan-Lee (2015: iv).
127 Ebd. 8.
128 Ebd. 119.
129 Rilke (1987).
130 Ebd.
131 Merleau-Ponty (1964).
132 Killingsworth & Gilbert (2010).
133 Petitmengin (2021: 303).
134 Ebd. 302.
135 Ebd. 303.
136 Ebd.
137 Merleau-Ponty (1964).
138 Petitmengin (2021: 303).
139 De Jaegher & Di Paolo (2007).
140 Krueger & Overgaard (2012).
141 Léon et al. (2017).

LITERATUR

ABRAM, DAVID (2010): »In the Depths of a Breathing Planet«, In Christ, Eileen; Rinker, H. Bruce (Hrsg.), Gaia in Turmoil. Climate Change, Biodepletion, and Earth Ethics in an Age of Crisis, Cambridge, MA.: MIT Press.

– (2012): Im Bann der sinnlichen Natur. Die Kunst der Wahrnehmung und die mehr-als-menschliche Welt, Klein Jasedow: thinkOya.

ADORNO, THEODOR W. (1970): Ästhetische Theorie, Frankfurt a.M.: Suhrkamp.

– (1992): Mahler. Eine musikalische Physiognomik, Frankfurt a.M.: Suhrkamp.

AKÓMOLÁFÉ, BÁYỌ̀ (2017): These Wilds Beyond Our Fences. Letters to My Daughter on Humanity's Search for Home, Berkeley: North Atlantic Books.

– (2021): »Kompostierendes Sein«. Oya 66: 20–21.

– (2022): »Was ist Postaktivismus?«. Gespräch mit Matthias Fersterer und André Vollrath. Oya 67: 46–49.

AUDEN, WYSTAN HUGH (1941): New Year Letter, London: Faber.

BARAD, KAREN (2003): »Posthumanist Performativity. Toward an Understanding of How Matter Comes to Matter«, Signs, Vol. 28, No. 3: 801–831 (Gender and Science: New Issues). Chicago: University of Chicago Press.

BARTOLOMÉ, YURIA (2020): Radical Ecstasy. The Passionate Compassion of Sacred Altruism. unveröffentliche Doktorarbeit, Pacifica Graduate Institute.

BASHO, MATSUO (1985): On Love and Barley. Haiku of Basho, London: Penguin.

BATCHELOR, STEPHEN (2001): Verses from the Center. A Buddhist Vision of the Sublime, New York: Riverhead.

BENNETT, JANE (2010): Vibrant Matter. A Political Ecology of Things, Durham und London: Duke University Press.

BOHM, DAVID (1990): »A New Theory of the Relationship of Mind and Matter«, Philosophical Psychology 3 (2): 271–286.

BREDE, WERNER (1976): »Kreisprozess«. In: Ritter, Joachim; Gründer, Karlfried (Hrsg.), Historisches Wörterbuch der Philosophie, Bd. 4 I–K, Basel und Stuttgart: Schwabe & Co.

CALVINO, ITALO (1967): Ti con zero. Einaudi, Torino.

– (2015): Alle Cosmicomics. Frankfurt a.M.: S. Fischer.

CAMUS, ALBERT (1953): Hochzeit des Lichts. Impressionen am Rande der Wüste, Zürich: Arche.

CARROLL, SEAN (2016): The Big Picture. On the Origins of Life, Meaning, and the Universe Itself, New York: Dutton.

CHAMBRON, JACQUELINE (2021): Lilian Silburn. A Mystical Life, Nevada City, CA: Pelican Pond Publishing.

CHALMERS, DAVID (1995): »Facing up to the Problem of Consciousness«. Journal of Consciousness Studies. 2 (3): 200–219.

COETZEE, J.M. (2003): Elizabeth Costello. Eight Lessons, London: Secker & Warburg.

COLE, JONATHAN (1998): About Face, Cambridge, MA: MIT Press.

DAMASIO, ANTONIO (1999): The Feeling of What Happens. Body and Emotion in the Making of Consciousness, New York: Harcourt Brace Co.

D'ANNUNZIO, GABRIELE (1965): Il Piacere, Milano: Mondadori.

DE JAEGHER HANNE; DI PAOLO, EZECHIEL (2007): »Participatory sense-making. An Enactive Approach to Social Cognition«. Phenomenology and the Cognitive Sciences 6(4): 485–507.

DELEUZE, GILLES; GUATTARI, FÉLIX (1987): A Thousand Plateaus, Minneapolis: University of Minnesota Press.

DE SOUSA SANTOS, BOAVENTURA (2018): Epistemologien des Südens. Gegen die Hegemonie des westlichen Denkens, Münster: Unrast Verlag.

DE WAAL, FRANS (2019): Mama's Last Hug. Animal Emotions and What They Tell Us about Ourselves, Boston: W.W. Norton.

DIAMOND, JARED (1999): »The Worst Mistake in the History of the Human Race«. Discover Magazine, 1.5.1999. discovermagazine.com/planet-earth/the-worst-mistake-in-the-history-of-the-human-race

EGGEBRECHT, HANS HEINRICH (1986): Die Musik Gustav Mahlers, München: Piper.

ELIOT, THOMAS S. (2015): Vier Quartette/Four Quartets, englisch und deutsch, übertragen v. Norbert Hummelt, Berlin: Suhrkamp.

ELLIS, ERLE; KAPLAN, JED O.; FULLER, DORIAN Q.; VAVRUS, STEVE; GOLDEWIJK, KEES K.; VERBURG, PETER H. (2013): »Used Planet: A Global History«. PNAS 110, S. 7978–7985. pnas.org/content/pnas/110/20/7978.full.pdf

ELKUS, PETER (2009): The Telling of Our Truths. The Magic in Great Musical Performance, North Charlesteon, SC: Create Space.

FEYNMAN, RICHARD (1965): »The Development of the Space-Time View of Quantum Electrodynamics«, Nobelpreisrede, 11. Dezember 1965, Stockholm: Nobel Foundation.

FRANSES, PHILIP (2015): Time, Light and the Dice of Creation. Through Paradox in Physics to a New Order, Edinburgh: Floris Books.

GRAEBER, DAVID; WENGROW, DAVID (2021): The Dawn of Everything. A New History of Humanity, London: Allen Lane.

GRONENBORN, DETLEF; TERBERGER, THOMAS (2014): Vom Jäger und Sammler zum Bauern. Die Neolithische Revolution, Stuttgart: Theiss.

GUATTARI, FÉLIX (2008): The Three Ecologies, New York: Bloomsbury.

HARAWAY, DONNA J. (2016): Staying With The Trouble. Making Kin In The Chtulucene, Durham, NC: Duke University Press.

HEGEL, GEORG WILHELM FRIEDRICH (1970): Vorlesungen über die Ästhetik, Bd. III, Theorie-Werkausgabe Bd. 15, Frankfurt a. M.

HEINRICH, BERND (2012): Life Everlasting. The Animal Way of Death, Boston & New York: Houghton Mifflin Harcourt.

HOBBES, THOMAS (1984): Leviathan oder Stoff, Form und Gewalt eines kirchlichen und bürgerlichen Staates, Frankfurt a. M.: Suhrkamp.

HOBBS, RICHARD J.; HIGGS, ERIC; HARRIS, JAMES A. (2009): »Novel Ecosystems. Implications for Conservation and Restoration«. Trends in Ecology and Evolution 24: 599–605.

HOLLING, CRAWFORD S. (2001): »Understanding the Complexity of Economic, Ecological, and Social Systems«. Ecosystems 4: 390–405.

JASTROW JULIE D. AND MILLER R. MICHAEL (1998): »Soil Aggregate Stabilization and Carbon Sequestration: Feedbacks Through Organomineral Associations«. In: Lal, Rattan; Kimble, John M Follett, Ronald F., Stewart, Bobby A. (Hrsg.), Soil Processes and the Carbon Cycle, S. 207–223, Boca Raton, FL: CRC Press.

JONAS, HANS (1973): Organismus und Freiheit. Ansätze zu einer philosophischen Biologie, Göttingen: Vandenhoeck und Ruprecht.

KILLINGSWORTH MATTHEW; GILBERT DANIEL (2010): »A Wandering Mind is an Unhappy Mind«. Science 330 (6006): 932.

KIMMERER, ROBIN WALL (2013): Braiding Sweetgrass. Indigenous Wisdom, Scientific Knowledge And The Teachings Of Plants, Minneapolis: Milkweed Editions.

KLOBES, ULRIKE (2019): Anne Sophie von Otter in Mahlers Dritter. Musik eines Naturliebhabers, Sendung »Konzert«, 6.12.2019, Deutschlandfunk Kultur.

KORB, ALEX (2012): »Smile. A Powerful Tool«. Psychology Today. psychologytoday.com/us/blog/prefrontal-nudity/201208/smile-powerful-tool

KOUBOVÁ, ALICE (2010): »The Non-Signifying Gesture of the Living Body«. Biosemiotics 3(1), S. 127–47.

KRUEGER JOEL; OVERGAARD, SØREN (2012): »Seeing Subjectivity. Defending a Perceptual Account of Other Minds«. ProtoSociology 47: 239–262.

LANE, NICK (2015): The Vital Question. Energy, Evolution, and the Origins of Complex Life. New York: W.W. Norton.

LAO-TSE (2012): Tao-Te-King, deutsch v. Hans J. Knospe u. Odette Brändli, Zürich: Diogenes.

LATOUR, BRUNO (2017): Kampf um Gaia. Acht Vorträge über das neue Klimaregime, deutsch v. Achim Russer u. Bernd Schwibs, Berlin: Suhrkamp.

LAUDINE, CATHERINE (2009): Aboriginal Environmental Knowledge. Rational Reverence, Farnham und Burlington: Ashgate.

LE GUIN, URSULA K. (2023): Collected Poems. Hrsg. u. mit einem Vorwort v. Harold Bloom, New York: Library of America.

LÉON, FELIPE; SZANTO, THOMAS & ZAHAVI, DAN (2017): »Emotional Sharing and the Extended Mind«. Synthese 196: 4847–4867.

LUCKNER, ANDREAS (2000): »Zeit, Begriff, Rhythmus. Hegel, Heidegger und die elementarische Macht der Musik«. In: Richard Klein, Ekkehard Kiem u. Wolfram Ette (Hrsg.), Musik in der Zeit, Zeit in der Musik, Weilerswist: Velbrück.

– (2007): »Musik – Sprache – Rhythmus. Bemerkungen zu Grundfragen der Musikphilosophie«. In: Musikphilosophie. Musik-Konzepte, Neue Folge, S. 34–49.

MARRIS, EMMA (2013): Rambunctious Gardens. Saving Nature in a Post-Wild World, New York: Bloomsbury.

MATHEWS, FREYA (2003): For Love of Matter. A Contemporary Panpsychism, Albany: SUNY.

MERLEAU-PONTY, MAURICE (1964): Le visible et l'invisible. Paris: Gallimard.

MORTON, TIMOTHY (2017): Humankind. Solidarity with Non-Human People, New York: Verso.

MUELLER, MARTIN LEE (2017): Being Salmon, Being Human. Encountering the Wild in Us and Us in the Wild, White River Junction: Chelsea Green.

NAESS, ARNE (1987): »Self-Realization. An Ecological Approach to Being in the World«. The Trumpeter 4 (3): 35–42.

NAGEL, THOMAS (1974): »What Is It Like to Be a Bat?«. The Philosophical Review 83(4): 435–450.

NERUDA, PABLO (2005): Residencia en la tierra 2 (1933–1935). Obras Completas I. De »Crepusculario« a »Las uvas del tiempo« 1923–1954, Edición y notas de Hernán Loyola, Barcelona: RBA – Instituto Cervantes.

ODUM, EUGENE P. (1959): Fundamentals of Ecology, Philadelphia: W.W. Saunders.

PAPST FRANZISKUS (2015): Enzyklika Laudato si. Über die Sorge für das gemeinsame Haus (=Verlautbarungen des Apostolischen Stuhls 202), hrsg. vom Sekretariat der Deutschen Bischofskonferenz, Bonn.

PEARCE, FRED (2015): The New Wild. Why Invasive Species Will be Nature's Salvation, Boston: Beacon Press.

PETITMENGIN, CLAIRE (2021): »Anchoring in Lived Experience as an Act of Resistance«. Constructivist Foundations 16(2): 301–310.

PLESSNER, HELMUTH (1982): »Zur Anthropologie der Musik«. In: ders., Gesammelte Schriften VII. Ausdruck und menschliche Natur, Frankfurt a.M.: Suhrkamp, S. 184–200.

POSCHMANN, MARION (2016): Mondbetrachtung in mondloser Nacht. Über Dichtung, Frankfurt a.M.: Suhrkamp.

POWERS, RICHARD (2005): »The Seventh Event«. Granta 90, granta.com/the-seventh-event/

PRAETORIUS, INA (2020): Im postpatriarchalen Durcheinander. Unterwegs mit Xanthippe, Rüsselsheim: Christel Göttert Verlag.

PUTSCHERT, PATRICIA (2012). »Jenseits des Naturzustandes. Eine postkoloniale Lektüre von Hobbes und Rousseau«. Deutsche Zeitschrift für Philosophie 60, S. 861–882.

RASULY-PALECZEK, GABRIELE (2011): »Hälften- und Sektionen-Organisation«. In: Einführung in die Formen der sozialen Organisation. Teil 2/5, Universität Wien, S. 79–80.

REHBEIN, BOIKE (2008): »Natur und Metaphysik in Mahlers Neunter«. In: K.-S. Rehberg (Hrsg.), Die Natur der Gesellschaft. Verhandlungen des 33. Kongresses der Deutschen Gesellschaft für Soziologie in Kassel 2006, Teilband 1 und 2: 4875–4883. Frankfurt a.M.: Campus.

RILKE, RAINER MARIA (1987): Werke I. Gedichte. Erster Teil, Frankfurt a.M.: Insel.

RÖHRLICH, DAGMAR; LANGE, MICHAEL (2021): »Viren – Woher sie kommen, was sie nützen«. DOK 5 – Das Feature. WDR5, Ausstrahlung am 1.1.2021. www1.wdr.de/mediathek/audio/wdr5/wdr5-dok5-das-feature/viren-manuskript-100.pdf

ROSA, HARTMUT (2016): Resonanz. Eine Soziologie der Weltbeziehung, Frankfurt a.M.: Suhrkamp.

ROSE, DEBORAH BIRD (2013): »Death and Grief in a World of Kin«. In: Graham Harvey (Hrsg.), Handbook of Contemporary Animism, Routledge.

ROSENBERG, MARSHALL (2000): The Basics of Nonviolent Communication, San Francisco Lecture Workshop, youtube.com/watch?v=NH1MKAdxUpQ

ROUSSEAU, JEAN-JACQUES (2008): Diskurs über die Ungleichheit/Discours sur l'inégalité, Stuttgart: UTB.

SAHLINS, MARSHALL (1972): Stone Age Economics, Chicago und New York: Aldine Atherton.

SALAMI, MINNA (2021): Sinnliches Wissen. Eine schwarze feministische Perspektive für alle, Berlin: Matthes und Seitz.

SCOTT, JAMES C. (2017): Against the Grain. A Deep History of the Earliest States, New Haven und London: Yale University Press.

SNYDER, GARY (1990): Practice of the Wild, Berkeley, CA.: Counterpoint.

SUTTLE, CURTIS (2020): »Without Viruses We Would Not Be Alive«. youtube.com/watch?v=FStZE813P7k

SUZMAN, JAMES (2017a): Affluence Without Abundance. What We Can Learn from the World's Most Successful Civilisation, London und New York: Bloomsbury Publishing.

– (2017b): »Why ›Bushman Banter‹ Was Crucial to Hunter-Gatherer's Evolutionary Success«. The Guardian, 29.10.2017. theguardian.com/inequality/2017/oct/29/why-bushman-banter-was-crucial-to-hunter-gatherers-evolutionary-success

TENNYSON, ALFRED LORD (1850): In Memoriam, London: Edward Moxon.

TSING, ANNA LOWENHAUPT (2017): The Mushroom at the End of the World. On the Possibility of Life in Capitalist Ruins, Princeton: Princeton University Press.

TURNER, SCOTT (2007): »Homeostasis, Complexity, and the Problem of Biological Design«. Pre-Proceedings of the 3rd International Workshop on Complexity and Philosophy Stellenbosch, South Africa, 22nd–23rd February, Mansfield, MA: ISCE Publishing, S. 131–147.

VARELA, FRANCISCO J. (1991): »Organism: A Meshwork of Selfless Selves«. In: Tauber, Alfred I. (Hrsg.), Organism and the Origins of Self. Dordrecht: Springer, 79–107.

– (1997): »Patterns of Life: Intertwining Identity and Cognition«. Brain and Cognition 34: 72–87.

VARELA, FRANCISCO J.; THOMPSON, EVAN; ROSCH, ELEANOR (1991). The Embodied Mind. Cognitive Science and human Experience, Cambridge, MA: MIT Press.

VAUGHAN-LEE, LLEWELLYN (2015): For Love of the Real. A Story of Life's Mystical Secret, Inverness, CA: The Golden Sufi Center.

WEBER, ANDREAS (2014): Alles fühlt. Mensch, Natur und die Revolution der Lebenswissenschaften, Klein Jasedow: thinkOya.

– (2023): »Sustaining Fecundity. Artistic Creation As Care For Life«. Australian Journal of Environmental Education 39: 307–319.

WEIL, SIMONE (1988): La Pesanteur et la Grâce, Paris: Plon.

WOLFE, NATHAN D.; PANOSIAN DUNAVAN, CLAIRE; DIAMOND, JARED (2007): »Origins of Major Human Infectious Diseases«. Nature 447: 279–283.

YOUNG, JON; HAAS, ELLEN; MCGAWN, EVAN . (2014): Mit dem Coyote-Guide zu einer tieferen Verbindung zur Natur. Mit einem Vorwort v. Richard Louv u. Andreas Weber, 2 Bände, Extertal: Biber Verlag.

ZWICKY, JAN (2018): »A Ship from Delos«. In: Bringhurst, Robert u. Zwicky, Jan: Learning to Die. Wisdom in the Age of Climate Crisis, Sasketchewan: University of Regina Press.

TEXTNACHWEISE

Teile von Kapitel 2, »Akazie«, erschienen bereits im Essay »Menschlichkeit heißt Fruchtbarkeit. Eine Revision des Naturzustandes«. In: Senkbeil, Thomas; Bilgi, Oktay; Mersch, Dieter; Wulf, Christoph, Hrsg. (2022): Der Mensch als Faktizität. Pädagogisch-anthropologische Zugänge. Bielefeld: Transcript, S. 317–340; sowie als »Essbar sein« in Oya 51, 2018, S. 52–54.

Kapitel 5, »Atem«, erschien 2019 in einer früheren Fassung in englischer Sprache als »The Singing Air« auf der Website von »The Nature of Cities« sowie auf Deutsch als »Die Tragfähigkeit der Luft« in Scheidewege 50, 2020, S. 74–88.

Kapitel 6, »Imago«, erschien in polnischer Übersetzung unter dem gleichen Titel in der Online-Zeitschrift dwutygodnik, 2021.

Einige Gedanken von Kapitel 7, »Stein«, erschienen bereits im Essay »Der Duft der Steine« in der Zeitschrift Berge, 2005.

Teile von Kapitel 8, »Stimme«, erschienen bereits als Andreas Weber, »Stimme sein«. In: Michael Fuchs, Hrsg., Beziehungssystem Stimme. Band 12, Kinder- und Jugendstimme, S. 31–54, Berlin: Logos, 2018.

Teile von Kapitel 10, »Blaumeise«, erschienen bereits in englischer Sprache als Andreas Weber, »Deep Physics«, Worldviews 21, 2017, S. 290–306.

Elemente von Kapitel 12, »Kreis«, erschienen schon im Essay »In allerbesten Kreisen« im Greenpeace Magazin 4, 2021.

David Abram
IM BANN DER SINNLICHEN NATUR
Die Kunst der Wahrnehmung
und die mehr-als-menschliche Welt

»Erst der Kontakt und das lebendige Miteinander mit dem Nicht-Menschlichen macht uns zu Menschen.«

Mit einem Vorwort von Andreas Weber
320 Seiten, Klappenbroschur, ISBN 978-3927369-45-0

Andreas Weber
ALLES FÜHLT
Mensch, Natur und die Revolution
der Lebenswissenschaften

»Wir sind nicht nur Teil der Natur,
sondern sie ist auch Teil von uns.«

Mit einem Vorwort von Michael Succow
272 Seiten, Klappenbroschur, ISBN 978-3-927369-86-3

Hildegard Kurt
DIE NEUE MUSE
Versuch über die Zukunftsfähigkeit

»Was ist notwendig, um jenseits von Pfadabhängigkeit eine Zukunft mit Zukunft zu erschließen?«

Mit einem Vorwort von Albert Vinzens
190 Seiten, Klappenbroschur, ISBN 978-3-947296-00-2

thinkoya

thinkOya
Am See 1
17440 Lassan
Telefon +49 (03 83 74) 7 52 24
info@think-oya.de
www.think-oya.de